Zu diesem Buch

Dieses Lehrbuch gibt dem Leser die Möglichkeit, sein eigenes Horoskop zu berechnen und zu deuten. Es unterscheidet sich aber grundlegend von anderen Büchern dieser Art, weil es die Chance bietet, Einblick in die Mechanismen und Gesetze des Schicksals zu gewinnen. Denn wenn man erkannt hat, auf welchen Gebieten des Lebens man sich entgegen den Maßstäben der eigenen Person verhält, kann man bei sich selbstzerstörerische Blockierungen lösen und seelisches Wachstum fördern. Der Schwerpunkt dieses Buches liegt somit auf der Erkenntnis der psychischen Struktur und dem daraus folgenden Schicksal. Der Autor erweitert die Astrologie durch tiefenpsychologische und soziologische Aspekte.

HERMANN MEYER leitet das Institut für psychologische Astrologie in München und hat bereits folgende Bücher veröffentlicht:
Astrologie und Psychologie, Partnerschaft, Gesundheit und Glück, Die neue Sinnlichkeit, Befreiung vom Schicksalszwang – Astropsychotherapie, Gesetze des Schicksals und Astrologie und Psychosomatik.

Hermann Meyer

Astrologie und Psychologie

Eine neue Synthese

Rowohlt

rororo transformation
Herausgegeben von Bernd Jost
Umschlaggestaltung Walter Hellmann
(Illustration Stefan Kiefer)

54.–56. Tausend Februar 2000

Veröffentlicht im Rowohlt Taschenbuch Verlag GmbH,
Reinbek bei Hamburg, Juni 1986
Copyright © 1981 by Heinrich Hugendubel Verlag, München
Alle Rechte vorbehalten
Satz Times PostScript Linotype Library, PM 4.0
Langosch Grafik + DTP, Hamburg
Gesamtherstellung Clausen & Bosse, Leck
Printed in Germany
ISBN 3 499 17995 4

Inhalt

VORWORT 9

EINFÜHRUNG 11
  Pränatale Seelenprägung 12
  Psychosomatik 21

LEKTION I 31
  Denkvoraussetzungen für eine
    psychologische Astrologie 31
  Die Verzauberung der Anlagen 32
  Der Gehemmte 42
  Der Kompensator 44
  Der Erwachsene (der Schmetterling) 47
  Projektionen bzw. Symbole in der Außenwelt 49
  «Positive» und «negative» Verstärkung des Schicksals 51
  Körperliche Auswirkungen 53
  Auswirkungen in der Partnerschaft 56
  Einführung in die Horoskopberechnung
    und Horoskopdeutung 61
  Berechnung eines Horoskops 62
  Übersicht über die Bedeutung der Häuser 73

LEKTION II 79
  Die 12 kosmischen Prinzipien 79
  Widder – Mars – Haus 1
    Durchsetzungsfähigkeit 81
  Stier – Venus – Haus 2
    Abgrenzungs- und Genußfähigkeit 86

Zwilling – Merkur – Haus 3
  Ausdrucks- und Kommunikationsfähigkeit 91
Krebs – Mond – Haus 4
  Empfindungsfähigkeit 94
Löwe – Sonne – Haus 5
  Handlungsfähigkeit, seelische Bindungsfähigkeit 100
Merkur – Jungfrau – Haus 6
  Wahrnehmungs- und Beobachtungsfähigkeit
  Fähigkeit, Gefühle zu zeigen 105
Waage – Venus – Haus 7
  Kontakt- und Liebesfähigkeit 110
Skorpion – Pluto – Haus 8
  Beziehungsfähigkeit 120
Schütze – Jupiter – Haus 9
  Bildungsfähigkeit 128
Steinbock – Saturn – Haus 10
  Rechtsfähigkeit – Verantwortungsfähigkeit –
  Bewußtseinsfähigkeit 134
Wassermann – Uranus – Haus 11
  Fähigkeit zur Freiheit 142
Fisch – Neptun – Haus 12
  Kosmische Fähigkeiten 148

LEKTION III 159
Die Aspekte 159
Die Entstehung der Aspekte 167
Die Saturn-Aspekte 168
Mars – Saturn
  Wie man Aggressionen abbauen kann 173
Venus (Stier) – Saturn
  Wie man mehr Eigenwert gewinnen kann 178
Merkur – Zwilling – Saturn
  Wie man sich besser informieren kann 185
Mond – Saturn
  Wie man Depressionen auflösen kann 189
Sonne – Saturn
  Wie man mehr Selbständigkeit gewinnen kann 196
Merkur – Jungfrau – Saturn
  Wie man die Seele reinigen kann 199

Venus – Waage – Saturn
  Wie man mehr Liebe erwirken kann 203
Pluto – Saturn
  Wie man seinen geistigen Weg finden kann 210
Jupiter – Saturn
  Wie man sich weiterbilden kann 214
Uranus – Saturn
  Wie man mehr Freiheit erwirken kann 219
Neptun – Saturn
  Wie man ein Suchtproblem bewältigen kann 224

Lektion IV 231
Planeten in den Häusern 231
Mars 232
Venus – Stier 234
Merkur – Zwillinge 235
Mond 237
Sonne 239
Merkur – Jungfrau 240
Venus – Waage 242
Pluto 244
Jupiter 249
Saturn 251
Uranus 256
Neptun 260

Lektion V 267
Herrscher 267
Saturn Herrscher von 1 271

Lektion VI 279
Astrologisches Kurzsystem zur Aufdeckung
  von Konflikten. Wo liegt das Urtrauma? 279
Astrologisches Kurzsystem 280

LEKTION VII 291
 Die Realisation der Anlagen 291
 Das neue Ziel: Selbstverwirklichung 292

ANHANG 309
 Das Karmagesetz 310
 Anmerkungen 313

Vorwort

Da das Wissensgebiet der Astrologie umfangreich und komplex ist, können im vorliegenden Band nur einzelne Schwerpunkte dargestellt und vieles nur kurz angerissen werden; dennoch habe ich versucht, die Auswahl so zu treffen, daß die folgenden Lektionen nicht nur einen Überblick geben, sondern auch praktische Möglichkeiten zur eigenen Horoskopdeutung eröffnen.

In den folgenden sieben Lektionen wird der Leser schrittweise in das System der psychologischen Astrologie eingeführt. Indem er jede Lektion in Beziehung zu seinem Horoskop bringt und Vergleiche anstellt, kristallisiert sich immer klarer seine Persönlichkeitsstruktur heraus und wird ihm sein Schicksal, das mit seiner psychischen Struktur korreliert, mehr und mehr vertraut.

Die psychologische Astrologie bietet jedoch nicht nur die Möglichkeit, sich selbst zu erkennen, sondern sie kann auch im therapeutischen Bereich Verwendung finden.

Da sie nicht den Anspruch auf Ausschließlichkeit erhebt und nicht ideologisch (oder weltanschaulich) gebunden ist, kann sie von Ärzten und Psychotherapeuten der verschiedensten Richtungen als Hilfsmittel zur seelischen Diagnostik verwendet werden.

Rosenheim, 14. Oktober 1980

Der Verfasser

Einführung

Pränatale Seelenprägung

Die moderne Astrologie nähert sich mehr und mehr der Psychologie und klopft bereits vernehmlich an die Tore der Universitäten.

C. G. JUNG

«Es ist einfach ein Fehler zu glauben, daß die Kräfte, welche Sterne und Planeten im Augenblick unserer Geburt ausstrahlen, in irgendwelcher Weise unsere Zukunft beeinflussen können... Wir glauben, daß es höchste Zeit ist, die hochtrabenden Sprüche der astrologischen Scharlatane zu entlarven und zu widerlegen.»

Diese Sätze stammen aus einer Stellungnahme, die von fast 200 Nobelpreisträgern und anderen führenden europäischen und amerikanischen Wissenschaftlern unterzeichnet worden ist.

Professor Bart Bok, Physiker an der Cornell University, griff in einem Artikel der Zeitschrift *The Humanist* besonders die sog. kosmologische Grundlage der Astrologie an. Alle Planeten und Sterne, die angeblich den Charakter und die Zukunft eines Menschen bei dessen Geburt beeinflussen, sind so weit entfernt, daß sie im Verhältnis zu ihrer Größe nur einen minimalen Einfluß haben könnten. Die «Gravitationskräfte», die durch Ärzte und Krankenschwestern während der Geburt im Kreißsaal ausgeübt werden, sind weitaus größer als die der himmlischen Kräfte.

Es gibt Astrologie-Gläubige, die vermuten, daß von Sternen und Planeten eine bestimmte, noch nicht entdeckte Strahlung oder Vibration ausgehe. Bok weist darauf hin, daß alle diese Himmelskörper dieselbe Struktur aufweisen und von denselben physikalischen Gesetzen regiert werden. Deshalb ist es Unfug, zu glauben, daß sie ein Menschenleben in völlig anderer Weise beeinflussen könnten. Weiterhin sei es unbegreiflich, warum ausgerechnet zum Zeitpunkt der Geburt die Sterne ihre Kraft ausüben.

(Soweit ein Bericht über Astrologie der Zeitschrift *Psychologie Heute*, Nr. 3/1976)

Diese Wissenschaftler haben meines Erachtens recht, wenn sie es als Humbug bezeichnen, die Strahlen der Planeten seien für irgendwelche Verhaltensweisen oder Begabungen des Menschen verantwortlich.

Dies wurde auch von ernsthaften Astrologen nie behauptet.

Nach Auffassung der psychologischen Astrologie sind es nicht die Strahlen der Planeten, die den Menschen zum Zeitpunkt der Geburt beeinflussen, sondern der Stand der Planeten zeigt die Kräfteverhältnisse auf der Erde (vom Beobachter aus gesehen) an.

Jeder Planet symbolisiert ein Lebensprinzip, das bei Mensch, Tier, Pflanze und bei Mineralien immer wieder anders in Erscheinung tritt.

Die Planetenkonstellation am Himmel ist also nicht Ursache von bestimmten Begabungen, Interessen, Verhaltensweisen etc. eines Menschen oder von bestimmten Ereignissen, sondern hat vielmehr Symbolcharakter.

Ein Planet symbolisiert eine gewisse Kraft, aber die Kraft geht nicht von diesem Symbol aus.

Jeder Mensch bewegt sich in einem ihm adäquaten Kräftefeld. Dieses Kräftefeld wird durch die Konstellation der Gestirne am Himmel symbolisiert. Die graphische Darstellung dieser Gestirnkonstellation ist das Horoskop.

Damit hat der Astrologe die Möglichkeit, eine bestimmte Kräftekonstellation abzubilden. Sie steht als Gleichnis für die innerseelische Konstellation, also für die psychische Struktur eines Menschen, zu der ein bestimmtes Schicksal gehört bzw. die ein bestimmtes Schicksal anzieht oder erwirkt.

Diese Struktur ist nicht statisch, sondern befindet sich stets in Entwicklung.

Die für den Zeitpunkt der Geburt spezifischen Planetenkonstellationen zeigen Anlagen auf, die nach Verwirklichung streben, denn jede Disposition drängt danach, geweckt zu werden.

Als Auslöser hierfür fungieren Eltern, Erzieher, Umwelt, Gesellschaft und Zeitepoche.

Doch woher kommt wiederum diese Disposition?

Um diese Frage zu klären, müssen wir zurückgehen in die Zeit *vor* der Geburt, auf die Schwangerschaftseinflüsse*, die für die sog. pränatale Seelenprägung[1] verantwortlich sind. Dabei werden Gefühle, Affekte, Stimmungen und Einstellung der Eltern auf das werdende Kind übertragen. So bedeutet auch jedes Erleben der Mutter – Freude, Ärger oder Schmerz – eine entscheidende Prägung für das Kind. Hatte die Mutter z. B. während der Schwangerschaft Erbschaftsstreitigkeiten, so übertrug sich dieser Ärger in Rechtsangelegenheiten auch auf ihr werdendes Kind.

Auf dem Lebenssektor «Recht und Öffentlichkeit» hat sich eine Vorprägung vollzogen, die für sein ganzes Leben von entscheidender Bedeutung ist und auch in den Konstellationen des Horoskops bildhaft verdeutlicht wird.

Selbst wenn eine Mutter versucht, während der Schwangerschaft immer froh und glücklich zu sein, auch wenn negative Ereignisse auf sie einstürmen, nützt das wenig, denn das Unbewußte der Mutter und die damit in Beziehung stehende Seele des Embryos lassen sich nicht täuschen.

So findet auf allen Gebieten des Lebens bereits während der Schwangerschaft eine Vorprägung statt, die dann nach der Geburt intensiviert wird.

Ein Kind kommt dann zur Welt, wenn die pränatale Seelenprägung abgeschlossen ist, wenn die innere Konstellation mit der äußeren Planeten- bzw. Kräftekonstellation identisch ist. Auch wenn die Geburt eines Kindes künstlich eingeleitet wird, sind die Ärzte nur Erfüllungsgehilfen, um die angestrebte Identität zu verwirklichen.

Alles, was zuerst «en miniature» erlebt wurde, erlebt man später in der Vergrößerung, wobei das «Vergrößerte» nur die Wiederholung des «Kleinen» auf neuer Symbolebene ist. So enthält z. B. die Familie en miniature all die Traditionen, Normen, hierarchischen Strukturen etc., die in der Gesellschaft entwickelt und vergrößert sind.[2] Auch vermeintlich triviale

---

* Die freilich letztendlich wiederum nicht die letzte Ursache für ein bestimmtes Schicksal darstellen können – siehe Anhang!

Erfahrungen und Erlebnisse, wie die Stimmung beim Essen, Einschlafzeremonien, Sauberkeitserziehung, Verhalten der Eltern bei Besuchen u. a., wirken prägend für das spätere Leben und manifestieren sich auf anderen Symbolebenen.

So stehen wir scheinbar neuen Erlebnissen gegenüber, die in Wirklichkeit Spiegelungen der Vergangenheit sind. Das Leben ist der große Bewußtmacher unserer Urerlebnisse; in immer wieder neuen Symbolvarianten begegnen wir uns selbst.

Unser Unbewußtes wählt die Situationen und Personen aus, die dazu angetan sind, verschüttete Teile des eigenen Selbst zum Leben zu erwecken oder verdrängtes Material bewußtzumachen. Unsere unerledigte Vergangenheit ereilt uns wieder. Der autoritäre Vater scheint z. B. im Ehemann, der ehrgeizige Bruder z. B. in einem Arbeitskollegen, die wohlwollende Tante z. B. in einer Freundin wieder…

In der Astrologie findet jedes einem Tierkreiszeichen und dem dazugehörigen Planeten entsprechende Prinzip seinen Ausdruck in einer Vielzahl von Symbolen, in denen das Grundmuster variiert wird. Bildhaft könnte man sagen, daß das Prinzip verschiedene Kleider anzieht und immer wieder neue Symbolmasken aufsetzt. Es sind jedoch nur andere Facetten ein und desselben Prinzips. Jedes Ereignis erscheint so anders, weil es sich auf einer anderen Ebene mit einer anderen Symbolvariante abspielt. So zeigt sich z. B. das Neptunprinzip in den Symbolvarianten als Schein, Lüge, Traum, Rauch, Nässe, Nebel, Ungeziefer, Unkraut usw.

Verschiedene Anlagen (Planeten) verkehren sich von der passiven in die aktive Form (z. B. wer gemaßregelt wurde, maßregelt selbst dann andere), wenden sich gegen die eigene Person (z. B. als Krankheit), werden verdrängt, sublimiert oder projiziert. Auf diese Weise entzieht sich die Wiederholung der Urerlebnisse unserem bewußten Erkennen.

Ein solcher Wiederholungszwang ist auch festzustellen, wenn bei bestimmten Personen jede Partnerbeziehung auf dieselbe Art und Weise endet, wenn ein «Wohltäter» immer wieder nur Undank erntet, wenn einer immer wieder das «Opfer» von Intrigen wird…

Dieser Schicksals- oder Wiederholungszwang, bei dem man sich immer wieder in bestimmte Situationen manövriert, setzt sich so lange fort, solange die zugrundeliegende Problematik nicht erkannt und überwunden ist.

Aus der Sicht und in der Terminologie der Transaktionsanalyse handelt es sich bei einem solchen schicksalhaften «Wiederholungszwang» um einen Skriptzwang.

Laut Eric Berne, dem Begründer der Transaktionsanalyse, ist ein Skript ein fortlaufender Lebensplan, der sich unter starkem elterlichem Einfluß in der frühen Kindheit herausgebildet hat.

Dieses Skript stellt – so Berne – eine psychologische Kraft dar, die den Menschen seinem Schicksal zutreibt – mag er es nun bekämpfen oder mag er behaupten, es handle sich um seinen eigenen freien Willen.[3]

Eine Abbildung dieser Lebensleitlinie (Alfred Adler) oder dieses Lebensplans bzw. dieses Skripts ist das Horoskop.

Ein Astrologe kann nur deshalb Aussagen über Vergangenheit, Gegenwart und Zukunft machen, weil eben jeweils in bestimmten Intervallen Strukturelemente dieses Lebensplans, die bewußt werden wollen, ins Bewußtsein treten und sich als Ereignis in der Außenwelt auslösen.

Spielte z. B. die werdende Mutter während der Schwangerschaft mit dem Gedanken auszuwandern und verdrängte diesen Wunsch, kann es sein, daß das Kind in dem Zeitraum, in dem der betreffende innerseelische Strukturanteil bewußt werden will, emigriert. Wenn die Eltern eines Kindes nur wegen Sitte und Moral zusammenbleiben und ihre notwendige Trennung verdrängt haben, so wird das Kind u. U. diese Verdrängung wieder ans Licht bringen, indem es sich scheiden läßt. Oder: Eine Frau wünscht sich ein Kind, hat aber dabei die unbewußte Motivation, sich dadurch endlich aus dem Berufsleben zurückziehen zu können. Kommt das Kind in der innerseelischen Entwicklung und Reifung an diese Konstellation heran, wird es vielleicht den Beruf aufgeben und «Hippie» werden.

In all diesen Fällen bereiten die Kinder den Eltern «Sorgen», doch diese Sorgen sind die verdrängten Inhalte der Eltern, die aufgrund ihres eigenen innerseelischen Maßstabs dieses Problem nicht selbst lösen konnten und es somit nun als «Bild» an ihren Kindern erleben. Jede Verdrängung, jede Lüge, jeder Schein kommt eines Tages ans Licht, und wenn sich der Entlarvungsprozeß über Generationen erstreckt.

Auch der Begriff «Zufall» muß in diesem Zusammenhang anhand eines Beispiels erläutert werden: Ein junger Mann lernt im Alter von 24 Jahren während einer Urlaubsreise «zufällig» seine spätere Frau kennen. Beide Zeitpunkte, die Begegnung und die Hochzeit, sind im Horoskop aufgezeichnet. Dem Zufall liegt also eine Gesetzmäßigkeit zugrunde.

«Zufall ist nur der Ausdruck unserer Unfähigkeit, den Dingen auf den Grund zu kommen», sagt Albert Einstein.

Freilich kann bei obigem Beispiel nicht mit Sicherheit Begegnung und Heirat *vorausgesagt* werden, da, wie bereits erwähnt, jedes Prinzip in verschiedenen Symbolen zum Ausdruck kommen kann. Es besteht also immer ein Deutungsspielraum, da der Horoskopeigner sich jeweils in verschiedenen persönlichen Entwicklungsstadien befindet, die eben immer wieder andere Symbolebenen ansprechen.

Besonders problematisch sind deshalb Zukunftsdeutungen, die den einzelnen auf bestimmte Ereignisse festlegen und dadurch u. U. eine Stigmatisierung bewirken.

Ganz abgesehen davon, daß Zukunftsprognosen immer die Gefahr beinhalten, beim Klienten eine passive Erwartungshaltung zu bewirken, die persönliche Anstrengungen, die Voraussetzung für die Auslösung eines günstigen Ereignisses sind, ausschließen.

Auch die meisten Konfliktkonstellationen können – wie später ausführlicher erläutert – kreativ gelöst werden. Hier negative Prognosen zu stellen hieße, die Bewußtwerdung und Bewältigung von innerseelischen Problemen und die Veränderung von Einstellungen und Verhalten, also die Entwicklung und Reifung der Persönlichkeit, nicht als Möglichkeit in Betracht zu ziehen.

Auch beim Ausrechnen von günstigen Terminen für Notar,

Gericht, Operation, Heirat oder Scheidung etc. wird dieser Entwicklungsfaktor unbeachtet gelassen. Eine erfüllende Partnerschaft z. B. läßt sich nicht durch Berechnung des richtigen Augenblicks für die Eheschließung erwirken, sondern ist abhängig von der Liebes- und Beziehungsfähigkeit der beiden Partner.

Deshalb ist die Entwicklung dieser und anderer Fähigkeiten bzw. Anlagen das zentrale Thema dieses Buches.

Eine wertvolle Hilfe ist Astrologie dann, wenn es darum geht, innerseelische Konflikte aufzudecken, sich selbst zu erkennen und den anderen in seinem So-Sein verstehen zu lernen.

Eine astrologische Skriptanalyse gewährt Einsicht in die psychischen Strukturen des Horoskopeigners. Seine wirkliche, primäre Natur, seine spezifische Aufgabe innerhalb der Wechselwirkungen des Seins, sein Sinn in der Welt, sein Programm, seine Anlagen und Stärken, seine Möglichkeiten und Hemmungen, sein Verhalten, seine unbewußten Motivationen und Ziele, seine Krankheitsdispositionen, Ängste, Abwehrmechanismen stehen im Horoskop symbolisch verschlüsselt.

Vor allem aber kann dabei in Erfahrung gebracht werden, *warum* er krank ist, *warum* er immer wieder an denselben Partnertyp gerät, *warum* er erfolglos ist, *warum* die anderen so «böse» zu ihm sind, *warum* er gerade *die Wünsche* hegt und wie sein Schicksal weiter verlaufen wird, wenn er den bisherigen Modus in Einstellung und Verhalten beibehält.

Das Horoskop ist eine Landkarte der Seele, auf der nicht bloß einzelne Kreuze aufgezeichnet sind, die darauf hinweisen, wo bestimmte Dinge vergraben liegen, sondern die sogar den Inhalt der vergrabenen «Schätze» – freilich nur in Chiffresprache – angeben.

In Form des Horoskops liegen die einzelnen Strukturkomponenten in ihrer Formation und in ihrem Kräfteverhältnis bereits vor und können als Ausgangspunkt für eine psychotherapeutische Behandlung herangezogen werden.

Doch nicht nur in der psychotherapeutischen, sondern auch

in der medizinischen Praxis ist das Horoskop ein Hilfsmittel der Diagnostik.

Durch das Horoskop wird deutlich, daß Psyche und Physis eine unteilbare Einheit bilden und daß sich im Körper die jeweilige innerseelische Konstellation widerspiegelt. Jede körperliche Erkrankung ist daher immer auch psychisch mitbedingt.

Jedem der zwölf Tierkreiszeichen, deren Prinzipien jeder in sich hat, entspricht eine bestimmte Körperregion mit ihren Funktionen.

Ist z. B. das kosmische Symbol Sonne, das dem Tierkreiszeichen Löwe zugeordnet ist und auf physischer Ebene eine Identität mit Herz und Kreislauf besitzt, durch bestimmte disharmonische Aspekte verletzt, so kann sich dies nicht nur psychisch, sondern auch somatisch auswirken, im vorliegenden Fall etwa in einer Herz- und Kreislaufinsuffizienz.

Durch das Horoskop erscheint das von C. G. Jung formulierte Synchronizitätsprinzip, das auf die Gleichzeitigkeit von seelischen und körperlichen Vorgängen hinweist, in neuem Licht.

So gestattet ein gewisser Symptomenkomplex, ein Syndrom, auf somatischer Ebene gleichzeitig auch einen Einblick auf analoge psychische Symptome und umgekehrt.

Zusammenfassend läßt sich sagen, daß folgende Kriterien für eine psychologische Astrologie maßgebend sind:

1. Strenge Trennung zwischen dem Horoskop als Mittel zur Selbsterkenntnis für den einzelnen und dem Horoskop als Hilfsmittel zur Diagnostik für Ärzte, Heilpraktiker, Psychotherapeuten etc. bei körperlichen und psychischen Erkrankungen. Liegt also eine Erkrankung vor, muß auf jeden Fall ärztliche oder psychotherapeutische Hilfe in Anspruch genommen werden. Vieles ist verdrängt und kann daher vom Patienten bzw. Klienten nicht oder nur verzerrt oder getrübt wahrgenommen werden. Auch hat das Bewußtsein oft ein berechtigtes Interesse, der Aufdeckung von bestimmten innerseelischen Konflikten «Widerstand» zu leisten.

2. Kein bloßes Ablesen von Symptomen, d. h. von Wirkungen auf Ursachen, am Horoskop, ohne die psychologischen und soziologischen Ursachen aufzudecken, also keine bloße Zukunftsdeutung, die den Menschen in eine passive Rolle zwängt und ihm keine Möglichkeiten zur Überwindung von Spannungen und Konflikten eröffnet. (Daher gibt es auch bei der psychologischen Astrologie kein «gutes» oder «schlechtes» Horoskop mehr!)

3. Keine Verlagerung der Verantwortung für das eigene Schicksal auf bestimmte Planetenkonstellationen am Himmel:
Nicht die ungünstige Stellung z. B. von Mars und Saturn im Sonnensystem sind verantwortlich für ein negatives Ereignis, sondern eine bestimmte innerseelische Problematik, die dadurch ins Bewußtsein treten will. Mars und Saturn am Himmel sind dabei nur Indikatoren für den Konflikt, der sich in der Seele des betreffenden Menschen abspielt.
Der Makrokosmos steht als Gleichnis für den Mikrokosmos.
Gleichzeitig kommen hierbei wiederum die verschiedenen Symbolebenen zum Tragen, so daß z. B. dieselbe innerseelische Konstellation bei verschiedenen Individuen anders in Erscheinung tritt.

4. Keine alleinige Determination aufgrund der Sonnenstellung. Z. B. unterscheiden sich im Tierkreiszeichen Skorpion Geborene durch ihre unterschiedliche Mondstellung, durch die verschiedenen Planetenkonstellationen sowie durch individuelle Häusereinteilung.
Jede Pauschalisierung oder Typisierung ignoriert diese Tatsache.

5. Keine bloße Trostpflasterfunktion, die sich darin erschöpft, nur Trost zuzusprechen und die Hoffnung zu nähren, daß in Zukunft schon alles besser wird.

Psychosomatik

Krankheit ist nicht etwas, was einen plötzlich «befällt» – aus heiterem Himmel –, ein Los, das «dummerweise» auf einen trifft, sondern Krankheit stellt eine Störung der Harmonie des Organismus aufgrund von Disharmonie im psychischen Bereich dar. Krankheit ist die natürliche Reaktion eines Organismus oder seiner Teile auf einen krank machenden Reiz. Jede Krankheit kann als ein Versuch der Natur angesehen werden, eine durch bestimmte Ursachen hervorgerufene Disharmonie im Organismus wieder auszugleichen. Krankheit ist also nichts «Böses», kein Feind, den es auszumerzen gilt, sondern ein Prozeß, mittels dessen wieder Gesundheit herbeigeführt werden soll. Die Natur sagt: «Schau, lieber Mensch, ich gebe dir ein Gleichnis für das, was du falsch gemacht hast; es ist nicht schwer, dieses Gleichnis zu enträtseln, denn ich habe solche Symptome (Folgen) hergestellt, wie du Ursachen gesetzt hast.»

Diese Signalfunktion schließt u. a. mit ein, daß Krankheit einen Sinn hat und einen Zweck verfolgt.

Deshalb kann man nicht – wie es leider in vielen Arztpraxen gehandhabt wird, ein und dasselbe Medikament 20 verschiedenen Personen verschreiben – mit 20 verschiedenen Charakteren, 20 verschiedenen Schicksalen und damit 20 verschiedenen Krankheitsursachen.

Eine solche Beschränkung in Diagnose und Therapie auf den Körper des Menschen ist eine bloße Symptombekämpfung und kann als solche immer nur temporäre Erfolge verbuchen. Da Seele und Leib zwei verschiedene Erscheinungsweisen eines Realen sind (Spinoza), wird damit ständig ein Teil der Wirklichkeit verleugnet. Wer krank gewordenen Menschen *dauerhaft* helfen will, muß sie in ihrer Leib-Seele-Einheit sehen und kann durch diese Ganzheitsbetrachtung eben nur psychosomatisch vorgehen.[4]

Dabei muß jedoch betont werden, daß – wie Gion Condrau in *Medizinische Psychologie* schreibt – ein psychosomatisches Krankheitsverständnis nicht dadurch gegeben ist, daß der Arzt auch um das seelische Wohl seiner körperlich Kranken besorgt ist. Die Frage nach persönlichen und sozialen Lebensumständen, nach Familien-, Berufs- und Eheverhältnissen, oder der Ratschlag zur Ruhe, Schonung und Vermeidung von Aufregungen, das Verschreiben von Ferien und sinnvoller Freizeitbeschäftigung, ja selbst das Wissen, daß der Mensch aus Leib und Seele besteht und demzufolge immer leib-seelisch erkrankt, bedeuten noch keinen psychosomatischen Zugang zum Kranken.

Erst die Anwendung der tiefenpsychologischen und neurosenpsychologischen Erkenntnisse auf die Lehre von den menschlichen Krankheiten gibt die Berechtigung, von der Psychosomatik ein wirklich neues Krankheitsverständnis zu erhoffen.

Bei einer psychosomatischen Diagnose und Therapie stellt jeder Fall einen Einzelfall, psychisch und sozial einzigartig (jeder Mensch hat ein anderes Horoskop), dar. Da jedoch die Klärung der Symptomwahl sowie die Frage der Konflikt- und Persönlichkeitsspezifität der Krankheiten umfangreiches tiefenpsychologisches Wissen und vor allem Zeit beanspruchen, versperrt sich heute noch der Durchschnittsarzt unbewußt dagegen; insbesondere auch deshalb, weil er seinen bisherigen Behandlungsmodus ändern müßte.

Dieselbe Angst vor Infragestellung des eigenen Denkens und Handelns und dieselbe Angst vor Veränderung hat aber auch der Patient; deshalb ist ihm oft ein Arzt, der nur Medikamente verschreibt, lieber als einer, der viele Fragen stellt. Dadurch umgeht der Patient unbewußt die gefürchtete Bewußtmachung seines psychischen Problems. Ja seine Krankheit ist bereits die *Abwehr* der Bewußtmachung und der *Ersatz* für die Bewußtmachung des psychischen Konflikts; doch wenn etwas als *Ersatz* fungieren muß, dann bedeutet dies, daß das ursprüngliche psychische Problem *verdrängt* wurde, weil es mit dem Bewußtsein nicht zu vereinbaren war.

So schreibt Michael Balint in *Der Arzt, sein Patient und die Krankheit*:

Eine funktionelle Krankheit bedeutet, daß der Patient ein psychologisches Problem hatte, das er mittels seiner Krankheit zu lösen versuchte. Die Krankheit bietet ihm die Möglichkeit, sich zu beklagen, was er zunächst nicht tun konnte. Die Aufgabe des Arztes besteht in der Klärung des Problems, über das sich der Kranke ursprünglich nicht beklagen konnte und für das er die Krankheit erzeugt hat.

Insofern sind auch Tabletten, Tropfen und Spritzen nur Ersatz für die Bewußtmachung eines Problems und folglich auch Ersatz für die Veränderung von Einstellung, Verhalten und Handeln. Da die Krankheit gerade das Abgewehrte und Verdrängte symbolisiert, hat der Kranke zwangsläufig einen Widerstand gegen die Bewußtwerdung, sonst hätte sein Unbewußtes die Krankheit nicht zu «inszenieren» brauchen. Der Griff in den Medikamentenschrank ist dann bequemer; dies bedeutet für die bisherige Bewußtseinshaltung keine Gefahr. Sicher darf man nun nicht ins andere Extrem verfallen und dem Herzkranken über Nacht Digitalis und dem Zuckerkranken Insulin verweigern, indem man für «Bewußtmachung» plädiert. Doch selbst in solch schweren Fällen kann man gleichzeitig einen Bewußtwerdungsprozß in Gang setzen, der u. U. im Laufe der Zeit eine Reduzierung der medikamentösen Therapie bewirken kann. Ebenso nützt es einem jungen Mann, der an Lues (Syphilis) erkrankt ist, zunächst wenig, wenn man die psychischen Ursachen seiner Krankheitsbereitschaft aufdeckt. Hier muß wohl oder übel sofort eine gezielte Chemotherapie durchgeführt werden. Prophylaktisch jedoch kann die innerseelische Disposition für die Geschlechtskrankheit gelöscht werden, indem man z. B. die Selbstbestrafungstendenz seines Über-Ichs abschwächt und schließlich beseitigt (siehe Steinbock – Saturn – Haus 10). Solche Notfälle, in denen der Einsatz der «Notmedizin» Allopathie berechtigt und notwendig ist, sollen jedoch nicht dazu Anlaß geben, nun alles – wie Mommsen sich ausdrückt – auf «Not» umzubuchen, um die Verabreichung von symptomatisch wirkenden Mitteln zu begründen.

Ziel einer menschengerechten Medizin sollten nicht Augenblickserfolge, sondern das Erreichen von dauerhafter Gesundheit sein.

Wenn ich in meinen vorhergehenden Ausführungen die Notwendigkeit einer Bewußtmachung von innerseelischen Konflikten betont habe, so muß hierzu noch folgendes vermerkt werden: Erkennt jemand seine psychischen Schäden und Fehler und wird ihrer einsichtig, verhindert er, daß deren Folgen ihn «hinterrücks» schädigen. Er kann dann erfassen, *warum* ihn das ereilt. Er zeichnet für sich selbst verantwortlich und hat die Möglichkeit zur Korrektur. Diese Chance hatte er vor der Einsicht nicht – die Wirkung seines Denkens, Sprechens und Handelns traf ihn *überraschend*. Für diese «Überraschung» machen manche Menschen das Schicksal verantwortlich, um sich nicht in Frage stellen zu müssen.

Ich habe auch immer wieder festgestellt, daß viele die Einsichten, die sie gewonnen haben, nicht in die Tat umsetzen. Man kann jahre- und jahrzehntelang analysieren, ohne einen spürbaren Erfolg zu erzielen, wenn man nicht entsprechend den Einsichten handelt und keine Veränderungen im Leben vornimmt.

Ferner habe ich versucht aufzuzeigen, daß eine Krankheit nie abstrakt gesehen werden darf. Man muß sie in Beziehung zur Lebensgeschichte, zur Umwelt und zur jeweiligen Konfliktsituation bringen. So bringen die meisten z. B. ein Magengeschwür nicht in Zusammenhang mit einer kaputten Ehe und lassen sich lieber operieren als scheiden.

Stete Verdrängung von bestimmten Problemen kann u. U. eine Operation erforderlich machen. Das Verdrängte muß nun als Schicksal (Operation) erfahren werden, nachdem meist das erste Signal, die Krankheit, unbeachtet blieb. Jede Operation ist als ein Ersatz für eine psychische Operation anzusehen, die hätte erfolgen müssen.

Insofern sind Krankheiten und Operationen nur Gleichnisse für eine seelische Wirklichkeit. Die Organsprache des Körpers ist somit ein symbolischer Ausdruck für seelische Ursachen und unbewältigte Konflikte.

Da die Psychosomatik mit der Symbolsprache gekoppelt ist,

kann die Lehre von den Symbolen, die Astrologie, als eine wertvolle Wissensergänzung für Ärzte, Psychologen und Heilpraktiker, aber auch für jeden am Zusammenspiel von Körper, Seele und Geist interessierten Menschen angesehen werden.

Grundsätzlich gibt es zwei Möglichkeiten zur Gesundung. Die erste Möglichkeit ist die der *passiven* Bewußtmachung, d. h., das Schicksal stellt dem Menschen immer wieder dasselbe Problem, bis es bewußt wird (Konditionierung des Schicksals zum Realen).

Die andere Möglichkeit ist der Weg über die *aktive* Bewußtmachung. Dies kann z. B. durch die Psychotherapie* geschehen, die beim Patienten darauf hinzielt, krank machende Verhaltensmuster oder schmerzerzeugende falsche Einstellungen abzulegen und die Persönlichkeit neu zu formieren. Da diese seelische Umprogrammierung aber nicht von heute auf morgen geschehen kann, muß meist in dem Zeitraum, in dem dieser Prozeß abläuft, auf Arzneimittel zurückgegriffen werden.

Ich habe dabei beobachtet, daß homöopathische Arzneimittel oder Phytotherapeutika, die auf pflanzlicher oder metallischer Ebene Ausdrucksformen desselben Symbols sind, bis zur endgültigen Gesundung gute Dienste leisten.

So kann z. B. Aurum (homöopathisch aufbereitetes Gold) zur Stärkung von Herz und Kreislauf eingesetzt werden, wenn die Sonne im Horoskop durch einen bestimmten disharmonischen Aspekt verletzt ist.

Man sollte aber nicht nur diesen Tropfen oder Tabletten vertrauen und damit alle Bemühungen um eine aktive Bewältigung der innerseelischen Problematik vernachlässigen. Mittels Tropfen und Tabletten kann eine Krankheit nicht dauerhaft beseitigt werden. In der Humanmedizin sollte daher nicht nur der Körper, sondern auch der geistige und seelische Bereich mit einbezogen werden.

Nur ständig den Körper mit den ihm gemäßen materiellen

---

* Der Weg über die Psychotherapie ist meist eine Abkürzung des Schicksalswegs. Er entbindet deshalb aber nicht von eigenem *Erleben*.

Substanzen (Arzneimittel etc.) und Geräten zu therapieren gleicht oft einer Sisyphusarbeit, da die kranke Seele und die falschen Einstellungen das alte körperliche Leiden immer wieder aufs neue erzeugen, z. B. Bluthochdruck, Kopfschmerzen, Schleimhautaffektionen etc. Deshalb müssen die geistigen Resultate, Einsicht und Erkenntnis, ins Handeln und in die Empfindung überfließen. Erst jetzt kann die Seele bzw. die Natur des Menschen ihre heilende, regenerierende Kraft entfalten. Der Körper stellt sich um als zwangsläufige Reaktion auf die Umstrukturierung im seelischen und geistigen Bereich.

Der Körper wird wieder gesund, da der Krankheit der Nährboden entzogen ist.

Eine rein materielle Fixierung liegt jedoch auch vor, wenn manche Menschen an der Überzeugung festhalten, nur die denaturierte Zivilisationskost, nur die Synthetikkleidung, nur das elektrostatisch geladene Haus, nur die Amalgamplomben in den Zähnen, nur das chemische Spülmittel oder nur die unbiologische Zahnpasta seien die Ursache von Krankheiten. Hier wird jeweils ein möglicher Faktor verabsolutiert und oft fanatisch vertreten. Gleichzeitig wird die Einstellung häufig als der entscheidende Bewertungsmaßstab für die seelisch-geistige Reife betrachtet, nach dem auch andere beurteilt werden. Dies führt dann zu starken Überlegenheitsgefühlen gegenüber jenen, die dem eigenen Maßstab nicht entsprechen.

Nicht wenige Krankheiten bleiben jedoch, selbst nach konsequenter Umstellung in Nahrung, Kleidung, Wohnung etc. auf die biologische Art, bestehen. Dies verwundert nicht, wenn man sich vor Augen führt, daß auch hier nur materielle Veränderungen vorgenommen wurden, aber Seele und Geist nach wie vor im früheren Programm gefangen sind.

Dauerhafte Gesundheit wird sich in solchen Fällen genausowenig einstellen wie im umgekehrten Fall, indem abstrakt die seelische Komponente beachtet wird, ohne den praktischen Bezug herzustellen, d. h., ohne die materiellen Widerspiegelungen der Seele z. B. in Nahrung, Kleidung, Wohnung einer Sanierung zu unterziehen.

Wenngleich es nicht selten ist, daß verschiedene Krankheiten auch schon durch kleine Änderungen in Einstellung und Verhalten oder durch minimal erscheinende Umstrukturierungen in der unmittelbaren Umwelt gelindert werden oder in manchen Fällen auch ausheilen, so sollte doch stets die Ganzheit als Ziel aller Bestrebungen stehen.

Vielfach wird die Ansicht vertreten, der Arzt, Heilpraktiker oder der Psychotherapeut könnte heilen. Deshalb sind deren Wartesäle oft überfüllt mit unzähligen «Kindern», die von «Papi» oder «Mami» (Vater- oder Mutterübertragung!) Heilung erhoffen.

Indem die Barriere zwischen «Eltern» und «Kind» aufrechterhalten wird, bleibt das Kind aber passiv und unmündig. Zudem bewirkt eine solche Barriere eine Über- und Unterordnung, die letzten Endes für beide Teile keine reale Begegnung und damit keine Partnerschaft zuläßt.

Die Schwierigkeit, eine gleichberechtigte Partnerschaft zwischen Therapeut und Patient zu erreichen, liegt jedoch insbesondere darin, daß der Patient aufgrund einer anachronistischen Schulbildung, die die Fächer des Lebens (Medizin, Ökologie, Psychologie etc.) ausklammert, nicht über das nötige Grundwissen in Anatomie, Physiologie und Pathologie sowie in Psychoanalyse verfügt, um wirklich den Dialog beginnen und über seinen Körper und über seine Seele mitbestimmen zu können. Aufgrund dieses Defizits muß er seinen Körper und seine Seele dem Therapeuten zur Behandlung überlassen. Und es steht in der Macht des Therapeuten zu entscheiden, was er für den Betreffenden für richtig hält.

Doch genauso wie die Frau erst dann dem Mann gleichberechtigt gegenübertreten kann, wenn sie selbständig zu denken und zu handeln vermag und geistig ihrem Partner ebenbürtig ist, so kann auch der Patient sich aus dem Status seiner Unmündigkeit nur befreien, wenn er die Mühe nicht scheut, selbständig Einsicht in körperliche und seelische Vorgänge und Gesetzmäßigkeiten zu nehmen.

Wie will er mitreden oder mitbestimmen, wenn er über den zu bestimmenden Gegenstand nicht Bescheid weiß? Deshalb ist es eine immer wieder neue Aufgabe für Arzt, Patient und

Gesellschaft, den kranken zu einem mündigen Patienten werden zu lassen (*Helmut Siefert*).

Um dies zu erreichen, ist eines jedoch Grundvoraussetzung: Der Patient muß seine Projektion zurücknehmen, daß der Arzt oder Psychotherapeut ihn gesund *machen* würde.

Georg Groddeck meint in *Die Natur heilt*[5]...:

> *Wir können den Menschen so leiten, daß er alle Störungen in sich selbst und durch sich selbst überwindet. Das ist der Inhalt und die Begrenzung des ärztlichen Tuns, daß wir das Leben leiten, daß wir es zwingen, den Menschen gesund zu machen, genau wie es ihn krank machte. Nicht wir heilen den Menschen, sondern er heilt sich.*
> *Niemand soll es glauben und darf es glauben, daß ein Arzt den oder jenen geheilt hat. Es steht nicht in seiner Macht. Die Natur heilt, der Arzt behandelt.*

Und an anderer Stelle schreibt Groddeck:

> *Alle Menschen müssen Ärzte und alle Ärzte müssen Menschen sein.*

Um diesem Ziel näherzukommen, heißt es für den Patienten, sich seines Wissensdefizits, und für den Therapeuten, sich seines Elternrollenspiels bewußt zu werden.

Indem mancher Therapeut als Projektionsfläche für oft mehrere hundert Patienten dient, glaubt er unbewußt, ständig an seiner Rolle festhalten zu müssen, um seine Existenz zu sichern. Zudem bedürfen viele Therapeuten der Bestätigung und Bewunderung, die ihnen von ihren Patienten entgegengebracht wird. Es müßten also beide ihre Projektionen zurücknehmen – Therapeut wie Patient. Je mehr der Therapeut sein Elternrollenspiel abbaut, desto mehr Patienten zieht er seiner inneren Veränderung gemäß an, die dazu bereit sind, auch aktiv an ihrer Gesundung mitzuarbeiten.

Dieses Herabsteigen vom Podest beinhaltet für den Behandelnden so den nicht unerheblichen Vorteil, sich endlich menschlich geben zu können. Er erschöpft sich nicht mehr im anstrengenden Rollenspiel des großen Heilers und des vollkommenen und allwissenden Menschen. Er entkrampft sich, wird gelöster und freier. Diese positive Entwicklung wird nicht zuletzt noch dadurch verstärkt, daß die große Verantwortung über Leben und Gesundheit, die bisher seelisch belastend wirkte, nun vom mündigen Patienten mitgetragen wird. Und der Behandelnde wird erkennen, daß die Freude, die er bisher aus der Bewunderung und Ehrfurcht seiner Patienten bezog, nur ein Trostpflaster für seine seelische Wunde war und daß erst jetzt die Freude, die sich aus der gleichberechtigten Partnerschaft zwischen Therapeut und Patient ergibt, glücklich macht. Es ist das Glück, gemeinsam eine Krankheit überwunden zu haben, das Glück, an dem immer wieder aufs neue faszinierenden Schauspiel des inneren Heilungsprozesses der körperlichen und seelischen Natur dabeigewesen zu sein und daraus lernen zu dürfen.

Lektion I

Denkvoraussetzungen für eine psychologische Astrologie

Die Verzauberung der Anlagen

> Die Natur erfreut sich der Natur
> Die Natur besiegt die Natur
> Die Natur beherrscht die Natur
> OSTANES

Unser ausgehendes Jahrhundert ist eindeutig durch die Auflösung traditioneller Wertsysteme und jahrtausendealter Glaubenshaltungen gekennzeichnet.

Das Zeitalter des Patriarchats* neigt sich allmählich dem Ende zu, ein neues Zeitalter zeigt sich wie eine Morgenröte am Horizont – das Zeitalter der Gleichberechtigung zwischen Mann und Frau, zwischen Intellekt und Seele, zwischen Eltern und Kind, zwischen Lehrer und Schüler, zwischen Therapeut und Patient…

In dieser Phase der Menschheit heißt das Ziel nicht mehr Karriere, Status, Macht und Prestige, sondern Verwirklichung des eigenen Selbst.

Da wir jedoch alle durch die Kultur des Patriarchats geprägt wurden, sind viele unserer Anlagen noch mehr oder weniger von alten Maßstäben blockiert. Dies bedeutet, daß die einzelnen kosmischen Prinzipien gehemmt werden und so nicht in ihrer natürlichen Form zum Ausdruck kommen können.

So, wie in der Außenwelt immer mehr Natur in «Künstlichkeit» verwandelt wird, so wird auch in der Innenwelt immer mehr Natur verdrängt. Eine solche Verdrängung innen und außen ist ein Wesensmerkmal der patriarchalen Phase der Menschheit. Aus diesem Grunde sprach Freud davon, daß jede Kultur auf Triebverzicht beruht. Er nahm an, daß die Kultur

---

* Da der Begriff «Patriarchat» eine Schlüsselstellung in meinem Verständnis einnimmt, hier eine kurze Definition: Die griechische Wurzel archos bedeutet Herrscher, Patriarchat ist daher gleichbedeutend mit Herrschaft der Väter. Es ist die Phase in der Menschheitsgeschichte, in der – wie *Ernest Bornemann* schreibt[6] – der Mann die Frau tatsächlich beherrscht.

eine immer tiefere Verdrängung herbeiführe, durch die Frustration, Unbehagen und Zerstörung zunähmen.

In neuer Zeit hat sich jedoch gezeigt, daß diese Verdrängungen nur bis zu einem bestimmten Punkt möglich sind. An diesem Punkt setzt eine Wende ein, an der sowohl das Individuum als auch die Gesellschaft an die Grenzen des Wachstums der inneren und äußeren «Künstlichkeit» stoßen. Nunmehr zeigt sich ein umgekehrter Trend: Bewußtwerdung der Natur und Abbau der Verdrängungen. Die Blumen, Sträucher und Bäume in den Fußgängerzonen der großen Städte sind der erste zaghafte Versuch einer Renaturalisation der verbetonierten Welt.

In der oralen Phase des Menschen und der Menschheit gibt es noch kein Gut und Böse; man lebt unbewußt nach seiner Natur und nach der Allnatur. Der Maßstab von Gut und Böse hingegen gilt nur spezifisch für die anale Phase, d. h. für die Phase des Patriarchats. Dieser Dualismus zwischen Gut und Böse bewirkt Bewußtheit. Man kann sich des Guten nur bewußt werden durch das Böse, des Schönen nur durch das Häßliche, des Gesunden nur durch das Kranke, des Natürlichen nur durch das Künstliche...

Dieser Maßstab von Gut und Böse gibt in den verschiedenen Entwicklungsstadien des Menschen und der Menschheit Halt und Sicherheit. An ihm orientiert sich der einzelne und richtet sein Leben danach aus.

Der Maßstab von Gut und Böse ist jedoch relativ. Jede Zeitepoche, jede Nation, jedes Milieu, jede Familie, ja sogar jedes Individuum hat einen anderen Kodex. Was für die einen gut ist, mag für die anderen böse sein und umgekehrt. Dennoch nimmt der jeweils bestehende Maßstab von Gut und Böse für sich in Anspruch, endgültig, absolut und ewig zu sein. Nur unter großen Widerständen gelingt es, diesen Maßstab zu verändern und neue Gesetze einzuführen.

Meist setzt ein Umdenkungsprozeß erst nach vielen negativen Feedbacks ein; denn lange versuchen sowohl das Individuum wie auch die Gruppe, die Schuld auf andere zu projizieren, ehe am eigenen Maßstab gerüttelt wird. Diese Schuldprojektion ist ein Abwehrmanöver, mittels dessen der andere belastet und man selbst entlastet wird. Diesen Schutz des Bewußtseins kann man auch in der psychoanalytischen Praxis in Form des Widerstands des Patienten beobachten.

Der Maßstab von Gut und Böse ist identisch mit dem erlernten Gewissen bzw. mit dem Über-Ich. Das Über-Ich ist die durch Kindheitseindrücke, Erziehungseinflüsse und sonstige Umwelteinflüsse erworbene psychische Instanz. Es entsteht durch Introjizierung der Normen, Vorschriften, Gebote und Verbote der Umwelt in die seelische Welt. Dabei spielt es keine Rolle, ob die entsprechenden Normen oder Tabus ausgesprochen werden oder unausgesprochen bleiben. Dieses ins Innere aufgenommene Kontrollsystem, das dem Individuum von seinen Eltern und anderen erwachsenen Autoritätspersonen eingepflanzt wurde, verlangt Gehorsam.

Weil die Natur des Kindes mit Verboten behangen, bestraft oder tabuisiert wurde, ist sie angstbesetzt. Der Mensch baut Sperren vor seiner eigenen Natur auf. Diese Sperren sind vergleichbar mit Cherubim und Seraphim, die das Paradies bewachen. Es gibt kein Zurück, denn ein Zurück wäre ein Zurück zur Unbewußtheit, ein Zurück in den Mutterleib, sondern nur ein Vorwärts. Dann nur, wenn Stück für Stück die eigene Natur angenommen wird, nähert sich der Mensch wieder dem Paradies.

Vereinfacht läßt sich folgender Verlauf beschreiben:

Im Ausgangspunkt seiner Entwicklung lebte der Mensch unbewußt im Garten Eden, in der Phase des Patriarchats erlangte er durch den Dualismus von Gut und Böse Erkenntnis und Bewußtsein, um dann wieder ins Paradies heimzukehren, nunmehr bewußt. Die menschlichen Gesetze sind dann identisch mit den Gesetzen von Natur, Seele, Geist und Kosmos. Die Natur wird zur Kultur erhoben.

Diese Entwicklung, deren Stufen Freud als oral, anal und genital bezeichnete, vollzieht sich auch in der Seele des einzelnen.

Die anale Phase (bzw. die Phase des Patriarchats) entspricht dem Sozialisationsprozeß.

Sozialisation ist ein Vorgang der Integration in bestehende Rollensysteme. Auf dem Wege des Sozialisation genannten Lernprozesses verinnerlichen potentiell handlungsfähige Subjekte die Wertorientierungen ihrer Umwelt und bilden die Motive aus, die sie instand setzen, soziale Rollen zu spielen.

HABERMAS[7]

Dieses Rollenspiel wird allgemein durch bestimmte Normen geleitet.

Nun heißt es hier aber zu unterscheiden zwischen einer Rollennorm, d. h. einer Norm, die vom einzelnen in seinem Verhalten und in seiner Einstellung erwartet wird, und einer Norm im juristischen Sinne, d. h. einer Mußnorm, die in den Gesetzbüchern verankert ist.

Dabei beeinflussen Rollennormen von Familie, Milieu und Kultur meist das Verhalten und Denken des einzelnen mehr als die geschriebenen Normen. Während die Mußnormen für das menschliche Zusammenleben sinnvoll und notwendig sind, stellen die Rollennormen der Familie, des Milieus und der Kultur häufig einen Schicksalsballast für die individuelle Entwicklung dar. Die Rollenprägung zu erkennen und ihre negativen Auswirkungen zu reduzieren bzw. aufzuheben erscheint als wesentliche Aufgabe, um ein freieres und erfüllteres Leben führen zu können.

In der patriarchalen Phase der Menschheit sind die Anlagen des einzelnen vorwiegend darauf ausgerichtet, den Rollenerwartungen und Idealen dieser Kultur zu entsprechen.

Viele dieser Ideale sind überkommen und für das Jetzt nicht mehr relevant.

Einige Ideale aber gehören zu den großen Zielen der Menschen und der Menschheit, die jede Zeitepoche überdauert haben, weil sie zu den Prinzipien des Lebens gehören: Geborgenheit, Liebe, Zärtlichkeit, seelische Wärme, sexuelle Erfüllung, Selbstverwirklichung, materielle Sicherheit, Gesundheit, glückliche Partnerschaft, Freiheit ...

Da jedoch diese und andere Lebensprinzipien im Patriarchat genormt sind, wird der Mensch gerade durch diese Normen in der Entwicklung seiner Anlagen gehemmt. Er wird entsprechend den Idealen der Kultur erzogen, wie Mann oder Frau zu sein haben und welche körperlichen Triebe erlaubt sind, wie materielle Sicherheit aussieht und wer und was wertvoll ist, welches Wissen wichtig ist (Schulwissen), wie und was man zu empfinden hat und wie Geborgenheit aussieht, wann Sexualität stattfinden darf und wie sie zu verlaufen hat, welche Gefühle man hegen darf, was man zu denken hat, welchen Geschmack man auszubilden hat, welche Meinung man zu haben hat, was Bildung ist, was anerkannt ist, wie man seine Freizeit zu verbringen hat und was irreal und Utopie ist.

Durch diese Normen und Ideale können sich die Anlagen eines Menschen jedoch nicht in der natürlichen Form entwickeln.

Die Anlagen werden in ihrem natürlichen Wachstum und in ihrer individuellen Differenzierung gehemmt.

Diese Hemmung ist eine seelische Wunde. Sie wird kompensiert, indem man nach Anerkennung strebt. Anerkannt wird jedoch nur der, der auf dem jeweiligen Lebensgebiet das Ideal erreicht, das die patriarchale Kultur gesetzt hat.

Das bedeutet, daß die Ideale Liebe, Glück, Geborgenheit, seelische Wärme, Harmonie, Freiheit etc. nie effektiv erlangt werden können, weil sie unter der Brille einer Hemmung konzipiert wurden und mit dieser Brille angestrebt werden.*

So suchen viele ständig nach der «wahren» Liebe, nach dem «wahren» Glück, nach der «wahren» Geborgenheit, der «wahren» Freundschaft, der «wahren» Freiheit und werden immer wieder enttäuscht.

Sie streben nach dem Ideal, weil sie gehemmt sind. Verursacht wird die Hemmung jedoch durch das Ideal, weil

---

* So ist es auf diese Weise nur möglich, die patriarchale Vorstellung von z. B. Liebe und Glück zu erreichen, nicht aber Liebe und Glück im eigentlichen Sinne. Dies bedeutet nun nicht, daß Empfindungen von Liebe und Glück in der patriarchalen Phase der Menschheit nicht echt wären. Sie sind echt und wirklich, aber nur bis zu dem Zeitpunkt, an dem sie für den einzelnen nicht mehr gültig sind. Dann müssen Liebe und Glück der jetzigen Entwicklungsstufe gemäß neu gesucht werden.

dieses sie hindert, ihre individuellen Anlagen zu entfalten. Wenn etwas zum Ideal erhoben wird, bedeutet das, daß ein Defizit vorliegen muß, sonst müßte es nicht zum Ideal erhoben werden; sonst wäre es selbstverständlich, es wäre einfach.

Ferner gilt es zu bedenken, daß Inhalte verdrängt werden müssen, um das jeweilige Ideal zu erfüllen.

Versucht jemand z. B., in bezug auf Empfindung und Gefühlsleben eine Norm zu erfüllen, so muß er zwangsläufig seine *eigene* Empfindung, seine seelische *Eigenart* verdrängen. Die Norm hat dabei seine natürliche Empfindung pervertiert und «verzaubert».

Wenn also in der patriarchalen Kultur die Lebensgebiete genormt sind, kann sich dort nirgends eine *Eigenart* bilden. Die Anlagen entwickeln sich nur zur Norm hin. Die Folge ist, daß vorwiegend ein pauschales, genormtes Leben gelebt wird (das für das Leben schlechthin gehalten wird).

Die Anlagen sind fremdbestimmt, nicht der Eigenart des einzelnen entsprechend. Sie sind «verwunschen» und «verzaubert» und führen nur ein kümmerliches Dasein.

Da nur die Norm in der Gesellschaft als anerkannt und *normal* gilt, ist es ein Bedürfnis, konform zu sein; denn nicht normgemäß zu sein bedeutet, als anomal oder als Sektierer apostrophiert zu werden, nicht dazuzugehören oder ausgestoßen zu sein.

Man wagt deshalb lange nicht, die *eigenen* Wesensarten zu leben:
> die Verkörperung des eigenen Geschlechts auf eigene Art,
> einen eigenen Lebensstil,
> ein eigenes Wertbewußtsein,
> eine eigene Art der Kommunikation,
> eine eigene Empfindung,
> eine eigene Art Geborgenheit und seelische Wärme zu geben und zu empfangen,
> eine eigene Art, sich sexuell auszudrücken,
> eine eigene Wahrnehmung und eigene Beobachtung,
> eine eigene Art, Gefühle zu zeigen,

    einen eigenen Geschmack,
    eine eigene Art von Liebe, Erotik und Glück,
    eine eigene Art zu denken,
    eine eigene Art der Partnerbeziehung,
    eine eigene Meinung,
    eine eigene Weltanschauung,
    einen eigenen Maßstab (innerhalb der kosmischen Lebensgesetze),
    eine eigene Art, seine Freiheit zu leben und seine Freizeit zu gestalten,
    eine eigene Art, seine Rechte und seine Verantwortung zu zeigen.

Hinzu kommt, daß die Normen so verinnerlicht wurden, daß – um bei dem vorigen Beispiel zu bleiben – eine genormte Empfindung oft für die eigene gehalten wird und aus diesem Grunde lange kein Bedürfnis besteht, nach einer wirklich eigenen zu suchen. Zudem wird die normgemäße Empfindung, die historisches Erbgut ist, derzeit noch von allen Seiten *bestätigt*, während die von der Norm abweichende vielfach diszipliniert wird. Dennoch ist es Illusion, so werden zu wollen, wie alle sein sollen. Man kann nur so werden, wie man selbst ist, d. h. entsprechend den Anlagen, die man von Natur aus hat, die einem wesensgemäß sind. Es ist ein Unterschied, ob der einzelne einer Norm entspricht oder ob er der Realisation seines eigenen Selbst entgegenwächst.

Zum besseren Verständnis sei hier die Parabel vom Adler von *James Aggrey*[8] angeführt:

«Einst fand ein Mann bei einem Gang durch den Wald einen jungen Adler. Er nahm ihn mit nach Hause auf seinen Hühnerhof, wo der Adler bald lernte, Hühnerfutter zu fressen und sich wie ein Huhn zu verhalten.

Eines Tages kam ein Zoologe des Wegs und fragte den Eigentümer, warum er einen Adler, den König aller Vögel, zu einem Leben auf dem Hühnerhof zwinge.

‹Da ich ihm Hühnerfutter gebe und ihn gelehrt habe, ein Huhn zu sein, hat er nie das Fliegen gelernt›, antwortete der

Eigentümer. ‹Er verhält sich genau wie ein Huhn, also ist er kein Adler mehr.›

‹Dennoch›, sagte der Zoologe, ‹hat er das Herz eines Adlers und kann sicher das Fliegen lernen.›

Nachdem sie die Sache beredet hatten, kamen die beiden Männer überein zu ergründen, ob das möglich sei. Behutsam nahm der Zoologe den Adler in die Arme und sagte: ‹Du gehörst den Lüften und nicht der Erde. Breite deine Flügel aus und fliege.›

Doch der Adler war verwirrt; er wußte nicht, wer er war, und als er sah, wie die Hühner ihre Körner pickten, sprang er hinab, um wieder zu ihnen zu gehören.

Unverzagt nahm der Zoologe den Adler am nächsten Tag mit auf das Dach des Hauses und drängte ihn wieder: ‹Du bist ein Adler. Breite deine Flügel aus und fliege.›

Doch der Adler fürchtete sich vor seinem unbekannten Selbst und der Welt und sprang wieder hinunter zu dem Hühnerfutter. Am dritten Tag machte sich der Zoologe früh auf und nahm den Adler aus dem Hühnerhof mit auf einen hohen Berg. Dort hielt er den König der Vögel hoch in die Luft und ermunterte ihn wieder: ‹Du bist ein Adler. Du gehörst ebenso den Lüften wie der Erde. Breite jetzt deine Flügel aus und fliege.›

Der Adler schaute sich um, sah zurück zum Hühnerhof und hinauf zum Himmel. Noch immer flog er nicht. Da hielt ihn der Zoologe direkt gegen die Sonne, und da geschah es, daß der Adler zu zittern begann und langsam seine Flügel ausbreitete. Endlich schwang er sich mit einem triumphierenden Schrei hinauf gen Himmel.

Es mag sein, daß der Adler immer noch mit Heimweh an die Hühner denkt; es mag sogar sein, daß er hin und wieder den Hühnerhof besucht. Doch soweit irgend jemand weiß, ist er nie zurückgekehrt und hat das Leben eines Huhns wiederaufgenommen. Er war ein Adler, obwohl er wie ein Huhn gehalten und gezähmt worden war.»

Mit diesem Adler ist auch jede Anlage eines Menschen vergleichbar. Jede Anlage könnte sich in die Lüfte der Freiheit schwingen, wenn man ihr die Chance dazu geben, wenn man sie erlösen, wenn man sie *entzaubern* würde. Entzaubert ist eine Anlage dann, wenn sie nicht mehr fremdbestimmt ist, wenn sie nicht mehr eingespannt ist, den Rollennormen zu dienen. Entzaubert bedeutet daher, eine Anlage, die vom alten Ideal in ihrer natürlichen Entwicklung gehemmt wurde, zu befreien und die Ausbildung ihrer spezifischen Eigenart als neues (natürliches) Ideal zu setzen.

Im folgenden will ich zunächst die beiden verzauberten Formen jeweils anhand der Person des Gehemmten und des Kompensators darstellen und anschließend die erlöste Form durch die Person des Erwachsenen verdeutlichen. Diese Aufgliederung in Hemmung, Kompensation und Lösung wird sich wie ein roter Faden durch das ganze Buch ziehen.

Um zu illustrieren, was unter Hemmung und Kompensation zu verstehen ist, möchte ich an die Geschichte von Demosthenes erinnern, der früher stotterte und seine Hemmung im Sprechen so kompensierte, daß er zum größten griechischen Redner avancierte.

Nun hat es zunächst den Anschein, als ob die Kompensation einer Hemmung das Optimale sei.

Bei näherer Betrachtung der Problematik fällt jedoch auf, daß der Kompensator nicht zur Ruhe kommt. Er muß immer wieder kompensieren, so als ob die Hemmung heute immer noch vorhanden wäre und so als ob er immer wieder seinen Eltern und der Umwelt zeigen müßte, daß er nicht mehr gehemmt ist.

Wer in der Phase der Kompensation verharrt, ist Sisyphus vergleichbar, der in der Unterwelt einen Fels bergauf wälzen mußte; jener rollte jedoch stets kurz vor dem Gipfel zurück. Ähnlich wie Sisyphus muß der Kompensator immer wieder kompensieren und erschöpft sich schließlich im Akt der Kompensation. Er wird immer wieder auf seine durch die Rollennorm verursachte Hemmung zurückgeworfen. Er lebt in der Vergangenheit und nicht im Jetzt, er verharrt in der verzauberten Form, seine Anlage bleibt geknechtet.

Die Situation läßt sich auch anhand der Entwicklungsphasen des Schmetterlings verdeutlichen: Im totenähnlichen Stadium der Puppe kann der «Puppenmantel» noch nicht gesprengt werden, und die Puppe kann sich noch nicht als ein Schmetterling verwirklichen. Im Puppenstadium befindet sich sowohl eine Anlage, die gehemmt ist, als auch eine Anlage, die ursprünglich gehemmt war, aber nun in der Kompensation erlebt wird. Durch die Gegenüberstellung Gehemmter–Kompensator sollen die Menschen nicht in zwei Kategorien eingeteilt werden, sondern das Spezifische der jeweiligen Erlebnisform soll so herausgearbeitet werden, denn jede der Anlagen eines Menschen kann sich auf einer anderen Entwicklungsstufe befinden; ja mehr noch, jede Anlage kann von der Hemmung in die Kompensation und umgekehrt umschlagen und hat die Fähigkeit, sich zu entpuppen und sich in einen «Schmetterling» zu verwandeln. Selten gibt es jedoch jemanden, dessen Anlagen alle nur gehemmt sind oder nur in der Kompensation erlebt werden, genauso selten ist bei allen die Endform, der Schmetterling, anzutreffen. Auch ist in diesem Zusammenhang die Frage nach Gut oder Böse nicht von Bedeutung, denn jede Anlage kann erlöst werden, kann so werden, wie sie von Natur aus vorgesehen war. Hier bietet die psychologische Astrologie durch die Auseinandersetzung mit dem Horoskop eine entscheidende Chance für die Menschen, sich ihrer ursprünglichen Anlagen und damit ihrer primären Natur bewußt zu werden.

Nur du selbst zu sein in einer Welt,
die sich Tag und Nacht bemüht, aus dir einen wie alle anderen zu
machen – das ist der schwerste Kampf, den ein Mensch
bestehen kann; und er hört nie auf.

E. E. CUMMINGS

Der Gehemmte

Der Gehemmte verharrt in dem Verhaltensmuster, das in seiner Kindheit von Eltern und Umwelt geprägt wurde. Er erlebt dasselbe Schicksal wie damals, erlebt dieselbe Grundstimmung von früher, nur mit anderen Personen und auf einer anderen Symbolebene. War der Gehemmte früher abhängig von seinen Eltern, so setzt sich diese Abhängigkeit auch später im Erwachsenenalter fort. Er hat also auch in Beruf und Partnerschaft untergeordnete, abhängige Positionen inne.

Der Gehemmte bleibt Kind, oder besser ausgedrückt: Er behält die Rolle des Kindes entsprechend den damaligen Anforderungen bei und spielt sie vor all denen, die in das psychische Kleid der Eltern steigen.

In der Psychoanalyse spricht man hier von Übertragung. So kann z. B. ein Vorgesetzter einer Firma oder einer Institution die Rolle innehaben, die früher beim Gehemmten der Vater gespielt hat. Oder eine Freundin kann die Rolle der Schwester übernehmen, gegenüber der sich eine Gehemmte stets zurückgesetzt gefühlt hat.

So wird der Gehemmte auch im Erwachsenenalter stets gehemmt – wie damals als Kind. Er erlebt alles in der *Wiederholung*. Er bleibt in der passiven, rezeptiven Rolle und ordnet sich den Elternrollenspielern unter. Er funktioniert im Sinne von anderen und hat Schuldgefühle, wenn er nicht im Sinne der Eltern, Lehrer, Professoren, Chefs etc. denkt, spricht und handelt.

Dieses ständige Schuldgefühl ist ein Charakteristikum des Kindrollenspielers. Ein Schuldgefühl zu haben bedeutet, ein Defizit an Recht zu haben. Dieses Defizit an Recht schreit nach einem Richter oder nach einem Maßregler. Magisch werden Personen angezogen, die bereitwillig diese Funktionen übernehmen. Sie sind wie die Eltern damals immer im Recht, und der Gehemmte manövriert sich immer wieder in die Rolle des Schuldigen und des Sünders, der um Verzeihung zu bitten hat. Er reproduziert stets nur immer wieder die alten Gefühle der Vergangenheit.

Der Kindrollenspieler muß sein Denken, Reden, Tun und seine Reaktionen stets in Frage stellen, muß ständig «Besserung» versprechen, während der Elternrollenspieler auf einem Podest sitzt und meist die Rolle des Vollkommenen und Unfehlbaren spielt.

Der Gehemmte strebt nach Anerkennung bei seinen Eltern, gibt sich aber dabei einer Illusion hin, weil er nie dem fremden Maßstab der Eltern entsprechen kann. Er kann nie sein wie sie. Er ist anders. So versklavt dieser fremde Maßstab bzw. die Rollennorm, die von ihm verlangt wird, seine Anlagen.

Zudem ist der Maßstab meist veraltet und lebensfern. Er ist nicht individuell und somit nicht dem Entwicklungsstand, den Bedürfnissen und Anlagen der betreffenden Person angepaßt, nicht der Zeit gemäß, nicht wirklichkeitsadäquat.

Der Gehemmte ist nur deshalb gehemmt und hat nur deshalb Schuldgefühle, weil er sich mit dem Maßstab, der früher an ihn gelegt wurde und der Richtlinie und Halt für seine Eltern war, heute noch identifiziert, weil er heute noch glaubt, der alte Maßstab seiner Eltern (der nur für jene richtig und adäquat war) sei gültig, oder glaubt, der Moralkodex, den die Zeit und das Milieu entwarf, in dem er aufwuchs, sei für ihn auch jetzt noch verbindlich. So bemühen sich z. B. viele Frauen, schüchtern, emotional, zerbrechlich, sentimental, hilflos und intellektuell unbedarft zu wirken, um dem gesellschaftlichen Bild, wie eine «echte» Frau zu sein hat, zu entsprechen oder um einen «femininen» Eindruck zu machen. Wenn ihr Wesen nicht zufällig wirklich so ist, wie es dieses Bild vorschreibt, bleiben sie gehemmt.[9] Männer dagegen wagen oft nicht, Gefühle wie Angst, Hilflosigkeit, Trauer usw. zu zeigen, da dies dem Bild eines «echten» Mannes nicht entspricht.

Aufgrund der starken Prägung durch den elterlichen Maßstab bleiben die Ausbildung und die Entwicklung der natürlichen Anlagen stecken bzw. die Anlage wird ständig niedergehalten oder verdrängt, weil ihr natürliches Ausleben mit dem alten Maßstab nicht zu vereinen ist. Viele Gehemmte machen die anderen für die erlebte Einschränkung verantwortlich. Sie sind überzeugt, nur die anderen würden sie hemmen und hindern. In Wirklichkeit aber verkörpert der andere nur die eigene innere Hemmung (den eigenen Maßstab) in der äußeren Welt. Solange die Hemmung (bzw. ein Schuldgefühl) in ihm ist, wird er Menschen begegnen, die ihn maßregeln.

«Die meisten und schlimmsten Übel, die der Mensch dem Menschen zugefügt hat, entsprangen dem felsenfesten Glauben an die Richtigkeit falscher Überzeugungen.»
BERTRAND RUSSELL

Der Kompensator

Der Kompensator ist gehemmt wie der Kindrollenspieler, kompensiert aber diese Hemmung, indem er in die Rolle der Eltern steigt.

Wenn ihm früher die Eltern ihre Vorstellung aufoktroyiert haben, so zwingt er nun seinerseits seine Vorstellung oder Meinung der Umwelt oder dem Partner auf und umgeht dadurch die für ihn frustrierende Situation, selbst gezwungen zu werden.

Der Kompensator sieht den anderen unbewußt als Kind (Gegenübertragung). Er sucht nach einer Projektionsfläche, um seine frühere Hemmung zu kompensieren, nach jemandem, der so gehemmt ist, wie er war. Er projiziert seine Vorstellungen und Maßstäbe, die er u. U. selbst genausowenig wie der Gehemmte erfüllen kann, in den anderen.

Auch er identifiziert sich mit dem alten Maßstab, verhält sich aber im Gegensatz zum Gehemmten so, als ob er den Anforderungen jederzeit entsprechen könnte, ja er ist meist sogar überzeugt, ihnen wirklich zu entsprechen.

Der Elternrollenspieler ist unbewußt der Ansicht, daß sein subjektiver Maßstab für alle gültig sei. Er macht seinen persönlichen Maßstab überpersönlich, er pauschalisiert.

Da er seine persönlichen Gesetze allgemeingültig sieht, maßregelt er jeden, der gegen seine Richtlinien und Normen verstößt, und glaubt dabei, dem anderen Gutes zu tun, da er ihn wieder auf den «rechten Weg» lenkt und leitet. Wenn er jedoch maßregelt, meint er eigentlich gar nicht den anderen, sondern maßregelt unbewußt sich als Kind.

Der Kompensator hofft auf Anerkennung und Dankbarkeit von seiten der «Kinder». Bleibt die Anerkennung versagt, wird der Kompensator auf seine Hemmung zurückgeworfen und fühlt sich frustriert.

In Extremfällen ist der Elternrollenspieler, während er kompensiert, nicht mehr wirklich gegenwärtig. Er befindet sich in der Vergangenheit. Er nimmt dann die Umwelt nicht mehr real wahr, sondern betrachtet sie nur noch unter dem Blickwinkel seiner früheren Hemmung; deshalb ist es besonders wichtig für ihn, stets im Recht zu sein und anerkannt zu werden. Die Chance, anerkannt zu werden, ist für ihn sehr hoch, da er sich meist mit den Konventionen und Rollennormen bzw. mit der derzeitigen kollektiven Bewußtseinshaltung identifiziert und deshalb von allen Seiten bestätigt wird.

Der Elternrollenspieler ist immer der Überlegene, der Gehemmte der Unterlegene. Der Kompensator gibt aus innerer Hemmung heraus vor, ein wertvollerer Mensch als der Gehemmte zu sein. Zumindest vermittelt sein Verhalten diesen Eindruck.

Im Gegensatz zum Gehemmten bringt der Kompensator jedoch die Energie auf, seine zugrundeliegende Hemmung zu kompensieren. Er findet sich nicht damit ab, z. B. in seinem Eigenwert gehemmt zu sein, weil er kein Abitur vorweisen kann, sondern macht das Abitur nach. Er füllt also die Norm mit Inhalt. Er bemüht sich, den Anforderungen der Gesellschaft zu entsprechen, gute Leistungen werden zu einer «Krükke» für den gehemmten Eigenwert. Diese Hilfsmittel können zur weiteren Entwicklung der Persönlichkeit sehr wichtig sein. Nur der, der in seinem Eigenwert nicht gehemmt ist, braucht den Weg über die Kompensation nicht zu gehen, kann auf die Phase der Kompensation verzichten.

Kompensator und Gehemmter ergänzen sich:

Jemand, der früher gehemmt war und dies kompensiert, indem er allein den ganzen Abend redet, wird sich so nur bei Redegehemmten verhalten können. Er verstärkt damit stets deren Hemmung im Akt seiner Kompensation. Andere, die nicht gehemmt sind, würden sich selbst einbringen, und der Kompensator (er triumphiert mit jedem Wort: Da schaut her, ich kann reden, ich kann reden... Ich habe meine Hemmung nicht mehr!) müßte seinen Redeschwall reduzieren.

Die Mehrzahl derjenigen, die kompensieren, sind in der Gesellschaft erfolgreich. Sie werden auch meist auf dem Sektor, auf dem sie besonderen Ehrgeiz entwickeln, also ihre Hemmung kompensiert haben, anerkannt.*

Sie werden aber nicht um ihrer selbst willen geschätzt, sondern vor allem deshalb, weil sie sich auf einem Gebiet besonders ausgezeichnet haben.

Nur die Anerkennung als Mensch und Partner jedoch vermittelt seelische Wärme, Geborgenheit und Glück; der Kompensator ist letzten Endes trotz vieler Freunde einsam, da bei allem Ruhm und aller Ehre die frühere Hemmung nach wie vor besteht. Er bleibt vom Mitmenschen wie durch eine Barriere getrennt, wenn er nicht selbst die entstandene Hierarchie innerhalb der zwischenmenschlichen Beziehungen abbaut.

Nichtsdestoweniger ist es der Traum von Millionen Gehemmten, einmal bedeutend zu werden, einmal anerkannt zu sein; denn um die reale Mitte zu finden, muß vielleicht jeder erst einmal das andere Extrem erlebt haben.

Wichtig ist noch zu erwähnen, daß dem unbewußten Zusam-

---

* Leider fehlt dann meist die Einsicht, dieses Handeln abzubauen, da die äußere Bestätigung als positive Verstärkung fungiert.

menspiel zwischen Gehemmtem und Kompensator ein Entwicklungsmoment immanent ist, daß also die vielen Schwierigkeiten und oft quälenden Konflikte, die auf diesem unbewußten Zusammenspiel basieren, der Motor einer Entwicklung sind. Sie bewirken eine Reifung und Bewußtwerdung. Sie sind deshalb notwendig und auf keinen Fall nur negativ zu bewerten. Allerdings ist der Lernprozeß, der auf dem Weg der Kompensation vollzogen werden muß, ein anderer als der des Weges der Hemmung.

Der Erwachsene (der Schmetterling)

Die Folge und das Ergebnis aus dem vorhergehenden Lernprozeß ist eine neue Entwicklungsstufe, der «Schmetterling».

Der Erwachsene (Schmetterling) hat sich aus der komplementären Verstrickung von Gehemmtem und Kompensator gelöst. Er fällt nicht mehr in den alten Verhaltensmodus zurück. Da er nicht mehr vom alten pauschalen Maßstab gehemmt ist, braucht er auch nicht mehr ständig zur Kompensation zu schreiten, braucht sich nicht mehr zu erhöhen und erniedrigt damit nicht mehr andere.

Er akzeptiert den anderen in seinem So-Sein und versteht ihn; wenn der andere z. B. mit seiner Person prahlt, sieht er die zugrundeliegende Hemmung im Selbstwert des anderen.

Er fühlt sich deshalb nicht mehr minderwertig oder ärgert sich nicht mehr darüber, sondern hat Verständnis für ihn.

Er tritt zum Mitmenschen in eine neue Art der Beziehung, die nicht mehr auf dem Eltern-Kind-Verhältnis basiert, die nicht mehr eine Neuauflage der Vergangenheit darstellt, sondern unabhängig und frei im Hier und Jetzt stattfindet. Der andere wird als gleichberechtigter Partner behandelt. Er sieht den Mitmenschen nun, wie er wirklich ist. Er ist sehend geworden, da er die Brille, mit der er nur ein verzerrtes und reduziertes Bild der Wirklichkeit wahrnehmen konnte, abgelegt hat. Er steht nun vor einer Fülle von Möglichkeiten. Er ist aus der Erleidensform und Erwartungshaltung des Kindes herausgetreten und ist nicht mehr den negativen Feedbacks, die der Elternrollenspieler mit seinem Verhalten und seinen Projektionen erwirkte, ausgeliefert. Er nimmt nun sein Schicksal im Rahmen seiner Anlagen, im Rahmen seines Horoskops bzw. seiner psychischen Struktur weitgehend selbst in die Hand.

Er ist größtenteils oder ganz von *altem* Karma und von Wiederholungszwang frei. Er lebt in einem neuen Bewußtsein und unterscheidet sich daher grundlegend vom Gehemmten und vom Kompensator, die sich beide mit dem alten Maßstab identifizieren, weil sie nicht wagten, ihr eigenes Recht für sich zu entwickeln, das die Ausbildung ihrer körperlichen, seelischen und geistigen Eigenart erlaubt hätte.

Der neue Maßstab des Erwachsenen ist im Gegensatz zum pauschalen Kodex erfüllbar, weil er auf die eigene Person und auf die individuelle Entwicklungsstufe zugeschnitten ist. Die neuen Maßstäbe im Inneren der Seele knechten nicht mehr die eigene Natur, da sie keine Vollkommenheit verlangen und nicht nach einem Ideal messen. Insofern werden auch die Gefühle realer und freier.

Der Erwachsene erkennt sich selbst an und erwartet weder Anerkennung von den «Kindern» noch von den «Eltern».[10] Er akzeptiert sich so, wie er jetzt ist, arbeitet aber weiter an seiner Vervollkommnung.

Diese Vervollkommnung ist ein Prozeß und nicht wie das frühere Ideal der Vollkommenheit eine Transplantation des Zieles in das Jetzt (= unerfüllbar). Außerdem unterscheidet sich diese Art der Vervollkommnung von dem früheren Maßstab insofern, als jetzt Vervollkommnung bedeutet, die eigenen Anlagen und Fähigkeiten zu entwickeln und einzuüben und nicht mehr die Anlagen und Fähigkeiten nach dem Maßstab der Vergangenheit auszurichten und sie dadurch an ihrem realen Ausleben hier und jetzt zu hindern.

Erst wenn wir die Sprache der Außenwelt mit der
unseres Inneren zusammenhalten, haben wir die volle Wirklichkeit.
RUDOLF STEINER

Projektionen
bzw. Symbole in der Außenwelt

Unsere Innenwelt hat bestimmte Entsprechungen in der Außenwelt. Innere Probleme und Konflikte können daher auch an den äußeren Situationen und an der Umwelt abgelesen werden. So sucht jemand mit einer bestimmten seelischen Konstellation die Situation und die Umwelt auf, die ihm innerseelisch entsprechen.* Hier wird deutlich, daß z. B. nur der in einen Autounfall verwickelt werden kann, der eine bestimmte Disposition dazu in sich trägt, und z. B. nur der im Lotto gewinnt, dessen innerseelische Konstellation eine gewisse Bereitschaft dazu aufweist.

Diesen Faden kann ich noch weiterspinnen und sagen: Es kommt nicht von ungefähr, welchen Partner man hat, wo und wie man wohnt, welchen Beruf man ausübt, wie man sich ernährt... Auch jede disharmonische innerseelische Konstellation sucht ihre Identität in der Außenwelt. Diese äußere Projektion wird dann introjiziert, d. h. seelisch wieder einver-

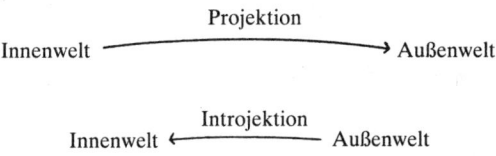

* Dabei hat die betreffende Person nicht nur dort ihre Entsprechungen, wo sie ihre Identität findet, z. B. in einer extravaganten, modischen Kleidung, sondern auch dort, wo sie den Gegenpol anzieht (Gesetz der Anziehung – z. B. der Gehemmte zieht den Kompensator an und umgekehrt) oder wo sie aufgrund von bestimmten Aktivitäten und Handlungen bestimmte Reaktionen der Umwelt hervorruft (Gesetz actio = reactio).

leibt, und wirkt so verstärkend. Der innere Konflikt wird dadurch intensiviert.

So sucht und findet z. B. ein Mensch mit einer bestimmten disharmonischen innerseelischen Konstellation seine Identität in der Wohnzelle eines Hochhauses, das vielleicht ein Architekt entworfen hat, der damit seine innerseelische Problematik nach außen projiziert hat. Bedingt durch diesen Faradayschen Käfig wird der Betreffende im Laufe der Zeit physisch und psychisch geschädigt.

Die innerseelische Disposition zu dieser Schädigung ist dadurch geweckt worden.

Ein anderer wohnt vielleicht neben einem Nightclub und wird dadurch in seiner Nachtruhe gestört. Auch er trägt die Spannung in sich und sucht ihre Entsprechung in der Außenwelt. Hätte er sie nicht in sich oder wäre er in einer anderen Entwicklungsphase, würde er vielleicht in einer ruhigeren Einfamilienhausgegend wohnen.

Auch Berufe, Ehrenämter etc. sind Projektionen in der Außenwelt und entsprechen innerseelischen Konstellationen.

So ist z. B. der Vorstandsposten eines Vereins eine äußere Projektion. Es wird nur der zum Vorstand gewählt, der innerseelisch eine Identität mit diesem Posten hat. Anders ausgedrückt: Der Vorstandsposten steht symbolisch verschlüsselt im Horoskop derjenigen Person, die das Amt übernimmt.

Die Symbolwelt, in deren Rahmen sich das Leben des einzelnen abspielt, läßt daher Rückschlüsse auf das Innenleben zu und umgekehrt.

Der Wasserrohrbruch in der Wohnung oder der Motorschaden des Autos sind nichts anderes als Gleichnisse für eine Innenweltsituation auf einem bestimmten Lebensgebiet.

Jeder schafft sich unbewußt die Umwelt, die Probleme, die Situationen und Zwangslagen, die seiner innerseelischen Struktur und deren Entwicklung entsprechen, die seinem persönlichen Weg gemäß sind und die er zur Bewußtwerdung seines eigenen Selbst braucht.

Über den Prozeß des Hinauswerfens (Projektion) bestimmter Strukturanteile bzw. bestimmter innerseelischer Konflikte in die Außenwelt und über den Prozeß des Einverleibens (Introjektion) der Außenwelt in die Innenwelt ist Bewußtwerdung der eigenen Natur erst möglich.

«Positive» und «negative» Verstärkung des Schicksals

Die Entsprechung Innenwelt–Außenwelt läßt sich noch weiter verfolgen: Wer in sich ungeborgen ist, zieht außen die Ungeborgenheit an, wohnt in einer Wohnung, wo er sich ungeborgen fühlt, oder zieht einen Partner an, der ihm keine Geborgenheit schenken kann, sondern seine Ungeborgenheit verstärkt.

Wer sich gegen andere Menschen nicht abgrenzen kann, zieht magisch Leute an, die seine Sphäre verletzen. Sein Eigenraum wird damit immer noch mehr verunsichert.

Wer in seinem Selbstwert gehemmt ist, zieht Menschen an, die ihn in seinem Wert schmälern.

Wer in seiner Durchsetzung gehemmt ist, zieht Umstände und Personen an, die seine Durchsetzung blockieren...

Diese Gesetzmäßigkeiten nenne ich die «negative» Verstärkung des Schicksals.

Die Bezeichnung «negativ» ist jedoch nur bedingt richtig, denn die «negative» Verstärkung ist zugleich eine Konditionierung des Schicksals zum Realen und Guten hin.

Mit anderen Worten: Das Schicksal reißt so lange immer dieselben Wunden auf und prüft immer wieder an derselben Stelle, bis das Problem endlich bewältigt wird.

Es gibt aber auch eine «positive» Verstärkung des Schicksals: Wer selbst in sich geborgen ist, sucht unbewußt auch außen die Geborgenheit auf – er wohnt in einem schönen, behaglichen Heim oder lebt mit einem Partner zusammen, der ebenfalls in sich geborgen ist und deshalb auch Geborgenheit vermitteln kann. Der Partner verstärkt damit die eigene Geborgenheit.

Wer sich selbst für wertvoll hält, kann damit auch seine Mitmenschen in ihrem Wert achten. Er zieht Menschen an, die seinen Wert zu schätzen wissen, sein eigener Wert wird dadurch von außen bestätigt und intensiviert.

Wer seinen Körper genießen kann, ist fähig, auch den Körper der anderen zu genießen. Er zieht Partner an, die ebenfalls körperlich genußfähig sind und durch ihren Genuß seinen Genuß verstärken.

Wer sich selbst real liebhat (nicht in Form einer überdimensionierten Selbstliebe, wie sie im Falle des Narzißmus vorliegt), kann auch andere lieben und wird von anderen geliebt, die die Fähigkeit entwickelt haben, sich und andere zu lieben.

Wer sich selbst annimmt, kann auch andere akzeptieren und wird von anderen akzeptiert, die ebenfalls sich selbst und ihre Mitmenschen annehmen können.

Ein positives Feedback ist also dann zu verzeichnen, wenn gewisse Anlagen und Fähigkeiten vorhanden sind oder ausgebildet wurden.

Glück kann also psychisch erarbeitet werden.

(Die Ausbildung von Fähigkeiten wird später bei der Besprechung der 12 Tierkreiszeichen und der Saturn-Aspekte abgehandelt.)

Zu beachten ist hier jedoch, daß diese Anlagen wirklich real zur Verfügung stehen müssen, ehe sie eingebracht werden können. Es ist nicht möglich, eine Anlage einzubringen, die man selbst nicht tatsächlich besitzt.

Daher nützt es wenig, wenn jemand einem anderen Menschen Geborgenheit schenken will, wenn er jene nicht in sich trägt. Er kann nur das investieren, was er wirklich hat, und nicht das, was er nur zu haben glaubt.

Zu beachten ist allerdings, daß eine materielle Widerspiegelung der Seele, wie z. B. ein luxuriöses Haus, nicht unbedingt eine Entsprechung der innerseelischen Geborgenheit des Besitzers sein muß. Vielmehr kann sie auch sein Defizit an Geborgenheit ausdrücken, das er durch den Bau des Hauses zu kompensieren trachtete.

Besonders betonen möchte ich noch, daß die Anlagen grundsätzlich nicht quantitativ begrenzt sind*: So ist Liebesfähigkeit nicht mit einem Kuchen oder mit einer anderen meßbaren Ware zu vergleichen, von der man nur eine bestimmte Menge zu vergeben hat. Viele sind überzeugt, daß man keine Liebe mehr verschenken kann, wenn man sie schon verschenkt hat.

In Wirklichkeit gilt das Gegenteil: Je mehr man liebt, desto liebesfähiger wird man, und desto mehr wird man geliebt.

Also: Durch die Investition einer Fähigkeit geht diese nicht verloren, sondern wird eingeübt und vertieft. Wer seine Anlagen einsetzt, kann nur gewinnen. Er beschenkt sich und andere.

Nun wird mancher einwenden, daß viele ihre Gefühle für einen Partner «investiert» haben und enttäuscht wurden und daß diese Gesetzmäßigkeit somit nicht zutreffend sei. Deshalb muß ich einschränkend feststellen, daß hier nur von *realen* Anlagen die Rede ist.

Eine Frau, die Gefühle in einen Mann investiert in der *Erwartung,* daß er ihr dafür treu sei oder daß er sie heiraten würde, hat ihre seelische Liebesfähigkeit zweckgebunden und daher verfälscht. Wenn sie in ihrer Erwartung enttäuscht wird, glaubt sie dann, aufgrund der unbewußten Verknüpfung zwischen ihren Gefühlen und ihrer Erwartung, ihre «Gefühle» «fehlinvestiert» zu haben.

Körperliche Auswirkungen

Neben der Projektion in die Außenwelt werden seelische Konflikte, die in frühester Kindheit bzw. bereits in der Embryonalzeit als Keim gelegt wurden, u. a. auch somatisch ausgetragen.

Jede Konfliktkonstellation in der psychischen Struktur ei-

---

* Eine Begrenzung liegt nur insofern vor, als jeder Mensch nur einen bestimmten Teil seines Energiepotentials erlöst hat. Erst durch Einüben der Fähigkeit kann dieses Energiepotential erweitert werden.

nes Menschen sucht ihre Identität in der Außenwelt oder in den Organ- bzw. Körperteilen, die symbolisch dem seelischen Problem entsprechen.

Krankheit ist demnach eine Aufforderung der seelischen Natur, die bisherigen Gewohnheiten, Maßstäbe, Handlungen und Verhaltensweisen auf dem Lebensgebiet zu überprüfen und zu korrigieren, das dem erkrankten Organ entspricht.

Da wir dieses Analogiedenken nicht gewohnt sind, möchte ich darauf etwas näher eingehen.

Ich habe bereits an anderer Stelle von den 12 Prinzipien gesprochen, in deren Rahmen unser Leben abläuft. Man kann sie auch als die 12 Fähigkeiten ansehen, die ein Leben erst auf diesem Planeten ermöglichen. Wenn eine dieser Fähigkeiten oder Anlagen nur ungenügend ausgebildet ist, bezeichne ich dies als eine defizitär erlebte Anlage. Dieses Defizit kann sich seelisch, körperlich und in der Außenwelt zeigen:

Das Nieren- und Blasensystem (Körper) entspricht in der Innenwelt der Beziehungsfähigkeit und in der Außenwelt den Personen, denen man begegnet. Ist nun dieses Nieren- und Blasensystem erkrankt, so ist es angebracht (zusätzlich zur ärztlichen Therapie), auf dem ihm entsprechenden Lebenssektor, also auf dem Gebiet der Begegnung und Partnerschaft, Berichtigungen anzubringen. Die Schuld für die Erkrankung dem Partner zuzuweisen, weil er einem solche Schwierigkeiten bereitet etc., ist jedoch hier keine Lösung, wenngleich dieses Vorgehen für manche vorübergehend eine kathartische Entlastung darstellt. Wirksamer ist die Methode, bei sich selbst zu suchen und etwaiges Fehlverhalten oder falsche Einstellungen zu korrigieren. In diesem Falle geht es darum, selbst partnerfähiger zu werden. Da das Erwerben einer Fähigkeit im Erwachsenenalter schwieriger ist als die Ausbildung einer Anlage in der Kindheit (was Hänschen nicht lernt...), ist dabei mit einem großen Zeitaufwand zu rechnen.

Wenn also gegen irgendein Lebensprinzip verstoßen wird, dann kann sich dies u. U. auf der körperlichen Ebene äußern.

Die Krankheit hat hierbei Signalfunktion und Symbolcharakter.

Jede Krankheit manifestiert sich dort, wo eine Fähigkeit oder Anlage nicht wirklichkeitsadäquat gelebt werden kann.

> Wenn die eigene Durchsetzung nicht gewährleistet ist, besteht die Tendenz zu Kopfschmerzen, Migräne, Entzündungen, Fieber, Gallenbeschwerden etc.,
>
> wenn die Person sich gegen andere Menschen nicht abgrenzen kann oder kein eigenes Wertbewußtsein besitzt, zu Hals- und Rachenbeschwerden,
>
> wenn die freie Beweglichkeit der Person sowie die Ausdrucks- und Kommunikationsfähigkeit blockiert ist, zu Bronchial- und Lungenleiden,
>
> wenn die seelische Eigenart nicht eingebracht wird oder wenn Geborgenheit und Zuwendung nicht erlangt werden können, zu Magenleiden (Gastritis, Ulcus bulbi etc.),
>
> wenn die Selbstverwirklichung nicht möglich ist oder eine seelische Bindung gefährdet erscheint, zu Herz- und Kreislaufbeschwerden,
>
> wenn die Gefühle und die eigene Natur nicht gezeigt werden oder werden können, zu Darmbeschwerden,
>
> wenn eine eigene Meinung nicht ausgebildet oder ein eigener Weg nicht beschritten werden kann oder wenn die Beziehungsfähigkeit gestört ist, zu Spasmen oder Sexualleiden,
>
> wenn der Aufbau und Ausbau einer Partnerschaft oder die Weiterentwicklung und Differenzierung der eigenen Ideen nicht gewährleistet ist, zu Hüft- und Leberleiden,
>
> wenn der Maßstab von Gut und Böse veraltet ist oder keine innere Ordnung besteht, zu Knochen- und Gelenkerkrankungen,
>
> wenn die Freiheit nicht möglich ist, zu Nervenleiden,
>
> wenn Ängste und Unsicherheiten bestehen oder bisherige Maßstäbe und Rollennormen nicht aufgelöst werden können, zu Süchten und zu Störungen der Hypophyse und (damit auch) der innersekretorischen Drüsen.

Da die Wirklichkeit des Lebens komplexer ist, kann diese Aufstellung selbstverständlich nur eine sehr grobe Übersicht darstellen. Mit ihr soll jedoch aufgezeigt werden, welche Wechselbeziehungen zwischen der seelischen und der körperlichen Welt bestehen.

Um diese Beziehungen herstellen zu können, gibt das Horoskop wertvolle Hinweise, die in der therapeutischen Praxis Verwendung finden können.

Die meisten Krankheiten resultieren aus einer Hemmung, d. h., sie sind die Folge eines Defizits in einem Lebensprinzip.

Anfälliger für Krankheiten ist aus diesem Grunde der mehr passive Kindrollenspieler, während der Elternrollenspieler gewöhnlich seine Konflikte nach außen projiziert bzw. ausagiert.

Der Kompensator fühlt sich ja im Recht und kann sich deshalb besser ausleben als der von Schuldgefühlen geplagte Kindrollenspieler. Zu einer Somatisierung kommt es aber beim Kompensator dann, wenn er durch irgendwelche Umstände auf seine zugrundeliegende Hemmung zurückgeworfen wird, etwa wenn der Partner, der bisher als Projektionsfläche der innerseelischen Spannungen fungiert hat, ihn verläßt oder wenn seine berufliche Position ins Wanken gerät.

Mit zunehmendem Alter zeigt sich meist, daß das Organ, das dem Lebensfeld entspricht, auf dem jahre- und jahrzehntelang kompensiert wurde, geschwächt wurde und somit störungsanfällig wird.

Auswirkungen in der Partnerschaft

Defizitäre oder kompensatorisch erlebte Anlagen widerspiegeln sich auch auf dem Sektor der Partnerschaft. Schwierigkeiten in Partnerschaft und Ehe sind nichts anderes als Gleichnisse für Konflikte in der Innenwelt, die nach einer Lösung drängen. Eine solche Lösung ist aber nur dann möglich, wenn der Konflikt als solcher (am besten bei beiden Partnern) ins Bewußtsein rückt, benannt wird und offen und frei darüber diskutiert wird.

Das Wissen um die unbewußte Verflochtenheit zwischen dem Gehemmten und dem Kompensator kann hier eine wertvolle Hilfe sein, um zu einer Partnerschaft zu gelangen, die auf der Erwachsenenebene stattfindet. Der Gehemmte und der Kompensator befinden sich in einer *symbiotischen* Beziehung. Sie sind voneinander abhängig. Und da sie voneinander abhängig sind, wollen sie sich gegenseitig besitzen. Sie sind auf irgendeinem Gebiet allein nicht existenzfähig und brauchen den anderen, um vollständig zu sein – das gilt für den Gehemmten wie auch für den Kompensator.

Die Partnerwahl wird entscheidend dadurch beeinflußt, auf welchem Lebensgebiet der Horoskopeigner gehemmt ist bzw. zur Kompensation drängt. Dies bedeutet, daß der einzelne bei der Partnersuche eine Brille aufsetzt, mit der der Partner nicht so wahrgenommen wird, wie er ist, sondern so, wie man ihn braucht oder haben will. Auf diese Weise entsteht ein Zerrbild, das nicht mit der Realität übereinstimmt.

Jeder projiziert in den anderen bestimmte Hoffnungen und Erwartungen und arbeitet fieberhaft darauf hin, daß der andere sie erfüllt. Dieses Bemühen, den anderen zu dem Wesen zu machen, das den eigenen Bedürfnissen entspricht, wird oft ein Leben lang durchgeführt – mit mehr oder weniger Erfolg. Konstruktiver wäre es deshalb, seine Energien dazu zu verwenden, in sich selbst das zu suchen, was man auf den anderen projiziert. Dann ist eine Enttäuschung so gut wie ausgeschlossen; denn selbst wenn der Partner eines Tages die eigenen Wünsche und Vorstellungen erfüllt, bleibt man von ihm abhängig.

Die symbiotische Partnerschaft ist also gekennzeichnet durch Zeit- und Kraftvergeudung und durch Abhängigkeit.

Die Anlagen und Fähigkeiten stehen dem eigenen Selbst nicht zur Verfügung, sondern werden nur in der Projektion im anderen erlebt. Auf diese Weise verharrt der Horoskopeigner in einem ständigen Spannungszustand und in ständiger Hoffnung.

Manche Eltern projizieren in ihre Kinder die Hoffnung, ein Abitur abzulegen, was für sie selbst aufgrund widriger Umstände nicht möglich war. Oder so manche Frau projiziert in ihren Mann die Erwartung, daß er sie zeit ihres Lebens versorge. Wieder eine andere Frau hofft, daß ihr Mann promoviere, damit ihr Sozialprestige steige.

Nimmt man die 12 Fähigkeiten des Menschen als Grundlage, so können aus den verschiedensten Motivationen Partnerschaften eingegangen werden:

Der Partner kann
- zur eigenen Durchsetzung
- zur Steigerung des Eigenwertes oder zur materiellen Sicherheit und zum Schutz
- zur besseren Kommunikation
- zu Geborgenheit und Nestbau
- zur eigenen Handlungsfähigkeit oder zur Sexualität sowie für die eigenen Unternehmungen und für die Kindererziehung
- zur besseren Anpassung an die Umwelt oder zur Arbeit
- zur Steigerung der Kontaktfähigkeit
- zur geistigen Sicherheit oder zum Ausbau der eigenen Macht
- zur geistigen Weiterentwicklung bzw. zum Dokumentieren von Bildung oder für Reisen
- zur eigenen Erhöhung (um in der Öffentlichkeit anerkannt zu werden)
- zur eigenen Befreiung (von Elternhaus, Schule, Arbeitsplatz usw.)
- zum Geben oder Empfangen von Hilfe

gebraucht werden.

Der Partner fungiert in diesen Fällen so lange als Halt oder als Krücke, bis die entsprechende Anlage ausgebildet ist. Eine Frau, die in ihrer Durchsetzung gehemmt ist, wird wahrscheinlich einen Partner suchen, der auf dem Sektor «Durchsetzung» kompensiert, also dort in die Elternrolle steigt. Er muß sich und seine Partnerin durchsetzen, übernimmt also die Führungsposition. Indem er jedoch überwiegend die Führungsposition innehat, erschöpft er sich dabei und hemmt zudem auch unbewußt seine Partnerin in ihrer persönlichen Art, sich zu behaupten, was u. U. Auflehnungstendenzen hervorrufen kann. Aus diesem Grunde kann eines Tages das unbewußte Zusammenspiel zwischen der Gehemmten und dem Kompensator wie ein Kartenhaus zusammenbrechen. Diese Krise in der Partnerschaft ist die zwangsläufige Folge einer defizitär erlebten Anlage auf der einen Seite und einer kompensatorisch erlebten auf der anderen.

Wenn nun diese Frau ihre eigene Durchsetzungsfähigkeit entwickelt und im täglichen Leben einübt, sucht sie sich ihre Partner nicht mehr unter dem Gesichtspunkt der Steigerung ihrer Durchsetzung aus, sondern kann unabhängiger auswählen.

Sie ist auch ohne ihn existenzfähig und vollständig. Deshalb will sie den Partner nicht mehr besitzen. Er gehört nicht mehr ihr, sondern er gehört *zu* ihr. Sie wählt nun einen Partner, der ebenso wie sie durchsetzungsfähig ist: dadurch steigert sich zusätzlich ihre Durchsetzungsfähigkeit. Letztere verstärkt ihrerseits wieder die Durchsetzung des Partners (wer eine Fähigkeit hat, dem wird gegeben!). Das Verstärkerprinzip kann so wieder auf positive Weise in Aktion treten.

Viele suchen jedoch ihre Anlagen ständig in der Außenwelt, ohne sie jemals zu finden.

So sucht etwa ein junger Mann ständig nach einer Partnerin, die liebenswürdig und erotisch anziehend sein soll, da ihm diese Eigenschaften fehlen. Anstatt sie nun in sich selbst zu entwickeln, sucht er sie außen – in einer Partnerin. Jede Frau, die diese Eigenschaften besitzt, wird dadurch zum Ideal erhoben und jede, die diesem Ideal nicht entspricht, entwertet. Würde er sich jedoch bemühen, diese Eigenschaften selbst zu entwickeln, würde er die gewünschte Partnerin anziehen. Er hat dann eine Identität mit dieser Frau. Er betrachtet sie nicht mehr als Traum oder Ideal und hebt sie ob dieser Anlagen nicht mehr auf ein Podest, sie gehört ganz selbstverständlich zu ihm.

Ein anderes Beispiel:

Kindheit und Jugend einer Frau waren von Armut geprägt.

Ihr fehlte die materielle Sicherheit. Zudem wurde sie in ihrem Eigenwert gehemmt. Nun kann es sein, daß sie zur Kompensation dieses Defizits einen reichen Mann sucht. Begegnet sie einem solchen, sieht sie in ihm primär die Kompensationsmöglichkeit ihrer Hemmung und muß zwangsläufig andere Eigenschaften, die nicht zu ihr passen, übersehen bzw. Dissonanzen verdrängen. Später treten dann diese Verdrängungen zutage. Dieser Bewußtmachungsprozeß des Schicksals ist dabei meist schmerzhaft und leidvoll. Die Frau kann aber kaum anders handeln, weil ihre persönliche Geschichte sie zu diesem Mann drängt. Sie ist in ihrer Partnerwahl nicht frei und unabhängig. Dies wäre nur der Fall, wenn sie selbst ein eigenes Wertbewußtsein entwickelt. Dieser innere Eigenwert widerspiegelt sich in der Außenwelt in einer materiellen Sicherheit. Indem sie selbst über materielle Sicherheit verfügt, sucht sie sich nicht mehr die Partner unter der Brille ihres Defizits aus, sondern kann frei wählen. Um ein angestrebtes Ziel zu erreichen, muß man also zuerst die eigenen Anlagen ausbilden. Erst dann erfährt man eine positive Verstärkung in der Außenwelt.

Dies ist zugleich auch die Antwort auf die immer wieder gestellte Frage: Wie ziehe ich einen neuen Partner an?

Der Gehemmte zieht einen Partner an, mit dem er seine Hemmung kompensieren bzw. bei dem er seine frühere Kindrolle weiterspielen kann und bei dem er einen Halt hat.

Der Kompensator zieht einen Partner an, bei dem er die Möglichkeit zur Kompensation bzw. zum Elternrollenspiel hat.

Die Partnerschaft zwischen Gehemmtem und Kompensator spielt sich primär in der Vergangenheit ab. Sie ist die Wiederholung der früheren Eltern-Kind-Beziehung. Diese Wiederholung macht die damaligen Hemmungen und Konflikte bewußt. Sie werden in der jeweiligen Beziehung ausgetragen und zielen darauf ab, bewältigt zu werden.

Erst der Erwachsene zieht einen Partner an, der ebenso wie er erwachsen ist. Diese Partnerschaft ist nicht mehr mit dem psychischen Moder der Vergangenheit behaftet. Sie findet in der Gegenwart statt.

Einführung in die Horoskopberechnung und Horoskopdeutung

1. Berechnung des Horoskops
Um ein Horoskop zu erstellen, sind folgende Informationen und Hilfsmittel erforderlich:

a) genaue Geburtszeit (Tag, Monat, Jahr, Stunde, Minute [möglichst genau])
 Sie ist meistens aus dem Geburtsschein ersichtlich. U.U. kann man auch bei dem zuständigen Standesamt die genaue Uhrzeit der Geburt erfragen.
 Für die Bestimmung der Geburtszeit ist im allgemeinen der erste Schrei des Neugeborenen maßgebend.
 Zu beachten gilt ferner, daß einige Länder sogenannte Sommerzeiten eingeführt haben. Bei Geburten, die in solche Zeiträume fallen, muß diese Verschiebung mit beachtet werden.
b) der Geburtsort
 Hier ist die geografische Länge und Breite von entscheidender Bedeutung. Sie kann aus jedem Atlas entnommen werden oder aus hierfür erstellten Tabellen und mit den geographischen Positionen der Städte.
c) Ephemeriden
 Ephemeriden sind Tabellen, auf denen (für jeden Tag eines Jahres) die jeweiligen Planetenstände im Tierkreis aufgezeichnet sind.
d) Häusertabellen
 Sie sind für die Bestimmung der einzelnen Häuserspitzen erforderlich. Zu empfehlen sind die Häusertabellen nach Placidus.

Berechnung eines Horoskops

Beispiel:
Geburt am 27. September 1979, 5.00 Uhr früh in Osnabrück.
Die einzelnen Schritte werden im Anschluß erläutert:

1. Schritt: Stunde, Minute, Sekunde der Geburt   5.00.00

2. Schritt: + Zonenzeitdifferenz   − 1.00.00

3. Schritt: Greenwichzeit   = 4.00.00

4. Schritt: + Länge von Greenwich   + 32.10

5. Schritt: + Sternzeit am 27. 9. 79   + 20.46

6. Schritt: + Zeitkorrektur   + 50
    _____

7. Schritt: Ermittlung des Ergebnisses
          (Ortssternzeit)   4.53.46

1. Schritt: Geburtszeit wird der Angabe gemäß in Stunden, Minuten und Sekunden aufgeführt.
2. Schritt: Der zeitliche Unterschied der jeweiligen Zeitzone zur Greenwichzeit wird Zeitzonendifferenz genannt.

Die Zeit von Greenwich berechnet sich für Grade östlich plus 4 Minuten pro Grad, für Grade westlich minus 4 Minuten pro Grad. Die Mitteleuropäische Zeit (MEZ) entspricht dem Meridian von Görlitz, 15° östlich von Greenwich. Dies bedeutet eine Verschiebung von 60 Minuten bzw. einer Stunde gegenüber der Greenwichzeit. Entsprechend dieser Zeit (GZ = Greenwichzeit) werden die Planetenpositionen aus der Ephemeride ermittelt.

3. Schritt: Nach Abzug der Zonenzeitdifferenz ergibt sich die sog. Greenwichzeit der Geburt.
4. Schritt: Diese Angabe ist entweder einer Städtepositionstabelle oder einem Atlas mit Gradeinteilung zu entnehmen.
   1 Grad entspricht dabei 4 Minuten. Osnabrück befindet sich auf 8° 2,5' geographische Länge von Greenwich. 8° 2,5' x 4 = 32 Minuten 10 Sek.
5. Schritt: Die Sternzeit (Sidereal Time) kann aus den Ephemeriden ersehen werden. Sie lautet am 27. 9. 79 für 00.00 Uhr (Mitternacht) 20 Minuten 46 Sekunden.
6. Schritt: Dieser Schritt ist erforderlich, da die Sternzeit der Ephemeride nur für 00.00 Uhr (Mitternacht) (Mitternachtsephemeride) berechnet ist, vorliegende Geburt aber fünf Stunden nach Mitternacht stattfand. Da sich die Sternzeit jeweils in 24 Stunden um ca. 4 Minuten (240 Sekunden) verändert, entspricht eine Stunde ca. 10 Sek. Bei fünf Stunden sind also 50 Sek. hinzuzuzählen. Bei nicht zu hohem Anspruch an die Genauigkeit kann dieser Wert vernachlässigt werden, da die Sternzeitkorrektur höchstens 4 Minuten ausmacht.
7. Schritt: Das Ergebnis (die Ortssternzeit) wird durch Addition ermittelt. Hinweis: Übersteigt das Ergebnis 24 Stunden, müssen 24 Stunden abgezogen werden!

Praktisches Vorgehen nach der Berechnung:

1. Bestimmung der Häuserspitzen
Aus den Häusertabellen, die nach Breitengraden geordnet sind, können nun entsprechend dem Ergebnis (hier 4.53.46) die einzelnen Häuserspitzen auf ein Horoskopformular gezeichnet werden. Dabei muß meist etwas interpoliert werden.

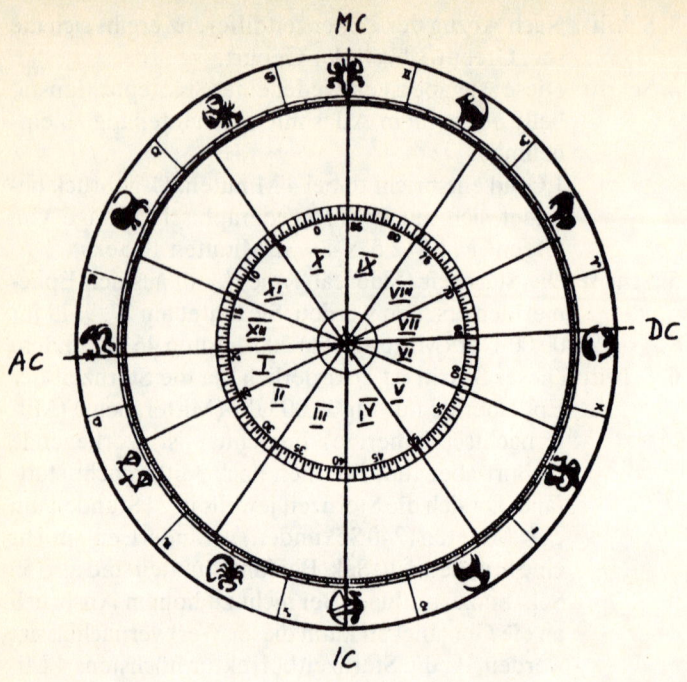

2. Planetenstellung

In den Ephemeriden sind entsprechend dem jeweiligen Tag der Geburt die Planetenstellungen sowie die Stellung von Sonne und Mond aufgezeichnet. Dabei muß zwischen 0 Uhr (Mitternachtsephemeride) und dem Folgetag interpoliert werden, um zu den Werten zu kommen, die der *Greenwichzeit* der Geburt (hier 4 Uhr) entsprechen.

Diese Gestirnstände werden dann auf die Horoskopzeichnung übertragen.

Achtung: Für die Berechnung der Planetenstände wird die GZ (Greenwichzeit) zugrunde gelegt. Für die Häusereinteilung ist dagegen die Ortssternzeit ausschlaggebend.

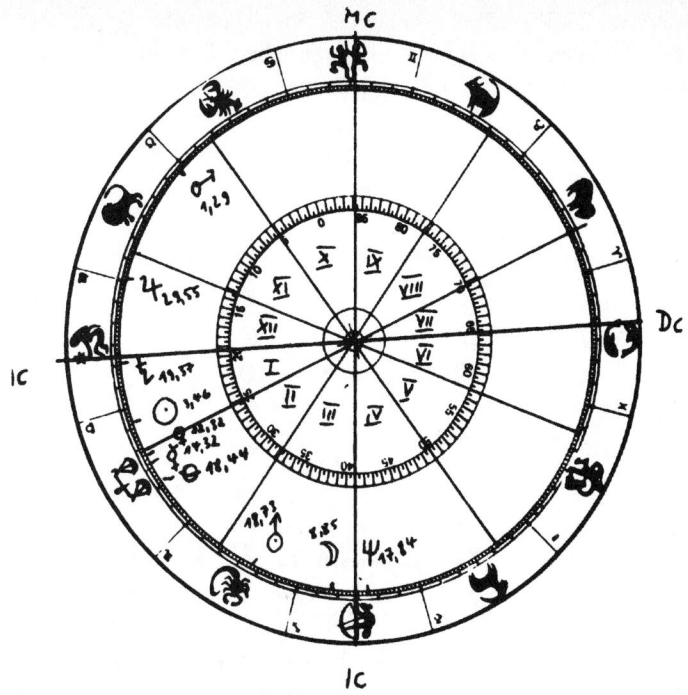

3. Deutung des Horoskops

Das Horoskop besteht aus einem Kreis, der in 360 Grad eingeteilt ist.

Er stellt die scheinbare Jahresbahn der Sonne dar, die als Ekliptik bezeichnet wird und real gesehen der Ebene der Erdbahn um die Sonne entspricht.

Dieser Sonnenweg wurde von den Astrologen in zwölf Abschnitte zu je 30 Grad unterteilt.

Diese zwölf Abschnitte nennt man Tierkreiszeichen. Es handelt sich dabei um symbolische Bezeichnungen für die verschiedene Qualität der scheinbaren Sonnenbahn um die Erde. Sie stimmen also mit den gleichnamigen, aber verschieden großen Sternbildern des Fixsternhimmels nicht überein.

Jeder Tierkreis hat sinngemäß einen dazugehörigen Planeten (Herrscher) und ein ihm entsprechendes Haus.
Zuordnungen und Symbolerklärungen:

		Tierkreis		Herrscher	Haus
21. 3. bis 20. 4.	♈	Widder	♂	Mars	1
21. 4. bis 20. 5.	♉	Stier	♀	Venus	2
21. 5. bis 21. 6.	♊	Zwillinge	☿	Merkur	3
22. 6. bis 22. 7.	♋	Krebs	☽	Mond	4
23. 7. bis 23. 8.	♌	Löwe	☉	Sonne	5
24. 8. bis 23. 9.	♍	Jungfrau	☿	Merkur	6
24. 9. bis 23. 10.	♎	Waage	♀	Venus	7
24. 10. bis 22. 11.	♏	Skorpion	♇	Pluto	8
23. 11. bis 21. 12.	♐	Schütze	♃	Jupiter	9
22. 12. bis 20. 1.	♑	Steinbock	♄	Saturn	10
21. 1. bis 19. 2.	♒	Wassermann	♅	Uranus	11
20. 2. bis 20. 3.	♓	Fische	♆	Neptun	12

Stünde jeder Planet (bzw. Sonne und Mond) in seinem Tierkreisabschnitt und jeder Tierkreisabschnitt in seinem eigenen Haus, so würde sich folgendes Bild ergeben:

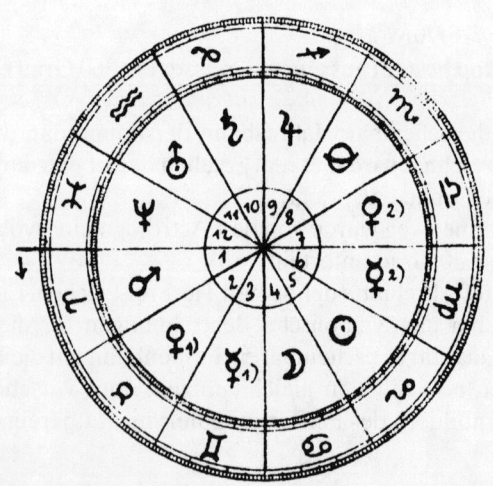

1 und 2

Venus und *Merkur* werden zwei verschiedenen Tierkreiszeichen zugeschrieben.

> Venus des Morgens dem Stier
> Venus des Abends der Waage
> Merkur des Morgens dem Zwilling
> Merkur des Abends der Jungfrau.

Während die Tierkreiszeichen durch die Jahresbewegung der Erde um die Sonne bestimmt werden, stellen die Häuser, die das Horoskop in zwölf Abschnitte unterteilen, den 24stündigen Tageszyklus dar, in dem die Erde sich einmal um ihre eigene Achse dreht.

Als Häuserspitzen bezeichnet man die Trennungslinien zwischen den zwölf Abschnitten. Die Spitze des ersten Hauses ist identisch mit dem sogenannten Aszendenten.

Der Aszendent markiert die Stelle der Ekliptik, die zur Zeit und am Ort der Geburt am Osthimmel aufsteigt.

Dem Aszendenten (= Aufgangspunkt) gegenüber liegt der Deszendent (= Untergangspunkt der Gestirne am Westhorizont).

Die Spitze des zehnten Hauses fällt mit dem sogenannten Medium coeli (= Mitte des Himmels, Mittelpunkt) zusammen.

Das Imum coeli (= Himmelstiefe, Mitternachtspunkt) hingegen entspricht der Spitze des 4. Hauses.

Beispiele für den symbolischen Gehalt von AC, MC, DC und IC:

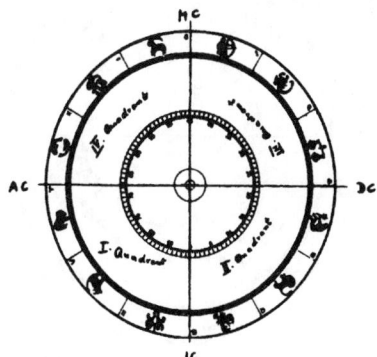

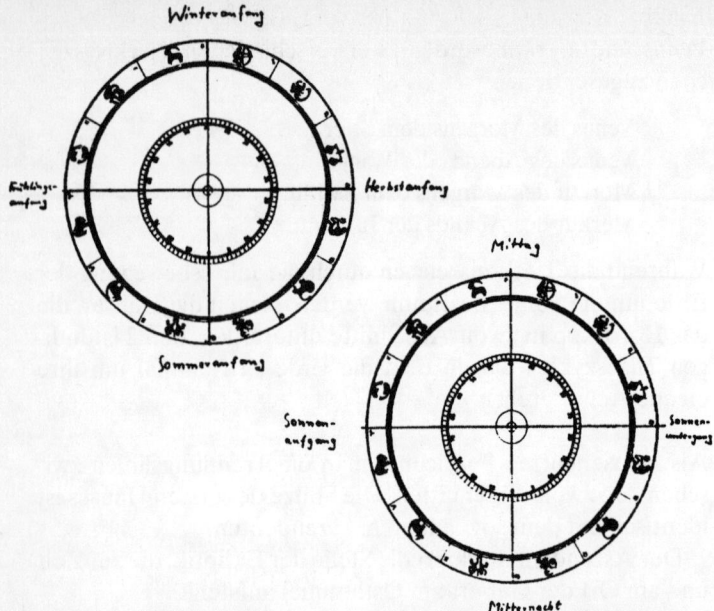

Durch die Verbindung dieser vier Punkte wird das Horoskop in vier Quadranten geteilt. Diese Quadranten sind jedoch nicht immer gleich groß. Sie ergeben sich aus der exakten Geburtszeit (Stunde, Minute) und dem Geburtsort.

Sinngehalt der Quadranten

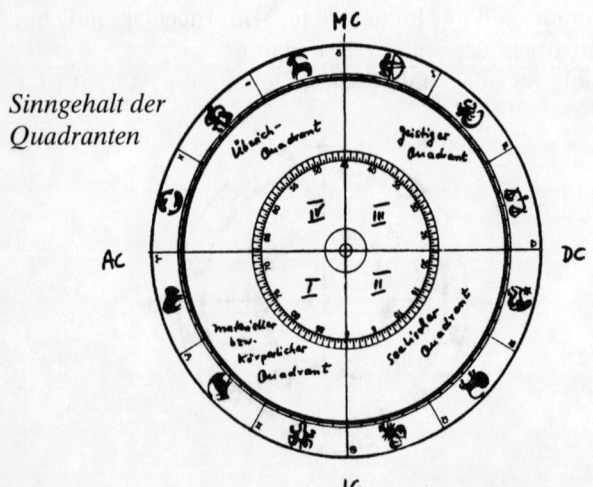

I. Quadrant: materieller bzw. körperlicher Quadrant*

Hier finden sich alle Anlagen, die zur Entdeckung, Sicherung und Weiterentwicklung des Körpers und der materiellen Welt verwendbar sind.

II. Quadrant: seelischer Quadrant**

Diese Anlagen ermöglichen es, die seelische Eigenart bzw. das eigene Wesen zu entdecken, zu sichern und weiterzuentwickeln.

III. Quadrant: a) geistiger Quadrant
b) körperlicher Quadrant des anderen

a) Hier sind alle Anlagen manifestiert, die auf Entdeckung, Sicherung und Weiterentwicklung der geistigen Eigenart drängen.
b) Mit dem Deszendenten beginnt zugleich der I. Quadrant des anderen, des Mitmenschen, der einem begegnet.
Die Anlagen des III. Quadranten können daher auch am Mitmenschen oder Partner erlebt werden bzw. über ihn erlernt werden (eigene Persönlichkeitsanteile [Planeten] werden auf den Partner projiziert – siehe «Auswirkungen in der Partnerschaft»).

IV. Quadrant: a) Über-Ich-Quadrant
b) seelischer Quadrant des anderen

a) Die Anlagen drängen hier darauf hin, das Über-Ich (Normen, Gesetze, Maßstäbe, Gebote, Verbote etc.) sowie die eigenen Rechte und die eigene Verantwortung zu entdecken, zu sichern und weiterzuentwickeln.

---

* Zugleich auch geistiger, also III. Quadrant des anderen
** Zugleich auch Über-Ich-Quadrant, also IV. Quadrant des anderen

b) Mit dem MC beginnt der seelische Quadrant des anderen.
Der eigene IV. Quadrant ist daher zugleich der II. Quadrant des anderen.
Die Anlagen des IV. Quadranten können deshalb auch in der Seele des anderen zum Ausdruck kommen.

Einteilung des Horoskops in Häuser:
Da die Wirkung der Planeten innerhalb eines Quadranten differierte, teilte man jeden Quadranten in drei Teile, so daß sich insgesamt 12 Häuser ergaben, von denen jedes ein anderes Lebensgebiet repräsentiert.

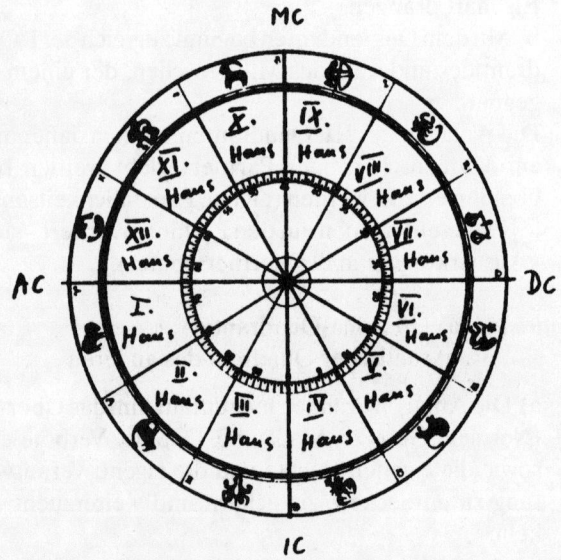

Wechsel der Perspektive:
Übersicht unter Berücksichtigung des Umstandes, daß der III.

Quadrant den I. Quadranten des anderen und der IV. Quadrant den II. Quadranten des anderen darstellt.

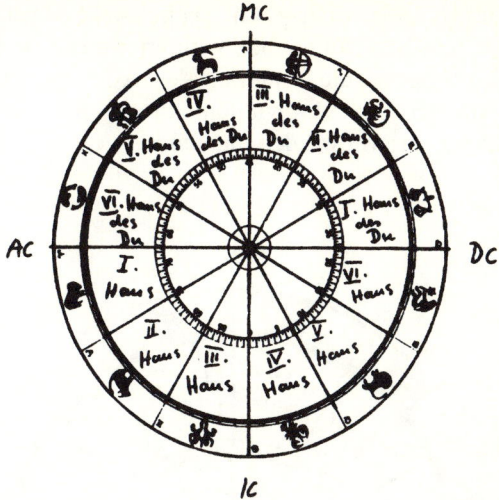

In der alten Astrologie wurde der Inhalt der einzelnen Häuser in etwa so gedeutet:

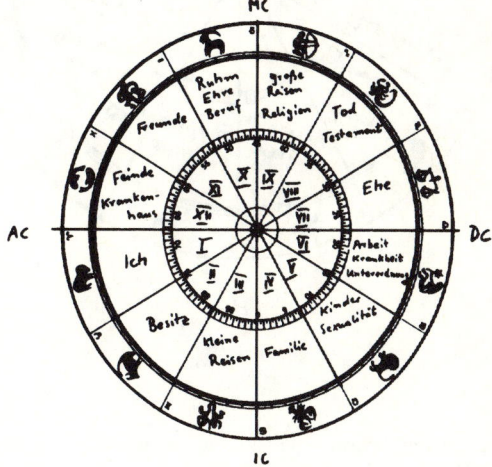

Die Astrologie, die ich auf den folgenden Seiten vorstellen möchte, hat ihren Bedeutungsgehalt dem heutigen tiefenpsychologischen und soziologischen Wissen angepaßt. Insbesondere wurde dabei die Perspektive neu gestellt.* Dadurch ergeben sich teilweise völlig andere Interpretationen. Basis des neuen Konzepts ist die Einteilung des Horoskops in 12 Fähigkeiten, die von jedem Individuum durch bestimmte Entwicklungsschritte erlernt werden müssen.

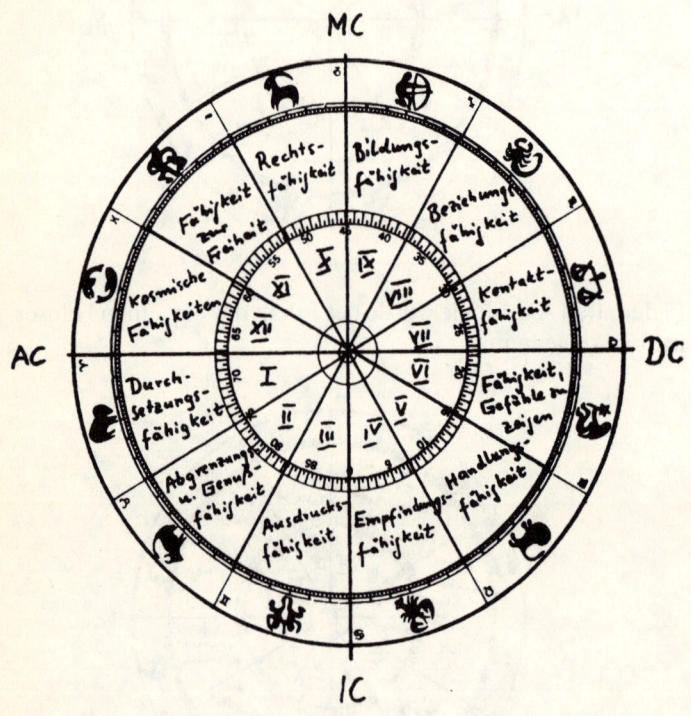

* Quadranten und Tierkreisbedeutung – siehe Wolfgang Döbereiner: Münchner Rhythmenlehre.[25]

Zur Erstellung des Horoskops benötigte Materialien:

1. Ephemeride (Gestirnsstandtabelle)
   Zu empfehlen ist die *Coneise American Ephemeris,* Bd. I *1900–1950,* Bd. II *1950–2000,* Hieratic Publishing; für die Jahre 1850–1900 gibt es die *Deutsche Ephemeride,* O. W. Barth Verlag.

2. Häusertabelle
   Zu empfehlen ist *Die globalen Häusertabellen* (enthält auch die europäischen Sommerzeiten), O. E. Barth Verlag.

3. Atlas oder geographische Positionstabellen
   Zu empfehlen ist Grimm/Hofmann, *Die geographischen Positionen Europas,* Ebertin Verlag.

4. Horoskopformulare

Übersicht über die Bedeutung der Häuser

Nach der psychologischen Astrologie beinhaltet das jeweils 1. Haus eines Quadranten immer einen Beginn, einen Aufbruch, eine Eroberung, eine Entdeckung, das jeweils 2. Haus eines Quadranten immer die Ansammlung und Sicherung dessen, was im 1. Haus entdeckt wurde, und das jeweils 3. Haus immer die Weiterentwicklung dessen, was in Haus 1 entdeckt oder durchgesetzt wurde und in Haus 2 angesammelt und gesichert wurde.

Die Natur gibt für diese logische Entwicklungsfolge ein Gleichnis ab:

Same, Keim   also Beginn, Haus 1 eines jedes Quadranten (Haus 1, 4, 7, 10)

Verwurzelung   also Sicherung, Etablierung, Festigung, Haus 2 eines jeden Quadranten (Haus 2, 5, 8, 11)

Verzweigung   also Weiterentwicklung und Differenzierung, Haus 3 eines jeden Quadranten (Haus 3, 6, 9, 12)

Somit ergibt sich folgende Übersicht:

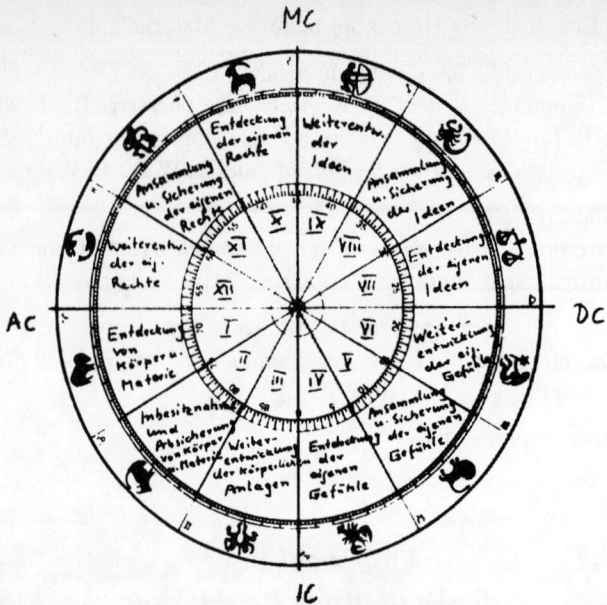

In Entwicklungsprozessen ausgedrückt:

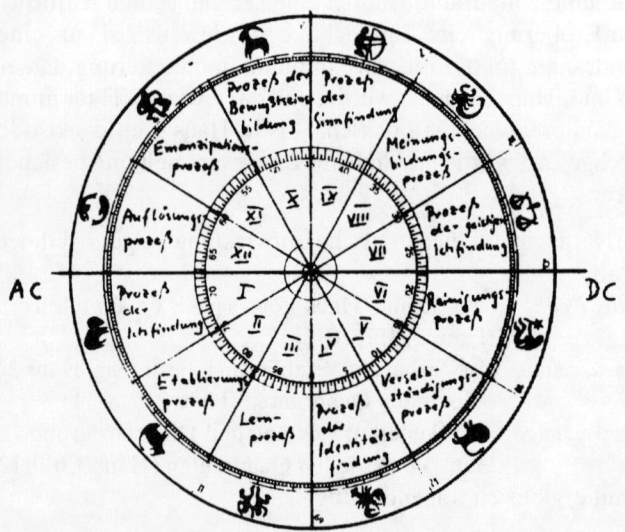

Haus 1
Durch den AC und die Planeten, die im Haus 1 stehen, wird die äußere Erscheinung einer Person geprägt.
Bedeutungsinhalt des 1. Hauses: Substanz, Körper, Durchsetzungsfähigkeit, Pionierarbeit, Selbstbehauptung, Entdeckung der körperlichen Eigenart, die zur Verfügung stehende Energie, Aktivität, der körperliche Reiz.

Haus 2
Abgrenzung und Absicherung, Ansammlung von Materie, materieller Besitz, Vermögen, Einkommen, Finanzen, gesellschaftliche Stellung, Eigenwert, Eigenraum, Genußfähigkeit.

Haus 3
Weiterentwicklung und Differenzierung der körperlichen Fähigkeiten, intellektuelle Fähigkeiten, mathematische Fähigkeiten, Ausdrucksfähigkeit (Sprache, Schrift, Gebärde etc.), Kommunikationsfähigkeit, Erschließung der Umwelt, Lernfähigkeit, praktische und technische Fähigkeiten, Aufnahme, Verwendung und Weitergabe von Informationen.

Haus 4
Entdeckung der seelischen Eigenart, der eigenen Natur, der menschlichen Natur und der Allnatur, Herkunft, Familie, Heimat, Empfindung, das weibliche (mütterliche) Prinzip, seelische Wärme, eigene Identität, Geborgenheit, natürliches Gewissen, Gefühl, Nahrung, Kleidung, Wohnung.

Haus 5
Ansammlung der eigenen Gefühle, Emotion, Handlungsfähigkeit, schöpferische Fähigkeiten, Sexualität, Orgasmusfähigkeit, Kinder, Fähigkeit zur Selbständigkeit, unternehmerische Fähigkeiten, Fähigkeit, spontan zu leben, Spiel, Vergnügen.

Haus 6
Wahrnehmung und Ausdruck (verbal oder nonverbal) der Ge-

fühle. Zeigen der seelischen Eigenart, Erschließung der seelischen Welt, Reinigung, Fähigkeit zur Analyse, Beobachtungsfähigkeit, Pflege von Körper und Seele, Anpassungsfähigkeit, Arbeit.

Haus 7
Partnerschaft, Ergänzung, Gegenpol, Anziehungskraft, Entdeckung der geistigen Eigenart, Ideen, Entdeckung der erotischen Eigenart und des eigenen Schönheitstyps, körperliche und seelische Ausstrahlung, Kontaktfähigkeit, Fähigkeit, abzuwägen, auszubalancieren und zu vermitteln, Harmonie zwischen Körper und Seele, die Durchsetzung des anderen (Haus 7 = Haus 1 des Du), gemeinsame Durchsetzung.

Haus 8
Beziehungsfähigkeit, Ansammlung und Sicherung der Ideen, Vorstellung, Leitbild, geistiger Besitz, Macht, Fixierung, Zwang, Unterdrückung, Abgrenzung und materielle Sicherung des anderen (Haus 8 = Haus 2 des Du), gemeinsamer Besitz.

Haus 9
Assimilationsfähigkeit, Expansionsfähigkeit, Bildung, Weltanschauung und Philosophie, Wahrnehmung und Ausdruck der geistigen und der erotischen Eigenart, Ausweitung und Differenzierung der Ideen, Weiterentwicklung, Ausbau und Aufbau einer Partnerschaft, Ausdruck des anderen (Haus 9 = Haus 3 des Du), gemeinsamer Ausdruck.

Haus 10
Entdeckung der eigenen Rechte, Verantwortungsfähigkeit, Bewußtseinsfähigkeit, Rechtsfähigkeit, die Gesetze und Normen, die Ordnung, die Zielsetzung, Ehrgeiz, Ideal, Beruf, Streben nach Anerkennung, das Elternrollenspiel, die seelische Eigenart des anderen (Haus 10 = Haus 4 des Du), gemeinsames Empfinden, gemeinsame Wohnung.

Haus 11
Ansammlung und Inbesitznahme von eigenen Rechten, Freizeit, Fähigkeit zur Befreiung, Fähigkeit zur Freiheit, Gleichheit, Brüderlichkeit, Entwicklungsfähigkeit, Progressivität, Übertritt von Tabus, Unabhängigkeit, die Selbständigkeit und Handlungsfähigkeit des anderen (Haus 11 = Haus 5 des Du), gemeinsame Unternehmungen.

Haus 12
Wahrnehmung und Ausdruck der eigenen Verantwortung, der praktische Vollzug der eigenen Rechte, kosmische Fähigkeiten, Ahnungsvermögen, Ausgestoßenheit, Einsamkeit, Zurückgezogenheit, Stille, Heimlichkeit, Transzendenz, Angst, Flucht, Verdrängtes, Bewußtseinserweiterung, Ausdruck der Gefühle des anderen (Haus 12 = Haus 6 des Du), gemeinsame Reinigung und Anpassung (Kloster, Krankenhaus, Gefängnis etc.).

Lektion II

Die 12 kosmischen Prinzipien

Bei den auf den folgenden Seiten kursiv gedruckten Wörtern handelt es sich um Schlüsselbegriffe, die nach jedem kosmischen Prinzip gesondert aufgeführt sind.

Tierkreiszeichen, Häuser und Planeten werden jeweils nicht separat abgehandelt, sondern zusammen dargestellt, da sie denselben Bedeutungsinhalt in sich tragen – so hat z. B. der Planet Mars all die Eigenschaften, die dem Widder und dem 1. Haus zugesprochen werden, und das Haus 1 hat Mars- bzw. Widder-Bedeutung. Da die jeweiligen Symbole der Tierkreiszeichen und Aspekte in den Text eingefügt wurden, ist der sprachliche Ausdruck stellenweise weniger flüssig.

Die folgenden Ausführungen sind nicht identisch mit der Charakterisierung von 12 verschiedenen Menschentypen von Widder bis Fisch, sondern sie beschreiben die 12 kosmischen Prinzipien, die jeder Mensch in sich trägt.

Ein «Stier» wird sich deshalb im Stierprinzip nur teilweise wiederfinden, genauso wie ein «Wassermann» hier keine Pauschalbeschreibung vorfindet, wie er sich verhält und was für ihn typisch ist.

Es geht darum aufzuzeigen, wie alle kosmischen Prinzipien unser Leben durchpulsen.

Jeder Mensch ist ein Wunderwerk für sich. Mit Hilfe des Horoskops können seine Anlagen und Möglichkeiten entdeckt und aktiviert werden. Der Zusammenhang zwischen Verhalten und Schicksal wird evident. Es besteht daher allmählich die Neigung, schmerzerzeugende Verhaltensmuster abzubauen und falsche Einstellungen zu korrigieren.

Und noch etwas: Unser Leben spielt sich in einer Welt real wirkender Symbole (Symbolwelt) ab. Diese Symbole heißt es zu integrieren und daran zu reifen. Es gibt in dieser Symbolwelt nichts Besseres oder Schlechteres. Deshalb ist es unsinnig, z. B. irgendeinen Berufsstand höher oder niedriger zu bewerten. Jeder braucht die Symbolik, die seiner psychischen Struktur und seinem Schicksalsweg entsprechend ist.

Widder – Mars – Haus 1

DURCHSETZUNGSFÄHIGKEIT

Mit dem Aszendenten beginnt das 1. Haus, das damit alle Merkmale des *Anfangs*, des *Aufbruchs* und der *Entdeckung* beinhaltet. Hier im Mars-Zeichen beginnt das *Risiko* des Lebens. Es heißt nun, sich *durchzusetzen, vorwärtszustreben* und sich in der Welt zu *behaupten*. Jetzt am *Morgen* ist man *frisch* und hat noch die *Kraft* und die *Energie*, um die notwendige *Aktivität* an den Tag zu legen.

Mit dem 1. Haus tritt der Mensch in den sichtbaren Bereich. Hier entdeckt er und lernt er seinen eigenen Körper, seine körperliche Eigenart sowie die materielle Welt kennen. Hier bekommt er Antwort auf die Fragen: Bin ich männlich oder weiblich? Welche körperlichen Triebe habe ich, und welche Stärke haben jene? Wie viele Kräfte habe ich? Was steht mir an Substanz zur Verfügung?

Widder – Mars – Haus 1 symbolisieren die materielle Energie bzw. die körperliche Energie, die zur Verfügung steht. Nicht von ungefähr kommt es daher, daß die in diesem Zeichen Geborenen oder Menschen mit einem stark gestellten Mars meist irgendeine Sportart, bei der sie ihre Energien zum Ausdruck bringen können, betreiben. So zeigt sich z. B. die Mars-Symbolik auch beim Fußballspiel:

Eine Fußballmannschaft gliedert sich auf in *Stürmer* und Abwehrspieler. *Angriffsführer* ist der Mittelstürmer, der die *Nummer 9* (die Zahl 9 ist dem Mars zugeordnet) trägt. Zu den Eigenschaften eines guten Mittelstürmers gehört es, daß er *schnell im Antritt* ist, sich gegenüber der gegnerischen Abwehr *durchzusetzen* versteht und nicht lange zaudert, sondern sofort *schießt*, wenn sich ihm eine Gelegenheit bietet.

Interessant ist in diesem Zusammenhang auch der Fachjargon, der in den Sportgazetten gepflegt wird. Man spricht da von einem *brandgefährlichen* Mittelstürmer oder davon, daß es lichterloh im Strafraum *brannte*, als die Nr. 9 dort *eindrang*.

Dieses Prinzip des Eindringens kann man aber auch auf der

sexuellen Ebene beobachten. Die starke *Erregung* bei einer *sexuellen Stimulierung* bewirkt einen *Blutstau* und damit gesteigerte *Wärme* und *Energie* im Genitalbereich. Es entsteht der *Drang*, mit dem *Penis* in die Vagina *einzudringen*.

Nicht immer aber äußert sich das Mars-Symbol in einer solch realen Art und Weise. Wird die *Durchsetzung* und *Selbstbehauptung* in frühester Kindheit abgeblockt, so wird dieses Prinzip pervertiert, und es entsteht *Aggression*. Astroanalytisch gesehen entsteht also die Aggression erst durch die Verdrängung der *Energie*, mit der der Mensch sein *Ich* in der Welt *durchsetzen* muß. Wenn das Ich des Kindes sich nicht *einbringen* darf, sondern stets zurückstecken muß, wenn es also nicht gleichberechtigt neben dem Ich von Vater und Mutter stehen darf und kann, wird die ursprünglich physiologische Energie in die pathologische Aggression pervertiert.

Deshalb besteht weitgehend Übereinstimmung mit *Erich Fromm*, wenn er in *Anatomie der menschlichen Destruktivität* schreibt[11]:

> *Wir müssen beim Menschen zwei verschiedene Arten der Aggression unterscheiden. Die erste Art, die er mit allen Tieren gemein hat, ist ein phylogenetisch programmierter Impuls, anzugreifen (oder zu fliehen), sobald lebenswichtige Interessen bedroht sind. Diese defensive «gutartige» Aggression dient dem Überleben des Individuums und der Art; sie ist biologisch angepaßt und erlischt, sobald die Bedrohung nicht mehr vorhanden ist. Die andere Art, die «bösartige» Aggression, das heißt die Destruktivität und Grausamkeit, ist spezifisch für den Menschen und fehlt praktisch bei den meisten Säugetieren; sie ist nicht phylogenetisch programmiert und nicht biologisch angepaßt; sie dient keinem Zweck, und ihre Befriedigung ist lustvoll.*

Wenn das Widder-Mars-Haus-1-Prinzip in seiner ursprünglichen Entfaltung gehemmt wird, entsteht ein Defizit im Ich. Die Folgen dieses Defizits sollen am Beispiel vom «braven» und vom «bösen» Jungen illustriert werden:

Der «brave» Junge ist in seiner Durchsetzung gehemmt,

artig und eingeschüchtert sitzt er in der Schulbank. Er hat Angst vor der Pause, denn in dieser Zeit wird er ständig von einem «bösen» Jungen in der Klasse *attackiert*.

Der «böse» Junge ist ebenfalls gehemmt, agiert aber seinen defizitären Mars aus, d.h., er kompensiert seine Hemmung, indem er besonders aggressiv auftritt. Er kann aber nur in ein schwaches Ich eindringen, weil ein starkes einen solchen Akt nicht zulassen würde. Deshalb sind die «braven» Jungen willkommene Objekte für die «bösen», die im anderen unbewußt ständig versuchen, ihr verlorenes Ich-Land *wiederzuerobern*, natürlich ohne es jemals dabei wirklich zurückzuhalten. Im Gegenteil! Meist werden sie für ihre destruktiven *Aktivitäten* bestraft, so daß ihre Aggression ständig eskaliert.

Eine Möglichkeit, diesem Circulus vitiosus Einhalt zu gebieten, besteht darin, daß das Ich des «braven» und des «bösen» Jungen gestärkt wird, indem man das dort vorhandene Defizit aufzufüllen versucht. Erst dann gibt der «Brave» kein Objekt mehr für den «Bösen» ab, weil er gelernt hat, sich durchzusetzen, und der «Böse» hat es nicht mehr nötig, andere *anzugreifen*, weil er in sich selbst gefestigt ist.

Diese Geschichte vom «braven» und vom «bösen» Jungen setzt sich entsprechend auch im Erwachsenenalter fort, wenngleich sie meist nicht mehr so offen wie in der Kindheit zum Ausdruck kommt. Hier leitet der «brave» Erwachsene seine Aggressionen meist somatisch ab – in Form von *akuten* und *chronischen Entzündungen*, in Form von *Fieber, Kopfschmerzen* oder *Gallenkoliken* etc., während der «böse» Erwachsene es vorzieht, seine Aggressionen auszuagieren.

Nun ist es aber so, daß derjenige, der die Aggression des anderen in der Erleidensform hat, seiner eigenen Energie in pervertierter Form begegnet. Da er in der Durchsetzung gehemmt ist, verdrängt er einen Teil des Mars-Prinzips, der ihm nicht nur zusteht, sondern den er auch brauchen würde, um seine Person adäquat in den Raum zu stellen.

Dieser verdrängte Teil erscheint ihm nun im anderen, der ebenso gehemmt ist, aber diese Hemmung kompensiert, indem er die verdrängte Energie als Aggression ausagiert.

Beide, der Gehemmte und der Kompensator, haben also dasselbe Defizit und unterscheiden sich nur dadurch, daß der eine den verdrängten Teil aktiv auslebt, während der andere ihn in der passiven Form erleidet. Beide ziehen sich magisch an, d. h., der Aggressive kann und wird sich nur dort entladen, wo sich eine Hemmung darbietet.

Der Gehemmte und der Kompensator könnten ihre Energien jedoch konstruktiver erleben. Das ständige Erleiden von Aggressionen und das ständige Angreifen erschöpfen die Kraft des Individuums und verkürzen sein Leben. Die Energie wird unnütz verschleudert. Sie bringt nichts ein. Sie baut nicht auf, sondern ab – sie ist in dieser pervertierten Form eine ständige Gefahr für die eigene und die fremde Gesundheit.

Der Verkehrsrowdy, der mit 100 km/h durch die Stadt rast und damit auf pervertierte Art seine *Kraft* und *Stärke* dokumentiert, mag hier als Beispiel dienen.

Die verdrängte und pervertierte Energie wird insbesondere auch durch die Form von vielen *Rennautos* und *Sportwagen* (*Phallussymbole*) evident. Auf dem militärischen Sektor können wir die Manifestation der verdrängten *männlichen Sexualität* noch deutlicher erkennen: an den *Raketen* und *Düsenjägern*, die für Luft*angriff* und -abwehr verwendet werden, sowie an den *Schießgewehren* der *Soldaten*.

Ich habe oben davon gesprochen, daß die Hemmung des Ichs verantwortlich für Aggressionen ist, denen man entweder passiv ausgeliefert ist oder die man im Falle der Kompensation ausagiert. Diese Szenerie ist auch übertragbar auf die «kollektiven Ichs», auf die Nationen dieser Welt. Wie das Individuum, das aus Angst und Unsicherheit ständig seine Stärke vor den anderen unter Beweis stellen muß, um einen Angriff des anderen zu verhindern, so versuchen die kollektiven Ichs durch eine gigantische Aufrüstung den imaginären Feind abzuschrecken. Das Militär ist auf den Ernstfall ausgerichtet, daß der «Gegner» angreift und dadurch das eigene Land in seiner Durchsetzung hemmt. Bereits die Vorstellung, man könnte einmal gehemmt werden, erzeugt Aggressionen, die in Aufrüstung und Abschreckung gebunden werden.

Noch einmal muß festgestellt werden, daß der Mars nur dann als «Übeltäter» fungiert, wenn er gehemmt wird. Nur dann schießt er über das Ziel hinaus und dringt in die Sphäre des anderen ein, nur dann muß er in der Erleidensform erlebt werden, nur dann sucht er sich Hintertürchen, um in getarnter Form zuschlagen zu können, nur dann bringt er Fieber und Entzündungen...

Das Widder-Mars-Haus-1-Prinzip hat bei realem Ausleben keine negativen Konsequenzen – weder für den Horoskopeigner noch für den Mitmenschen.

Verdeutlicht man sich, wie notwendig es z. B. für einen Baum ist, im Frühjahr kräftige Triebe zu entwickeln, um eine gesunde Basis für Blätter, Blüte und Frucht zu gewährleisten, dann kann man die Wichtigkeit des Widder-Mars-Haus-1-Prinzips besser ermessen.

Zusammenfassend ergibt sich für das Widder-Mars-Haus-1-Prinzip folgende Übersicht:

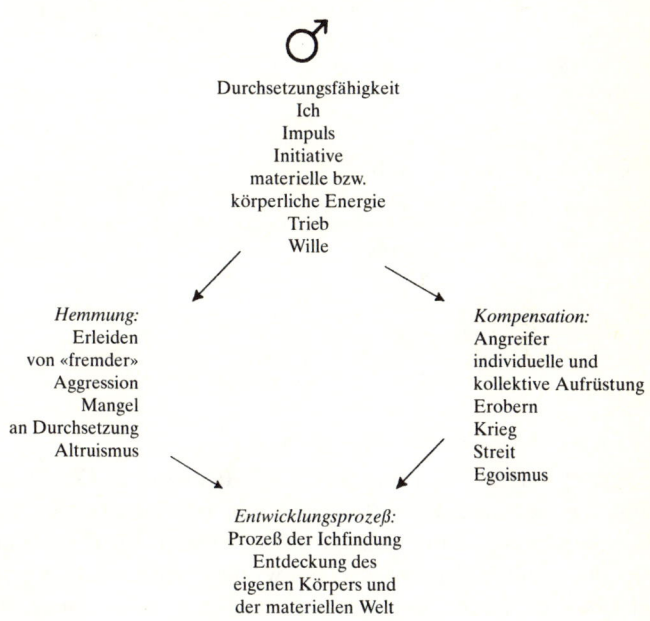

Marssymbole

- Affekt
- Aggression
- Aktivität
- Akutes
- Anfang
- Angreifen
- Antritt
- Archaisches
- Attacke
- Aufbruch
- Aufspießen
- Beginn
- Blut
- Brennessel
- Dolch
- Drang
- Durchbohren
- Düsenjäger
- Eindringen
- Eisen
- Energie
- Entzündung
- Eroberer
- Erregung
- Erster (im Gegensatz zum einzigen = Saturn)
- Feuer
- Fieber
- Frische
- Frühjahr
- Führer (im Gegensatz zum geistigen Führer – Pluto)
- Galle
- Gewürze
- Hitze
- Ich
- Impuls
- Infektion
- Initiative
- Jäger
- Keim
- Kopf
- Körperliches Stimulans
- Kraft
- Krallen
- Krieg
- Krieger
- Kühnheit
- Lanze
- Liebhaber
- Messer
- Morgen
- Penis
- Rakete
- Reiz
- Rennauto
- Rettich
- Risiko
- Rivalität
- Rötung (Rubor)
- Scharfes
- Schießgewehr
- Schmerz (Dolor)
- Schuß
- Selbstbehauptung
- Sexualität (männliche)
- Sieg
- Spitze
- Sport
- Sprint
- Stachel
- Start
- Streit
- Sturm
- Tatkraft
- Tumor (Schwellung)
- Ungestümes
- Vordergrund
- Vorwärtsstreben
- Wagemut
- Wärme (Color)
- Wille
- Zorn

Stier – Venus – Haus 2

ABGRENZUNGS- UND GENUSSFÄHIGKEIT

Wenn mit dem Widder-Mars-Haus-1-Prinzip die Durchsetzung erfolgen muß, so hat das nächstfolgende Tierkreiszeichen die Aufgabe, das Durchgesetzte *anzusammeln*, zu pflegen, zu *bewahren* und zu *erhalten*. Im Stier wird die materielle Energie im *Besitz* gebunden. Dieser *materielle Besitz* wird gegenüber den anderen *abgegrenzt*. Die ursprüngliche Energie kommt nur dann wieder zum Vorschein, wenn diese Abgrenzung gefährdet ist. Der ansonsten sehr friedliche Stiergeborene verteidigt dann auf aggressive Weise seinen Besitz, ähnlich wie viele Tiere Aggressionen äußern, wenn Artgenossen in ihr Gebiet eindringen. Sie folgen darin einem starken *territorialen Imperativ* (*Robert Ardrey*)[12], der für das Stier-Venus-Haus-2-Prinzip typisch ist. Streben nach *Sicherheit* kann beim Stier in verschiedenen Nuancen in Erscheinung treten – angefangen von der Anlage eines Vorrats als Sicherung für etwaige Engpässe in der Versorgung oder für Kriegszeiten bis zum langfristigen Mietvertrag, der vor plötzlicher Obdachlosigkeit schützen soll.

Wenn man wissen will, wie es um die eigene Sicherheit und um den Eigenwert bestellt ist, so muß man sein 2. Haus betrachten. Hier ist der *Eigenwert* der Person verankert, der sich aus der Sicherung der körperlichen Eigenart ergibt. Dieser Eigenwert wird symbolisch durch *Finanzen* aufgewogen. Das Bewußtsein, selbst etwas wert zu sein, führt schließlich zur Ausbildung eines *eigenen Lebensstils,* oder umgekehrt ausgedrückt: Der eigene Lebensstil ist Ausdruck des eigenen *Wertbewußtseins*. Eng verflochten mit dem Wertbewußtsein ist auch die *Genußfähigkeit*. Nur wer seine eigene Person als wertvoll erachtet, wer finanziell und materiell selbständig ist, wagt seinen Körper (auch seine im Haus 1 entdeckten körperlichen Triebe, wie Nahrungstrieb, Sexualtrieb etc.) und seinen materiellen Besitz zu genießen. Wer sich wenig wert oder gar wertlos findet, wird ewig das Opfer derer sein, die sich im Wert überschätzen. Der in seinem Wert Gehemmte hat dann wieder sein komplementäres Gegenstück, den Kompensator, gefunden.

Der Mensch braucht zur Meisterung seines Lebens materielle Sicherheit und einen *Eigenraum*. Solange sein Besitzstreben der Selbsterhaltung dient, ist es eine biologische Notwendigkeit. Wird jedoch dieses Streben nach materieller Sicherheit gehemmt oder verunsichert, so kann daraus die pathologische Erscheinung des ständig Mehrwollens resultieren.

Dieses pathologische Phänomen ist spezifisch menschlich. Kein Tier wird, nachdem es sich seinen Eigenraum geschaffen hat, ständig darauf bedacht sein, sein Territorium zu vergrößern. Meines Erachtens ist materielle Sicherheit bzw. materieller Besitz von Natur aus gewollt, während erst die Überkompensation dieses Lebensprinzips die Gemeinschaft gefährdet und negative Folgen zeitigt.

Erich Fromm unterscheidet hier zwischen einem existentiellen *Haben* und einem charakterbezogenen Besitztrieb.

In *Haben oder Sein*[13] schreibt er:

> ...um überleben zu können, erfordert die menschliche Existenz, daß wir bestimmte Dinge haben, behalten, pflegen und gebrauchen. Dies gilt für unseren Körper, für Nahrung, Wohnung, Kleidung und für die Werkzeuge, die zur Befriedigung unserer Grundbedürfnisse vonnöten sind. Diese Form des Habens kann man als existentielles Haben bezeichnen, da es in der menschlichen Existenz begründet ist. Es ist ein rational gelenkter Impuls, der dem Überleben dient – im Gegensatz zum charakterbedingten Besitztrieb. Dieser leidenschaftliche Hang, sich Dinge anzueignen und zu behalten, ist nicht angeboren, sondern hat sich durch die Einwirkung der gesellschaftlichen Bedingungen auf die biologisch determinierte Spezies Mensch entwickelt.

Hinzugefügt sei noch, daß Besitz in dem Moment knechtet, in dem er über das dem Individuum adäquate Maß hinausgeht. Von diesem Punkt ab beherrscht der Mensch nicht mehr die Dinge, sondern die Dinge beherrschen ihn. Er ist von früh bis spät beschäftigt, den Sachzwängen zu entsprechen, und vergeudet dabei sein Leben. In der ausschließlichen Konzentration auf materiellen Besitz wird sein Leben verdinglicht. Er *ist* nicht mehr, er *hat* nur noch.

In unserem *materialistischen* Zeitalter jedoch scheint es, als bestehe das eigentliche Wesen des Seins im Haben: so daß nichts *ist*, wer nichts *hat*. Das Haben bestimmt in dieser Phase des Menschen und der Menschheit das Ansehen des einzelnen.

Da die Abgrenzung ein wichtiges Wesensmerkmal des Stier-

Venus-Haus-2-Prinzips ist, sei dieses Thema noch einmal aufgegriffen. In dem Bereich, der dem Individuum gehört, hat es bestimmte Rechte, die es nicht genießt, wenn es sich in fremdem Territorium aufhält. Ein Nichtraucher kann in seinem Haus ein allgemeines Rauchverbot aussprechen, im Haus des Rauchers hingegen hat er diese Möglichkeit nicht. In letzterem kann er sich nicht abgrenzen gegenüber dem anderen, denn dort ist der Bereich des anderen, der hier *seine* Rechte zum Ausdruck bringt.

Noch deutlicher können wir das Abgrenzungsprinzip am Beispiel des *Zaunes* erkennen, der als *Schutz* vor äußeren Verunsicherungen um ein Grundstück gezogen wird. Wenn diese äußere Abgrenzung durch irgendwelche Umstände oder Einwirkungen gefährdet oder gar durchbrochen wird, so ist diese äußere Verunsicherung der Grenzen ein Gleichnis für innere Abgrenzungsschwierigkeiten. Das Stier-Venus-Haus-2-Prinzip real zu erleben heißt, die Fähigkeit zu haben, die Grenzen gegenüber dem anderen klar abzustecken. Ist eine solche *Markierung* geschehen, wird der andere sie respektieren und achten.

Dieses Moment ist auch in der Pädagogik von entscheidender Bedeutung. Die freie Erziehung des Kindes ist nicht gleichbedeutend mit uneingeschränkter Freiheit. Das Kind muß erkennen lernen, wo seine Grenzen sind und wo die Sphäre des anderen beginnt. Nur auf diese Weise wird es auch später als Erwachsener die Individualität des anderen anerkennen und dessen persönliche Sicherheit nicht gefährden. Ein solches Verhalten ist dazu angetan, positive Rückmeldungen zu erwirken, die insbesondere in einem gesteigerten Vertrauen der Mitmenschen liegen. Erst durch das Einhalten des Stier-Venus-Haus-2-Prinzips im realen Sinne ist die Sicherheit der Spezies Mensch gewährleistet.

Abgrenzungs- und
Genußfähigkeit
materielle und körper-
liche Sicherheit
materieller Besitz
Bewahren

Hemmung:
Abgrenzungsschwierigkeiten
Besitzlosigkeit
Hemmung im Genuß

Kompensation:
Luxus
Reichtum
Schlemmertum

Entwicklungsprozeß:
Etablierungsprozeß
Entwicklung eines realen
Wertbewußtseins
Sicherung und Festigung
des Ich

Venussymbole (Stier)

Abgrenzungsfähigkeit	*Genußfähigkeit*	*Quantität*
Bedächtigkeit	*Geselligkeit*	*Sachbezogenheit*
Bestand	*Grenzstein*	*Sammeln*
Bequemlichkeit	*Haben (i. S. E. Fromms)*	*Schutz*
Bewahren und Erhalten	*Hals*	*Schweres*
des eigenen Körpers	*Hamstern*	*Sicherungsbedürfnis*
Bodenständigkeit	*Konservierendes*	*Sicherung des Ich*
Dauerhaftes	*Lebensstil*	*Stabilität*
Eigenwert	*Markierung*	*Verwurzelung*
Eigenraum	*Materialismus*	*Vorrat*
Erdhaftes	*materielle Sicherheit*	*Wertbewußtsein*
Etabliertes	*materieller Besitz*	*Wuchtiges*
Festung	*Rachen*	*Zaun*

Zwilling – Merkur – Haus 3

AUSDRUCKS- UND KOMMUNIKATIONSFÄHIGKEIT

Nachdem im 2. Haus ein eigenes Wertbewußtsein und die Fähigkeit zu Abgrenzung, Genuß und Sicherung der eigenen Person ausgebildet wurden, kann nun im 3. Haus das weiterentwickelt und ausgedrückt werden, was in Haus 1 und in Haus 2 angesammelt wurde. Haus 3 bedeutet also: Weiterentwicklung der körperlichen Anlagen, körperlicher Ausdruck (H. A. Strauß) und Gebrauch des eigenen Körpers und der Materie. Das Ich verzweigt und differenziert sich. Der Mensch tritt hier in Kommunikation mit anderen. Er wagt sich aus seiner Abgrenzung heraus und versucht nun die materielle Welt zu begreifen. Hierzu schreibt Fritz Riemann[14]:

> *Um uns in der verwirrenden Vielfalt der Erscheinungen zu* orientieren, *das lebendige Geschehen in und um uns zu verstehen, müssen wir den Dingen* Namen *geben, sie in Begriffen* und Zahlen *festlegen. Mit Merkur beobachten und erkennen wir die Gemeinsamkeiten und Ähnlichkeiten oder die* Unterschiede *der Erscheinungen.*

Dieses Bezeichnen (Wolfgang Döbereiner)[15] von materiellen und körperlichen *Erscheinungsformen* ist ein wichtiges Moment in der Entwicklung des Menschen und der Menschheit; in unserem naturwissenschaftlich ausgerichteten Zeitalter wurde es jedoch zum Dogma erhoben.

Durch das Bezeichnen ist ein Problem noch nicht gelöst. Indem ein rein naturwissenschaftlich orientierter Arzt z. B. eine pathologische Erscheinung als chronische Gastritis diagnostiziert, hat er zwar die Krankheit erkannt und definiert, aber die Ursache der chronischen Gastritis wurde dabei nicht aufgespürt. Im 3. Haus werden also nur die körperlichen und materiellen Phänomene erfaßt und benannt. Diese *Erfassung* erfolgt durch *Zählen, Messen* und *Wägen*. Und nur indem man den Dingen Namen gab, konnten sich *Sprache* und *Schrift* herausbilden.

Das oben erwähnte Wort «erfassen» nimmt Bezug auf die Hand und ihr Tun. Das Grundprinzip des Merkur zeigt sich daher auch in den praktischen Verrichtungen des täglichen Lebens, im Bewegen, Tun, Hantieren, Basteln, Zupacken, Fabrizieren.[16] In diesem Prinzip ist ferner auch das Lernen enthalten. *Lerntrieb* und *Interesse* an den materiellen Erscheinungen und Bewegungen sind hier stark ausgeprägt. Aus diesem Grunde ist auch die Technik ein Zwilling-Merkur-Haus-3-Phänomen. Die Maschine kann als eine Projektion der Beweglichkeit des menschlichen Körpers in die Außenwelt gesehen werden.[17] Werkzeuge, *Apparate* und *Computer* sind weitere typische Manifestationen des Zwilling-Merkur-Haus-3-Prinzips.

Wenn man wissen will, wie es mit dem eigenen *körperlichen Ausdruck* (auch mit der körperlichen Beweglichkeit) bestellt ist, muß man sein 3. Haus betrachten. Nach H. A. Strauß gehört zu den Ausdrucksmomenten des Merkur auch die *Mimik* wie die *Pantomimik*, der Ausdruck des gesamten Körpers oder die Sprache der *Hände* ebenso wie das eigentliche *Sprechen* – die *Gebärde* ist die Urform der Sprache.

Dem Zwilling-Merkur-Haus-3-Prinzip sind auf der körperlichen Ebene die Extremitäten (*Arme* und *Beine*) und die Luftröhre mit ihren «Verzweigungen» Bronchien und Lungen zugeordnet.

Der Austausch zwischen der CO_2-angereicherten Luft und der frischen Luft mit hohem O_2-Gehalt ist auf anderer Ebene symbolisch wiederzufinden in der Wissensaufnahme und Wissensvermittlung.

Im 3. Haus sind auch Presse und Rundfunk vorzufinden. Auch hier wird wie in der Naturwissenschaft und im *schulischen Bereich* meist nur die materielle Welt als die einzige Wirklichkeit angesehen.

Es gibt mehr Dinge zwischen Himmel und Erde, als die Schulweisheit sich träumen läßt, sagt *Schopenhauer* und trifft damit genau auf den wunden Punkt des derzeit aufs Podest gehobenen Haus-3-Prinzips.

Der *Intellekt* ist ein Prinzip unter anderen. Er ist ein wichtiges Medium, um sich in der materiellen Welt zu orientieren, dort zu beobachten und zu beschreiben, aber diese materielle Welt ist nur ein Teil der Wirklichkeit. Die Ausklammerung der anderen Teile, der seelischen Welt (II. Quadrant), der geistigen Welt (III. Quadrant) und des Kosmos (IV. Quadrant) erzeugt stets ein falsches Bild, wenn auch die naturwissenschaftlichen Erkenntnisse als solche vollends richtig sein mögen.

Zudem ist das Wissen und Denken im Sinne des 3. Hauses *nachvollziehender* Natur und beinhaltet kaum eigenschöpferische Momente. Es ist ein Denken innerhalb des Vorgegebenen. Der Schüler *lernt* die Vokabeln auswendig, der Dolmetscher übersetzt die fremde Sprache...

Dieses nachvollziehende Denken ist jedoch die Voraussetzung zum Erfassen von Zusammenhängen, eine wichtige Vorübung auf materieller Ebene zur Erfassung der seelischen und der geistigen Welt sowie des Kosmos.

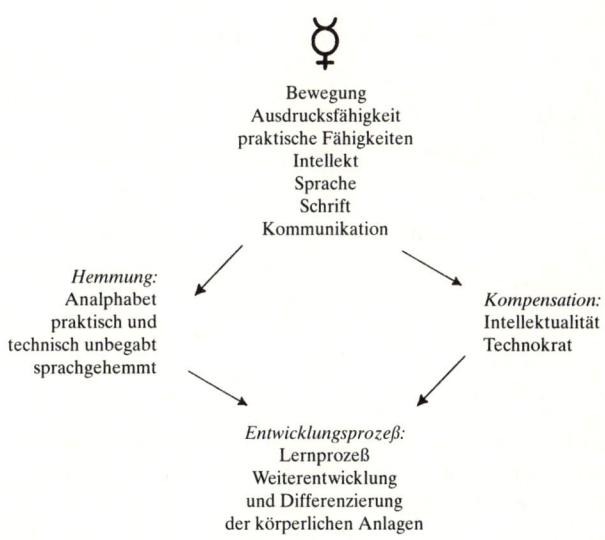

Merkursymbole (Zwillinge)

Affe	*Interesse*	*Naturwissenschaften*
Arme	*Information*	*Presse*
Ausdrucksfähigkeit	*Kommunikation*	*Rationales*
Beine	*Lernen*	*Redaktion*
Benennen	*Lesen*	*Rundfunk*
Bewegung	*Logik*	*Sprechen*
Bezeichnen	*Luftröhre*	*Statistik*
Briefe	*Lungen*	*Technik*
Bronchien	*Maschine*	*Telefon*
Bücher	*Mathematik*	*Unterscheidung*
Diskussion	*Mechanik*	*Vermittlung*
Dolmetscher	*Meßbares*	*Wägbares*
Gebäude	*Mimik*	*Welt der Formen*
Fahren	*Mitteilung*	*und Namen*
Finger	*Nachrichten-*	*Zählbares*
Imitieren	*übermittlung*	*Zeitung*
Intellekt	*Nachvollziehen*	*Zirkel*

Krebs – Mond – Haus 4

Empfindungsfähigkeit

Erich Neumann schreibt in *Zur Psychologie des Weiblichen*[18]:

> Der Mond, dessen Wachsen, Abnehmen und Wiederkehren für die Menschheit von jeher das eindrucksvollste aller himmlischen Phänomene war, ist als Herr der kosmisch-himmlischen ebenso wie der irdisch-weiblichen Symbolik, deren 28-Tage-Rhythmus seinem himmlischen Rhythmus analog ist, die sichtbarste untere irdische Entsprechung eines oberen himmlischen Geschehens.

Als Symbol der selber wachsend und vergehend sich wandelnden himmlischen Gestalt ist der Mond archetypischer Herr des Wassers, der Feuchtigkeit und der Vegetation, d. h. alles Wachsend-Lebendigen. Er ist der Herr des psychobiologischen Lebens und damit Herr des Weiblichen in seiner archetypischen Wesenheit, deren menschlicher Repräsentant die irdische Frau ist.

Mit der Herrschaft über die psychobiologische Welt, der Feuchte und des Wachstums unterstehen ihm alle Wasser der Tiefe, alle Ströme, Seen, Quellen und Säfte.

Diese Welt ist die ursprüngliche Welt des «Nahrungsuroboros» der Frühzeit, in der Leben als Nahrung und Fruchtbarkeit das zentrale Anliegen der Menschheit ist. Die Fruchtbarkeit der Jagdtiere, der Herden, der Felder und der menschlichen Gruppe steht damit im Mittelpunkt dieser Welt, die damit weitgehend Welt des Weiblichen, des Nährenden und Gebärenden, d. h. aber Welt der großen Mutter ist, über die der Mond herrscht.

Der Mond ist das Symbol für das *Unbewußte*, *Seelische*, *Mütterliche*. Dort im *Schoß* der *Mutter* ist der *Ursprung des Seins*.

Diese Wärme und *Geborgenheit* des *schützenden* Mutterschoßes versucht der Mensch, in die kalte Welt geworfen, ersatzweise wiederzuerlangen – in seiner *Wohnung*, in seinem *Heim*, in seinem *Haus*. Das Haus ist quasi eine Imitation der *Gebärmutter*, eine konstruierte Geborgenheit in der äußeren Welt.

Aus der Stellung des Mondes im Horoskop sowie aus der Stellung des Herrschers von Haus 4 (siehe Lektion V!) und der Planetenbesetzung im 4. Haus ist daher ersichtlich, wie jemand wohnt. Dort im 4. Haus ist aber auch unsere *Herkunft* verankert, unsere *Heimat* und unsere *Familie*, von der wir abstammen. Die Vergrößerung der Heimat des Mutterschoßes ist die Heimat der Familie, die nächste Vergrößerung heißt Dorf oder Stadtteil, die nächste das Volk, dem wir uns zugehörig fühlen, und die letzte Vergrößerung heißt schließlich: *Mutter Erde*.

Mond, 4. Haus ist das, womit wir uns identifizieren, wo wir *gefühlsmäßig* verbunden sind.

Hier müssen wir lernen, eine *seelische Eigenart* auszubilden, um voll *empfindungsfähig* zu werden. Die Ausbildung einer seelischen Eigenart ist bei einem Kind jedoch nur dann gewährleistet, wenn die Eltern zum Ausdruck bringen, daß es um seiner selbst willen *akzeptiert* und *geliebt* wird. Nur wenn das Kind sicher ist, auch ohne Verleugnung des eigenen *Wesens* angenommen zu werden, kann sich die *Natur* des Kindes entfalten.

Durch Anpassung an die Gebote und Verbote der Eltern kann jedoch die eigene Natur unterdrückt oder verfälscht werden, was bedeutet, daß der einzelne erst in einem langen, oft schmerzhaften Prozeß der Bewußtmachung zu seiner wahren Natur zurückfindet.

Er hat dann das mütterliche Prinzip in sich bewußt zur Verfügung. Er ist in sich geborgen – hat seine wahre Mutter in sich entdeckt, die sein eigenes *Wesen*, seine seelische Eigenart, seine eigene Natur ist, die er selbst akzeptiert und liebt und von der er akzeptiert und geliebt wird. Da jeder Mensch diese Kernschicht des Lebens in sich trägt, kann jeder geliebt und angenommen werden. Durch das Horoskop wird der Zugang zu dieser ursprünglichen Natur eröffnet.

Erst auf der Grundlage der wahren Natur kann eine echte Beziehung zu anderen Menschen aufgebaut werden. Durch sie ergibt sich eine *seelische Verwandtschaft* zu anderen Menschen, eine *Vertrautheit* und ein Einssein mit dem anderen. Dies ist die einzig unmittelbare, aufrichtige und damit die machtvollste zwischenmenschliche Beziehung, mit freiem *Geben und Empfangen von Zuwendung* ohne Gefühlsausbeutung.

Innigkeit oder *Vertrautheit* schließt *Zuneigung, Natürlichkeit, Offenheit, Geborgenheit, Zärtlichkeit, Einfühlungsvermögen* und seelische *Liebe* ein und gehört damit zu der geheimen Sehnsucht eines jeden Menschen.[19]

Wenn ich vorhin vom Prinzip des Gebens und Empfangens gesprochen habe, so bedeutet dies, daß Geben und Empfangen eine Einheit darstellen und zeitlich nicht voneinander getrennt werden sollten. Es verletzt das Krebsprinzip, wenn gegeben wird und bewußt oder unbewußt daran die Hoffnung geknüpft wird, dafür später einmal zu empfangen. Auf diese Problematik habe ich schon in Lektion I (positive und negative Verstärkung des Schicksals) hingewiesen. Doch muß noch einmal nachdrücklich festgestellt werden, daß, wenn im Hinblick auf bestimmte Hoffnungen oder Zielsetzungen gegeben wird, das Mondprinzip nicht real erlebt wird. Dies wäre ein Mißbrauch der eigenen Natur und der des anderen. *Hingabe* muß um der Hingabe willen erfolgen, *Zärtlichkeit* um der Zärtlichkeit willen, und vor allem der Austausch muß im Moment erfolgen, nicht irgendwann in der Zukunft.

Aus dem Krebs-Mond-Haus-4-Prinzip entspringt auch die *Stimme des Lebens*. Durch sie wird eine Rückbindung innerhalb der Entwicklung an den *Ursprung des Seins* hergestellt, an die ursprüngliche Ganzheit des Selbst, an die ursprüngliche seelische Natur des Menschen. Damit unterscheidet sich die Stimme der 1. Natur als die Stimme des eigenen Gewissens von der Stimme der 2. Natur, des erlernten Gewissens, der Stimme des Über-Ichs (Steinbock – Saturn – Haus 10).

Der Mond mit seinen Phasen ist das Symbol für die stets in Entwicklung befindliche Seele. Diese Entwicklung vollzieht sich über den Weg der *Identifikation* und über den Prozeß der *Introjektion*. So, wie die *Nahrung einverleibt* wird und *verdaut* werden muß, so muß auch das, womit man sich außen identifiziert, aufgenommen und seelisch verarbeitet werden.[20]

Dort, wo der Mond im Horoskop steht, über dieses Lebensgebiet heißt es seine *Identität* zu finden. Identität haben heißt zu wissen, wer man ist, sich so zu mögen, wie man ist, und mit dem übereinzustimmen, womit man lebt (Partner, Wohnung, Beruf etc.). Nach Walter J. Schraml ist Identität, wenn sich jemand wohl fühlt auf dem Wege, welchen er eingeschlagen hat.[21] Ein solches Identitätsgefühl verleiht dem Menschen Zufriedenheit und Geborgenheit. In sich geborgen ist also, wer seine wirkliche Identität (Natur) gefunden hat.

Der Mond entspricht dem weiblichen Teil im Menschen und damit auch dem bejahenden, gewährenden, passiven und rezeptiven Prinzip. Daraus kann jedoch nicht abgeleitet werden, dieses Prinzip sei nur für Frauen relevant. Dieses Prinzip wirkt auch in jedem Mann und muß in ihm genauso ausgebildet werden wie bei der Frau.

Die Ausschließlichkeit, mit der in unserer Gesellschaft gewisse Lebensbereiche der Frau bzw. dem Mann zugewiesen werden, steht in Widerspruch zu den 12 kosmischen Prinzipien, die in jedem Menschen, ob Mann oder Frau, wirken.

Die Ursachen dieser veralteten Denkweise liegen insbesondere in der autoritären, patriarchalen Erziehung begründet, deren einseitige Prinzipien jeweils von Generation zu Generation weitergegeben wurden. Eines ihrer Maximen ist, daß Jungen stark sein müssen, während Mädchen Gefühle und Schwäche zeigen dürfen, ja sogar zu zeigen haben. Man trennt also streng nach Geschlecht und weist dem einzelnen so eine starre Rolle zu. Dabei wird jedoch übersehen, daß im Mann auch weibliche Komponenten und in der Frau auch männliche Komponenten wirksam sind. Die Folge ist, daß der Mann, der im Leben anerkannt sein will, häufig seinen weiblichen Teil, sein Gefühl, verdrängen oder verleugnen muß, und die Frau, will sie nicht unweiblich sein, ihren männlichen Teil, ihren Intellekt und ihren Drang nach Aktivität unterdrücken muß. Es ist an der Zeit, hier eine Synthese zu schaffen: Der Mann muß lernen, sein Gefühl in seine Entscheidungen mit einzuschalten, sonst jagt die Welt unter der Alleinherrschaft des kalten, sezierenden Intellekts dem Abgrund zu. Die Frau dagegen muß lernen, ihren Intellekt auszubilden, damit sie der harten Männerwelt statt mit bloßen Emotionen (und Tränenbächen) fundiert und qualifiziert Paroli bieten kann.

Eine solche Synthese wäre eine Partnerschaft zwischen dem Weiblichen und dem Männlichen im Menschen und in der Außenwelt. Sie sind dann nicht mehr Gegensätze, sondern sind Freunde geworden (siehe auch Waage-Venus-Haus-7-Prinzip).

Das Mondprinzip auszubilden heißt, die Fähigkeit zu entwickeln, zu *fühlen*, zu *empfinden*, *seelisch* zu *lieben*, zu *geben*, zu *schenken*, zu *gewähren* und zu *empfangen*.

Der Mond ist die über allem Dasein entspringende *Quelle*, aus der neues Leben fließt, wenn das alte verbraucht ist. Der Mond ist die *Regeneration*. Deshalb: Will man den Gesundungsprozeß eines Menschen in Gang setzen, muß man den Mond in ihm (seine Seele) und die Mondsymbole in der Außenwelt (gesunde biologische Nahrung, Kleidung und Wohnung), also seine Natur innen und außen stärken. *Medicus curat, natura sanat.*

Empfindungsfähigkeit
eigene Natur
menschliche Natur
Allnatur
ursprüngliches Wesen
seelische Liebe
Geborgenheit

Hemmung:
Ungeborgenheit
Kindrolle im
Erwachsenenalter
Zärtlichkeitsdefizit

Kompensation:
Gluckenhaftes
Bemuttern
(overprotective
mother)
Komp. Geben von
Zärtlichkeit

Entwicklungsprozeß:
Prozeß der Identitätsfindung
Entdeckung der seelischen
Eigenart

Mondsymbole

Akzeptieren
Allnatur
Annehmen
Aufnehmendes
Befriedigung
bejahendes Prinzip
Bereitschaft
Bergendes
(Rock, Kleid, Tasche)
Bett
Brunnen
Elternhaus
Empfangendes

Empfindungsfähigkeit
Familie
Frau
Fruchtbarkeit
Gebärendes
Geben (Saturn =
nehmen)
Geborgenheit
Gefühl
Gemütliches
Gewähren
Glaube
Hase

Haus
Heilen
Heim
Heimat
Hingabe
Höhle
Identität
Innigkeit
Instinkt
Intimbereich
Intimität
Introjektion
Ja zum Leben

Kind	Bedürfnisse	Streicheln
Kostenloses	(Nahrung, Kleidung,	Unbeständiges
Laube	Wohnung)	Ursprung des Seins
Lutschen	Regeneration	Uterus
Magen	Rezeptives	Vagina
Matriarchat	Saugen	Veränderliches
Milch	Schaf	Verdauung
Muschel	Schenken	Vertrautheit
Mutter	Schlaf	Volk
Nacht	Schleimhäute	Wandelndes
Nahrung	Schmusen	weibliche Brust
Natur (eigene)	Schnecke	weiblicher Teil der
Natur des Menschen	Seele	Psyche
Nest	seelische Eigenart	weiblicher Zyklus
orale Phase	seelische Liebe	Weiches
Orgon (Wilhelm Reich)	seelisch Verwandtes	Wesen
Passives	seelische Wärme	Wiege
Pflege	Silber	Wohnung
Pfleger	Soziales	Zärtlichkeit
Pflegling	Stimme des ewigen	Zufriedenheit
Prostata (Weichteil)	Gewissens	Zuwendung
Reale ursprüngliche	Stimme des Lebens	

Löwe – Sonne – Haus 5

HANDLUNGSFÄHIGKEIT, SEELISCHE BINDUNGSFÄHIGKEIT

Wenn sich im 4. Haus eine Intimität und Vertrautheit herausgebildet hat, so heißt es im 5. Haus, diese *Gefühle und Empfindungen* zu *investieren*.

Das 5. Haus ist das 2. Haus des seelischen Quadranten. Damit ist der Löwe der Stier des 2. Quadranten. Allerdings wird hier nicht materieller Besitz oder Geld aufgehäuft, sondern Gefühle und Empfindungen. Diese Gefühle sammeln sich im 5. Haus zu *Emotion* oder werden in Form von *schöpferischen Akten* ausgedrückt.

Im *schöpferischen Akt* (auch im Coitus) werden die Gefühle investiert. Deshalb spricht man hier im 5. Haus auch von den schöpferischen Fähigkeiten. Geschöpft wird aus dem, was in Haus 4 als Substanz vorhanden ist.

Auch die *Orgasmusfähigkeit* gehört in den Bereich von Haus 5. So sind z. B. besonders die Frauen orgasmusfähig, die ihre Gefühle für den Partner ansammeln lassen und diesen seelischen Besitz voll zu investieren wagen, ohne dabei Angst zu haben, sich zu verlieren. Die immer stärker werdende Gefühlswallung kulminiert schließlich im erlösenden und entspannenden Orgasmus. Dieser unterscheidet sich von einem verkrampften Orgasmus, der ein Gefühl der Niedergeschlagenheit und Mattigkeit hinterläßt.

Wer empfindungsfähig geworden ist und seine Gefühle und Empfindungen zu investieren wagt, hat aber auch noch einen anderen Vorteil: indem er wagt, seine Gefühle zu investieren (selbst schöpferisch zu werden), wagt er auch zu handeln. Er wird *handlungsfähig*.

Ist das Löwe-Sonne-Haus-5-Prinzip eines Menschen überbetont oder werden hier frühere Hemmungen kompensiert, so kann das Handeln zum Selbstzweck werden. Indem man ständig etwas unternimmt (z. B. jeden Abend ausgeht), werden oft die eigene seelische Leere sowie Angst und innerseelische Probleme nicht wahrgenommen.

Wenn man von der seelischen Eigenart ausgeht, so ist das 5. Haus das *Inbesitznehmen dieser seelischen Eigenart bzw. der Empfindungen*.

Dieser Prozeß des Inbesitznehmens der seelischen Eigenart ist zugleich der Prozeß der Bildung des eigenen Selbst bzw. der Prozeß der *Selbstverwirklichung*.

Demnach ist Voraussetzung für die Selbstverwirklichung die Ausbildung einer seelischen Eigenart. Ohne sie verwirklicht man nicht sich selbst, sondern seine zweite Natur, seine verzauberten Vorstellungen und Wünsche, z. B. nach Macht, Status und Prestige, die Erwartungen der Eltern und der Umwelt...

Seelisch sich selbst zu gehören, sich seelisch seiner selbst sicher zu sein und aus dieser Sicherheit heraus seine Seele, seine seelische Eigenart, seine seelische Energie zu investieren, das ist Löwe – Sonne – Haus 5 in realer Form. Das Ergebnis heißt dann *seelische Bindungsfähigkeit* und *Selbstbewußtsein*.

Sind Empfindungen und seelische Eigenart verunsichert, steht auch das Selbstbewußtsein auf wackeligen Beinen. Die Unsicherheit kann aber übertüncht werden mit Prahlerei und Glanz, mit Majestätsgehabe und Selbstherrlichkeit (Sonne-Kompensator). Aufgrund der unbewußten Anziehung zwischen Gehemmtem und Kompensator wird nun derjenige, der sein Licht stets unter den Scheffel stellt, immer wieder mit dem Angeber und Prahler konfrontiert werden.

Leider fühlt sich dann meist der Gehemmte in seinem Maßstab, d.h. in seiner selbstgesetzten Hemmung, die er als gut empfindet, während er die Angabe als böse ansieht, bestätigt, anstatt die Frage aufzuwerfen, *warum* ihm wohl so häufig Sonne-Kompensatoren begegnen.

Es muß ihm bewußt werden, daß sein bisheriger Maßstab antiquiert ist und verändert werden muß.

Der Gehemmte tritt dann aus seiner «falschen» Bescheidenheit heraus und findet durch das andere Extrem des Kompensators die Mitte, d.h. das adäquate Maß an Selbstbewußtsein – wie umgekehrt dieses Maß der Kompensator durch den Gehemmten zu entdecken vermag.

Wenn wir die Situation des Makrokosmos, wo alle Planeten um die Sonne kreisen, auf den Mikrokosmos Mensch übertragen, wird deutlich, daß die Sonne in unserem Horoskop unser eigentliches Zentrum ist. Sie ist Symbol für unser Selbst, während die anderen Planeten im Kosmogramm Symbole für die Gehilfen der Sonne darstellen, die mitwirken sollen, dieses Selbst zu realisieren.

Wenn bei Löwe – Sonne – Haus 5 die *Selbstverwirklichung* herausgestellt wird, so ist es notwendig, hier trennen zu können zwischen dem, was anerzogen ist, und dem, was real ist, denn den Namen Selbstverwirklichung verdient nur das, was wir von Natur aus *wollen*, nicht das, was wir wollen, um unsere seelischen Wunden zu übertünchen oder um unsere Kindheitsschäden auszuagieren. Innerhalb des Patriarchats muß sich der Mensch häufig mit Ersatzsymbolen der Selbstverwirklichung zufriedengeben. So ist z. B. *Gold* ein materielles Symbol für das *Selbst*. Es fungiert so lange als Ersatz, bis das eigene Selbst als «Gold» erkannt wird. Die Suche nach dem eigenen Selbst läßt dann das Streben nach Gold und Geld in den Hintergrund treten. Der neue Mensch gibt sich nicht mehr mit dem Ersatz, der nie effektiv befriedigt, zufrieden.

Ein anderes Symbol für das Selbst ist der *Ball*. Die Faszination, die Ballspiele auf die Massen ausüben, liegt zum Teil in deren verdrängter Selbstverwirklichung begründet. So sind ihre Leidenschaft und ihr Fanatismus im Stadion nichts anderes als das Ausagieren der Unterdrückung ihres *Lebens-* und *Spieltriebes*. Bringt der einzelne hier seine Sonnen-Anlage von der passiven in die aktive Form, wird er vielleicht eines Tages selbst einen Ballsport betreiben und wird sich am Spiel erfreuen, das dem Leben an Ernst nimmt und ihn so glücklicher werden läßt. Er wird hier im kleinen lernen, das große Spiel der Selbstverwirklichung zu meistern; denn Selbstverwirklichung sollte keine Überwindung kosten, sollte mit keinem Soll und keinem Muß behaftet sein.

Wie erwähnt, symbolisiert Haus 5 auch das schöpferische Prinzip, das *künstlerische* und *gestalterische* Momente beinhaltet. Im Zuge der Gleichberechtigung kann auch die Frau nunmehr das schöpferische Prinzip, das bisher ein Privileg des Mannes* war, für sich in Anspruch nehmen. Sie erlebt die Sonne nicht mehr nur als ein Außen, sondern nun auch als ein Innen. Und indem die Frau sich mehr und mehr selbst zu verwirklichen vermag, werden auch Depression, Kritiksucht und inadäquate Reaktionen gegenüber Kindern abgebaut. So reagierte manche Frau nur gereizt, weil sie ihr Selbst nicht leben durfte, weil sie es zurückstecken mußte. In der tradierten Rollenzuweisung sollte sie sich einzig und allein in ihrem Mann

---

* Die Sonne gilt als männlich. Wichtig ist in diesem Zusammenhang auch noch zu erwähnen, daß nur bei autoritärer Erziehung der Saturn im Horoskop den Vater symbolisiert; ansonsten ist die Sonne der Vater. Hat die Mutter jedoch das Sonne-Prinzip introjiziert, kann auch die Mutter als Sonne im Horoskop eines Kindes in Erscheinung treten.

und ihren Kindern verwirklichen. In einer erwachsenen Form der Partnerschaft braucht die Sonne des Mannes nicht mehr für beide zu leuchten, wodurch sie ständig überfordert wäre; denn jedes Menschen Sonne kann nur für ihn selbst leuchten; jeder muß seinen individuellen Weg zur Verwirklichung des Selbst gehen. Ziel dieses Weges ist ein leuchtender Mikrokosmos, eine strahlende Sonne zu werden, die nicht wie ein Planet nur *Licht* reflektiert, sondern selbst Licht ist.

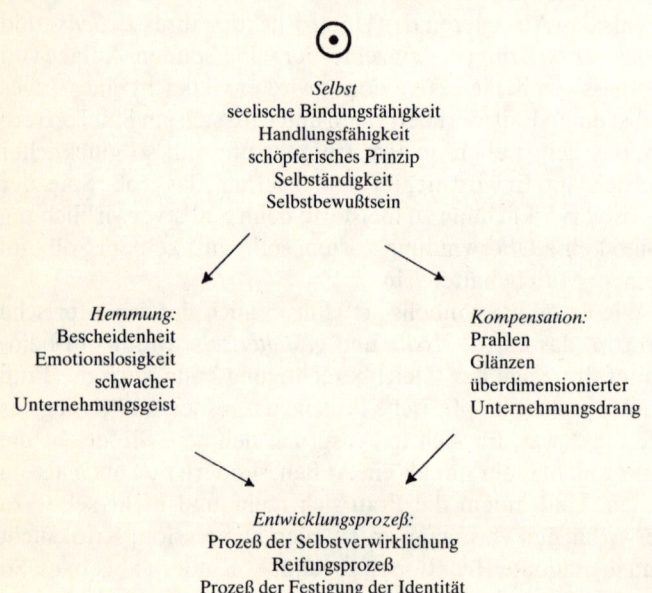

Sonnensymbole

Akt	Libido	Sicherung der
Ausgehen	Licht	eigenen Empfindung
Ball	Majestät	Sicherung der
Eiche	Mann	Natur
Emotion	Orgasmusfähigkeit	Sicherung der
Erlebnishunger	Pracht	Seele
Geltungsdrang	Reifung	Spiel
Gestaltung	schöpferisches Prinzip	Sonnenblume
Glanz	Selbst	Souveränität
Gold	Selbständigkeit	Stolz
Großmut	Selbstbewußtsein	Tag
Großzügigkeit	Selbstherrlichkeit	Unternehmung
Handlungsfähigkeit	Selbstverwirklichung	Vater (im Gegensatz
Herrschaft	seelische Bindungs-	zu Saturn-Vater)
Herz und Kreislauf	fähigkeit	Verwirklichung
Imponiergehabe	seelischer Besitz	Wohlwollen
Investition	(u. a. Kinder)	Wollen
von Gefühlen	Sexualität	Zentrum
und Empfindungen	Sexualtrieb	(natürliches)
Lebenskraft		

Merkur – Jungfrau – Haus 6

WAHRNEHMUNGS- UND BEOBACHTUNGSFÄHIGKEIT
FÄHIGKEIT, GEFÜHLE ZU ZEIGEN

Im 6. Haus als dem 3. Haus des II. Quadranten findet die Entwicklung und Differenzierung dessen statt, was in Haus 4 entdeckt und in Haus 5 angesammelt wird. Hier werden die Gefühle wahrgenommen, verbalisiert und ausgedrückt.

Da bei einer autoritären Erziehung ein Kind seine wahren Gefühle nicht zeigen darf, muß es sich wegen seiner *Abhän-*

gigkeit* an seine Eltern anpassen, um seine Existenz zu sichern. Eine solche *Anpassung* an die Vorstellung der Eltern und später in der Übertragung an die Elternrollenspieler ist identisch mit *Unterordnung* und *Sklaventum*. Die seelische Eigenart kann nicht mehr gezeigt werden. Man muß fremden Herren dienen und gehorchen.

Gehorsam, Dienen, subalterne Arbeit und *Unterordnung* sind jedoch – so meine ich – kein Ausdruck eines realen Lebensprinzips. Es sind Erscheinungsbilder während der patriarchalen Phase der Menschheit. Es sind Symptome der Verzauberung, die durch ein autoritäres Über-Ich bewirkt werden; insbesondere der falsche Maßstab der Vergangenheit, Kinder hätten unbedingt zu parieren, hat zu dieser Symptomatik viel beigetragen. Er züchtete den typischen *Untertanengeist* heran. Und noch heute gilt es vielfach als anständig und klug, im Sinne von anderen zu funktionieren, sich anzupassen.

Dies ist natürlich in Wirklichkeit unklug, denn gerade durch dieses Verhalten bestätigt sich der Betreffende ständig in seinem Status als Sklave. Real kann daher nur sein, sich an die eigene Natur und an die Allnatur anzupassen, doch das ist eigentlich keine *Anpassung*, sondern bedeutet freie Funktion der eigenen Natur – oder, anders ausgedrückt: *Zeigen der eigenen Natur, der seelischen Eigenart*, zeigen, wer man ist und wie man empfindet.

Dieses Zeigen der eigenen Gefühle beinhaltet auch neben dem Ausdruck von positiven Gefühlen wie Liebe, Zuneigung, Zärtlichkeit etc. das Zeigen von Haß, Wut, Ärger, Aggression, Trauer, Enttäuschung usw.

Durch diesen seelischen Ausdruck wird zum einen verhindert, daß sich seelischer Schmutz in der Innenwelt anhäuft, und zum anderen wird bewirkt, daß die anderen (z. B. der Partner oder die Eltern) ihre Maßstäbe und ihr Verhalten überdenken und neu konzipieren können.

---

* Wenn das 5. Haus Selbständigkeit symbolisiert, kann das 6. Haus im *realen* Sinne nicht Abhängigkeit bedeuten, denn Abhängigkeit ist die Folge von Unselbständigkeit.

Trotzdem gibt es eine Form von Anpassung, die wichtig und notwendig ist. Es ist die Anpassung an Situationen in der Umwelt.* Eine solche Anpassung ist im Gegensatz zur Anpassung an Autoritäten nicht gekoppelt mit Selbstverleugnung. Das eigene Selbst kann dabei beibehalten werden – genauso wie das Chamäleon trotz Wechsels der Farbe Chamäleon bleibt. Ein guter Redner z. B. wird sich dem jeweiligen Publikum anpassen, vor dem er spricht. Er wird sich, wenn er vor Arbeitern spricht, einer anderen Sprache und Ausdrucksweise bedienen als vor Akademikern. Er wird aber nicht im Sinne des jeweiligen Auditoriums funktionieren und das sagen, was jene hören wollen, sondern das, was er empfindet, was seiner Natur gemäß ist.

Dieser Unterschied zwischen einer Anpassung im Sinne einer Unterordnung und einer Anpassung im Sinne eines situationsadäquaten Vorgehens ist zum Verständnis von Jungfrau – Merkur – Haus 6 von entscheidender Bedeutung. Relevant ist ferner, daß, wenn das Zeigen der Gefühle verboten oder gehemmt ist, damit nicht nur Unterordnung, Gehorsam und u. U. servile Charaktereigenschaften begründet werden, sondern auch damit eine seelische *Verschmutzung* und Verstopfung – die Gefühle und Emotionen kommen nicht nach außen – bedingt ist. Diese seelische Verschmutzung und Verstopfung kann auch auf der körperlichen Ebene ihren Ausdruck finden, etwa in Form von Obstipation. Man wagt nicht, offen seine Natur zu zeigen, und zeigt dies nur gleichnishaft am Körper, nämlich am Darm, der auf der körperlichen Ebene dem Jungfrau-Prinzip zugeordnet ist.

Wer hingegen die Ursache der Verschmutzung *analysiert* und schließlich seine wahren Gefühle zeigt, führt einen seelischen *Reinigungsprozeß* durch und exerziert damit aktive Vorbeugung gegenüber Jungfrau-typischen Krankheiten.

Und wenn in der alten Astrologie vom 6. Haus u. a. als vom

---

* Eine solche natürliche Anpassung ist z. B. die *Adaptionsfähigkeit* des Auges, dessen Pupille je nach Lichteinfall vergrößert oder verkleinert werden kann.

Haus der *Krankheit* gesprochen wird, so hat dies insofern seine Richtigkeit, als man Krankheit als *symbolischen* Ausdruck der disharmonischen Seele ansehen kann, in der das ursprüngliche Zeigen der Gefühle und Bedürfnisse durch fremde Maßstäbe tabuisiert oder mit Angst besetzt ist.

Vielfach hat sich das Tabu schon so tief in die Seele eingekerbt, daß die eigenen *Gefühle* gar nicht *wahrgenommen*, geschweige denn *verbalisiert* oder *ausgedrückt* werden können.

Wenn sich die Seele nur (ersatzweise) über die Krankheit zeigen kann oder, anders ausgedrückt, Gefühle nur symbolisch über die Krankheit geäußert werden, so ist das *eine* Form, wie das Jungfrau-Merkur-Haus-6-Prinzip erlebt werden kann. Eine andere Möglichkeit des pervertierten Erlebens dieser Anlage ist Krankheit als Ausdruck von Erschöpfung. Indem die eigene Natur ständig im Sinne von anderen funktionieren muß, *verbraucht* sie sich. Wenn die eigene Natur sich ihrem eigenen Wesen gemäß entfalten kann, so wirkt dies aufbauend, gesundheitsfördernd, freudespendend, lebensverlängernd. Die Verleugnung der eigenen Natur hingegen zugunsten von fremden Interessen ist abbauend und krank machend.

Mit der Krankheit will die Natur zum einen aufzeigen, daß sie nicht weiter dienen kann, weil ihre Kraft verbraucht ist, zum anderen aber versucht sie, indem sie den Kranken wieder in die orale Phase regredieren läßt, wieder zu regenerieren. Krankheit bedeutet also, daß die Natur *arbeiten* muß, um die Gesundheit, d. h. die physiologische Funktion, wiederherstellen zu können.

Beim Jungfrau-Merkur-Haus-6-Prinzip heißt es also zu unterscheiden zwischen «innerer» Arbeit, die der Organismus absolvieren muß (nicht zu verwechseln mit der physiologischen Arbeit des Organismus!), und «äußerer» Arbeit, wo der einzelne fremden Zielen dient. Zwischen diesen beiden Polen Hemmung (Krankheit) und Kompensation (fremdbestimmte Arbeit oder Arbeit, um anerkannt und beachtet zu werden) liegt eine reale Form des Jungfrau-Merkur-Haus-6-Prinzips, nämlich: Weiterentwicklung, Differenzierung, Hege und Pflege der eigenen Gefühle, der eigenen Natur und der Allnatur.

Diese Weiterentwicklung und Differenzierung der eigenen Natur und der Allnatur kann im eigentlichen Sinne nicht mehr als «Arbeit» gesehen werden.

Es ist eine Tätigkeit, bei der der einzelne Freude und Glück empfindet, weil sie dem eigenen Wesen gemäß ist, und mit ihr seine Identität, die er in Haus 4 gefunden und in Haus 5 gesichert hat, ausbauen und sich damit ausdrücken kann.

Würde im Sinne der eigenen Natur und der Allnatur gelebt und gearbeitet werden, dann wäre Arbeit nicht mehr vorwiegend *gegen* die Natur gerichtet, wie derzeit im Patriarchat, sondern sinnvoll und bereichernd, und sie wäre weniger kraft- und zeitraubend, da die Arbeit *mit* der Natur auf allen Gebieten des Lebens (Landwirtschaft, Medizin, Politik, Pädagogik etc.) nur unterstützende, pflegende und fördernde Maßnahmen erforderlich macht.

Wahrnehmungs- und Beobachtungsfähigkeit
Zeigen von Gefühlen
Zeigen der seelischen Eigenart
Adaptionsfähigkeit

Hemmung:
Verschmutzung
Krankheit
Abhängigkeit
Unterordnung

Kompensation:
überdimensionierter
Arbeits- und
Reinigungsdrang

Entwicklungsprozeß:
Reinigungsprozeß
Weiterentwicklung und
Differenzierung der seelischen Anlagen

Merkursymbole (Jungfrau)

Abhängigkeit
Adaptionsfähigkeit
Analyse
Anpassung
Arbeit
Armut
Beobachtung
Darm
Detail
Dienen
Fleiß
Gebrauch
Gediegenheit
Gehorsam
Genauigkeit

Getreide
Gründlichkeit
Haushalt
Hege u. Pflege
der eigenen
Natur (u. der Allnatur)
Hirse
Hygiene
Krankheit
Ökonomie
Reinigung
Sklave
Sparsamkeit
Statist
Stoffwechsel

Symbiose
Unterordnung
Unterwürfigkeit
Verbrauchen
Verschmutzung der
Innen- und
Außenwelt
Verwertung
Wahrnehmung
Weiterentwicklung
u. Differenzierung
der eigenen Natur
Zeigen der Gefühle
Zeigen der seelischen
Eigenart

Waage – Venus – Haus 7

KONTAKT- UND LIEBESFÄHIGKEIT

Wer durchsetzungsfähig, abgrenzungs- und genußfähig, kommunikationsfähig, empfindungsfähig, handlungsfähig und seelisch bindungsfähig ist und die Fähigkeit hat, Gefühle wahrzunehmen und zu zeigen, ist bereit dazu, aus seinem subjektiven Bereich in das Du zu treten und eine weitere Anlage auszubilden:

Die *Partner-* und *Liebesfähigkeit*. Leider ist der Kontakt zu anderen Menschen heute häufig gehemmt. Dies zeigt sich z. B. darin, daß fast jeder hierbei unbewußt versucht, vom anderen anerkannt zu werden. Der eine will dies mit einem Schwall von Fremdwörtern erreichen, der andere, indem er sich großzügig und jovial zeigt, ein dritter will durch Altruismus gefallen, wieder ein anderer erzählt sofort von seiner Dissertationsarbeit...

Allen gemeinsam ist der Wunsch nach Anerkennung und

nach einem Akzeptiertwerden. Da jedoch jeder gehemmt ist, erwartet jeder vom anderen das Wundpflaster für seine Hemmung: Anerkennung. Durch diese gegenseitige Projektion der Hoffnung auf Anerkennung ist jeder vom anderen wie durch eine Barriere getrennt. Kaum jemand kann sich so geben, wie er wirklich ist. Der eine spielt dem anderen etwas vor. Und wird die stereotype Frage: Wie geht es dir? aufgeworfen, so ist die Antwort meist, daß es einem gutgehe. Nur selten gesteht man ein, daß man Sorgen und Schwierigkeiten habe, aus Angst, daß der andere einen zu großen Einblick in die eigene Intimsphäre bekommt, oder aus Angst, entwertet zu werden. Man will unbedingt den Eindruck erwecken, «oben» zu sein, erfolgreich und glücklich zu sein. Aus diesem Grund findet kein echter *Austausch* statt, in dem sich menschliche Wärme und Zuneigung entwickeln könnten.

Durch den Vers von Hafis:

> «Wenn jeder alles von dem andern wüßte,
> es würde jeder gern und leicht verzeihn
> es gäbe keinen Stolz mehr, keinen Hochmut»

wird diese von Hemmung und Kompensation befreite Situation der Partnerschaft dichterisch verdeutlicht. Partnerfähig zu sein heißt aber nicht nur, sich offen und ehrlich zu geben, sondern hat vor allen Dingen zur Voraussetzung, daß man zu jeder Zeit man selbst bleiben kann und darf und daß man dasselbe Recht auch den anderen zugesteht. Denn der einzelne kann den anderen nur dann wirklich akzeptieren, wenn er gleichberechtigt neben ihm steht.

Eine weitere Voraussetzung, um Partnerfähigkeit zu erlangen, ist, daß die *Reaktion des Partners* (= die Aktion des anderen, Haus 7 = Haus 1 des Du) auf die eigene Aktion mit beachtet und eingeplant wird.

Die eigene Aktion endet dort, wo der Partner (die Natur, die Umwelt, der Mitmensch) beeinträchtigt wird und wo negative Feedbacks zu erwarten sind. Um dieses *richtige Maß* außen zu entdecken, ist es jedoch erforderlich, daß der einzelne zunächst mit seinem eigenen körperlich-seelischen Organismus *ökologisch* umzugehen lernt, indem er z. B. das richtige Maß an Essen, Trinken, Sport, Schlaf, Arbeit usw. findet. Erst dann kann er diese Fähigkeit auf die Außenwelt übertragen, kann die eigenen Interessen und Rechte mit denen der anderen *abwägen* und *abstimmen*, kann Kompromisse schließen.

Das richtige Maß, d. h. das der jeweiligen menschlichen Natur entsprechende Maß, liegt in der Mitte zwischen den beiden Polen Hemmung und Kompensation bei jedem Lebensprinzip. Ist die Mitte gefunden, so läßt z. B. jemand, der bisher Elternrollenspieler war und nun erwachsen, d. h. partnerfähig geworden ist, zu, daß der andere sich auch einbringen und behaupten darf. (Haus 7 = Haus 1 des anderen*) Er ist dann zu einer echten *Harmonie* und zu echtem *Frieden* fähig.

Im Patriarchat hingegen kann z. B. von seiten des Kindrollenspielers der Friede nur dann aufrechterhalten werden, wenn dieser dem Elternrollenspieler dient.

Ein Kind, das gehorcht und das tut, was man von ihm verlangt, macht seinen Eltern Freude und sichert dadurch die Harmonie im Hause. So wird es auch später als Erwachsener im Sinne der Elternrollenspieler und der Normen funktionieren, um des lieben Friedens willen.

Bereits diese Zeilen machen deutlich, daß auch das Waage-Prinzip im Patriarchat pervertiert wurde und nicht mehr zu seiner ursprünglichen Funktion gelangen kann. Eine Freude, die nur dadurch möglich wird, daß ein anderer einem dient, ist eine perverse Freude; sie ist sadistisch und nicht real. Sie ergibt sich nur daraus, daß ein anderer die Vorstellungen, die man in ihn projiziert hat, erfüllt. Da aber jede Projektion durch ein Defizit des Projizierenden verursacht wird, wird der andere dazu mißbraucht, den eigenen innerseelischen Fehlbetrag auszugleichen. Viele kommen nur auf diese Art und Weise zu

---

* Zugleich ist Haus 7 auch die Durchsetzung *mit* dem Partner, also die *gemeinsame* Durchsetzung.

einer Harmonie, die aber ständig in Gefahr ist, da sie nur durch andere erreicht werden kann.

Diese Verunsicherung der innerseelischen *Homöostase* kann dann u. U. auch in Form von *Nieren-* und *Blasen*-Beschwerden somatisiert werden.

Die meisten «Dienenden» wiederum sagen, sie hätten Freude daran, den anderen Freude zu bereiten. Hier wird die Freude des Masochisten deutlich, der sich glücklich schätzt, dienen zu dürfen. Doch weder die Freude des Sadisten noch die Freude des Masochisten beinhaltet das echte Glück, das durch die Entfaltung der körperlichen und seelischen Natur bewirkt wird. Ein solches Glück ist Freude und Harmonie für einen selbst, für das eigene Wesen, für die eigene Seele. Erst wenn man imstande ist, sich selber Freude zu bereiten, kann man auch anderen echte Freude bringen – nicht indem man sich verleugnet, sondern indem die eigene Freude nach außen strahlt und mit der Freude des anderen verschmilzt. Dies setzt voraus, daß man weder projiziert noch der Projektion eines anderen unterliegt. Eine solche Ausgewogenheit und Harmonie in sich selbst muß jedoch erst mühsam psychisch erarbeitet werden.

Defizite müssen aufgefüllt und Kompensationen abgebaut werden; denn reale Harmonie und Glück bedeuten, weder ein Defizit zu haben, noch kompensieren zu müssen. Wenn die seelische Natur ständig arbeiten muß, um die Homöostase bzw. die Gesundheit aufrechtzuerhalten, erlebt sie nie effektives Glück.

Glück ist das Ergebnis einer Harmonie und Ausgeglichenheit, die durch freien körperlichen und seelischen Ausdruck erreicht werden kann.

Ein weiteres wichtiges Phänomen des Venus-Waage-Prinzips ist die *erotische Liebe*, die eine Synthese zwischen Mond-Liebe (seelische, orale Liebe und Zärtlichkeit) und der Mars-Liebe (körperliche Liebe) darstellt. *Erotik* und *Schönheit* sind *sinnlich* und prickelnd und wirken als *natürliches Aphrodisiakum*. Ein Mensch, der seine *erotische Eigenart* entdeckt hat, kleidet sich seinem Typ und seinem *Geschmack* gemäß ästhetisch und hat die Fähigkeit erworben, auf seine Art denjenigen Partner aktiv zu *reizen* und zu *verführen*, der ihm *sympathisch* ist und zu dem er eine körperliche, seelische und geistige Zuneigung empfindet. Er freut sich selbst, schön zu sein und den anderen mit seiner Schönheit zu erfreuen. Er hat eine erotische Ausstrahlung und genießt die Liebe. Er ist *liebesfähig*. Wie jede Fähigkeit muß auch die Liebesfähigkeit eingeübt werden. Wie will z. B. eine junge Frau oder ein junger Mann liebesfähig werden, wenn sie bzw. er diese Fähigkeit nie übt?

Der vorhin verwandte Begriff Sympathie muß in seiner Bedeutung kurz erläutert werden. Man spricht von Sympathie, wenn der Partner entweder Ähnlichkeiten in der Art des Erlebens und Reagierens bzw. eine Gleichheit der Überzeugung und Gesinnung aufweist oder wenn es über den Partner möglich ist, eigene Defizite auszugleichen. Antipathie stellt sich ein, wenn der andere mit dem eigenen Persönlichkeitssystem nicht vereinbar (inkompatibel) ist.

Sympathie und Antipathie haben aber auch im Organismus des Menschen ihre Analogie. Die sog. *Histokompatibilitätsbarriere* entscheidet, was dem Körper gemäß ist und was ihm widerspricht. Hier wird das Natürliche vom Fremdartigen selektiert (vgl. auch Nieren). Eine solche *Selektion* oder Auswahl trifft man auch in der Partnerschaft, da man sich nicht mit jedem liieren kann, mit dem man in Kontakt tritt.

Relevant ist bei dem Thema Partnerschaft jedoch noch folgendes: Geht man davon aus, daß die äußeren Umstände der Innenwelt des einzelnen entsprechen, so ist die äußere Partnerschaft die Widerspiegelung der inneren Partnerschaft, der Partnerschaft zwischen Körper (I. Quadrant) und Seele (II. Quadrant). Stimmt bei einem Menschen dieses Gleichgewicht zwischen Körper und Seele nicht, ist auch seine Partnerschaft außen disharmonisch. Und diese disharmonische Partnerschaft außen intensiviert die Disharmonie innen.

Auch auf der gesellschaftlichen Ebene sind die Widerspiegelungen des gestörten Gleichgewichts zwischen Soma und Psyche zu beobachten. Fast überall dominieren Körper und Materie.

Erst wenn die Seele als gleichberechtigter Partner gesehen wird, kann das Waage-Prinzip all das schenken, was potentiell in ihm liegt: Harmonie, Gesundheit, Liebe, Freude, Glück, Schönheit, Friede ... Selbst auf dem Gebiet der Wissenschaft wird dann endlich die künstliche Trennung zwischen Materie und Seele aufgehoben. Die Naturwissenschaften, bisher nichts anderes als reine «Materienwissenschaften», werden «beseelt» und «lebendig» – erst diese Synthese verdient wahrhaft die Bezeichnung Geisteswissenschaften. Als solche geistige Wissenschaft kann die Psychosomatik angesehen werden, die bereits durch ihren Namen ausdrückt, daß die Psyche gleichberechtigt neben den Körper gestellt wird.

Waage – Venus – Haus 7 beinhaltet jedoch nicht nur die Ausgewogenheit zwischen Körper und Seele, sondern auch zwischen Form und Inhalt, zwischen Extraversion und Intraversion, zwischen Aktivität und Ruhe, zwischen dem männlichen (Yang-) und dem weiblichen (Yin-)Prinzip sowie zwischen Abgabe und Aufnahme von körperlicher und seelischer Energie (Energieaustausch).

Wenn Venus – Waage die Synthese zwischen Körper und Seele ist, so wirkt sie sowohl auf den Körper als auch auf die Psyche ein.

Zum Beispiel hat der erotische Reiz – wie bereits angedeutet – Einfluß auf den Körper und auf die Seele (Zärtlichkeit). Viele Frauen klagen darüber, daß ihre Partner ihnen zuwenig Zärtlichkeit entgegenbringen. In einem solchen Fall sollte die Frau insbesondere ihr Venus-Prinzip einer Prüfung unterziehen. Gelingt es ihr, ihre Venus-Anlage auszubilden, so erzeugt sie im Mann einen körperlichen Reiz *und* einen Drang, Zärtlichkeit zu geben und zu empfangen. Die Venus steht sinnbildlich für die Liebe-Sex-Kohärenz. Venus ist psychosomatische Liebe, d. h. körperliche und seelische Liebe, körperlicher Genuß und Zärtlichkeit.

Die psychosomatische Liebe hat jedoch wiederum zur Voraussetzung, daß die Frau gleichberechtigt als Partner neben dem Mann steht. Erst dann wagt sie, aktiv erotisch zu reizen und zu verführen, ohne innere Angst, als Hure zu gelten.

So, wie Erotik die Synthese zwischen körperlicher und seelischer Liebe ist, so ist Geist die Synthese zwischen Intellekt und Seele.

Die Waage ist das Zeichen, in dem Körper und Seele zu einer Synthese kommen und in dem zugleich eine neue These entwickelt wird, der *Geist*.

Das 7. Haus ist deshalb das Haus, in dem die *geistige Eigenart* entdeckt wird, das Haus der *Ideen*, die auf einen *Ausgleich* hinzielen. Hierzu, sowie über den «Geist», bringt Fritz Perls[20] ein anschauliches Beispiel:

> *Herr Braun macht an einem sehr heißen Tag einen Spaziergang. Er schwitzt und verliert eine bestimmte Menge Wasser. Wenn wir die im ausgeglichenen Organismus erforderliche Flüssigkeitsmenge als W bezeichnen und den verlorenen Teil als X, dann bleibt ihm die Menge W minus X; diesen Zustand erlebt er als Durst, als einen Wunsch, das organismische Flüssigkeitsgleichgewicht wiederherzustellen, als einen Drang, seinem System die Menge X wieder einzuverleiben. Dieses X erscheint in seinem Geist (der, gegen das –X protestierend, an das Gegenteil denkt) als Vision von einem strudelnden Bach, einem Krug Wasser oder einem Wirtshaus. Das –X im Leib-Seele-System erscheint in seinem Geist als X. Mit anderen Worten: W minus X existiert im «Leib» als ein Mangel (Austrocknung), in der «Seele» als Empfindung (Durst) und im «Geist» als Komplementärbild. Wenn dem Organismus die Menge X realen Wassers zugeführt wird, wird der Durst aufgehoben, gestillt, und das Gleichgewicht W wiederhergestellt; das Bild von X im Geist verschwindet zugleich mit dem Vorhandensein des realen X im Leib-Seele-System.*

Die *Partnerwahl* erfolgt entweder analog dem obigen Beispiel – nach einen *Komplementärbild*, das aufgrund eines eigenen Defizits im Geist erscheint (Komplementaritätstheorie) oder nach dem Ähnlichkeitsprinzip (Homogamtheorie), das bereits bei der Erläuterung des Begriffs der Sympathie erwähnt wurde.

Wenn das Ich, das sich unvollständig fühlt, nach einer *Er-*

gänzung sucht, damit eine innerseelische Harmonie erreicht wird, so gilt es zu bedenken, daß das Komplementärbild, nach dem der Partner ausgesucht wird, Verdrängungen beinhaltet.

Die Frau, die einen praktisch begabten Mann als Partner sucht, hat ihre eigene Fähigkeit in dieser Hinsicht nicht ausgebildet oder verdrängt. Der Mann, der eine Frau zur Partnerin nimmt, damit er täglich ein warmes Essen einnehmen kann, hat die Selbständigkeit seines eigenen weiblichen Prinzips verdrängt. Zu beachten ist ferner der Umstand, daß man nur unter einem bestimmten Angebot auswählen kann. Dieses Angebot zieht man entsprechend der eigenen *Ausstrahlung* an. Wenn das, was man ausstrahlt, nicht identisch ist mit dem, was man wirklich *ist*, ist das Partnerangebot unbefriedigend.

Hier wird deutlich, wie wichtig es ist, die Fähigkeit erworben zu haben, sich körperlich und seelisch ausdrücken zu können.

Die klassische Astrologie spricht beim 7. Haus auch vom Ehehaus. Der Ehevertrag ist die Kompensation einer Hemmung im Kontakt und in der Beziehung zu anderen Menschen. Solange diese Hemmung bestehenbleibt, verleiht er Halt und Sicherheit. Er fungiert als Krücke, während der Entwicklung des Individuums bis zu seiner genitalen Phase.

Wird die Hemmung in der Begegnung abgebaut, verliert gleichzeitig auch die Projektion dieser Hemmung, der traditionelle Ehevertrag, an Wirksamkeit. Dies bedeutet nun nicht, daß jede Beziehung in eine Scheidung münden muß, sondern vielmehr ist es so, daß mit Zunahme von innerer Freiheit und Balance der äußere Halt an Bedeutung verliert und somit auch seine hemmende und bremsende Funktion aufgibt. Man nähert sich mehr und mehr der realen Form des Waage-Venus-Haus-7-Prinzips und wird gewahr, daß dauerhafte Treue, Liebe und Glück nicht von außen in eine Partnerschaft getragen werden können.

Man wird schließlich ein neues *Arrangement* treffen, eine Vereinbarung, die nicht mehr von außen per Recht und Gesetz pauschal, starr und endgültig fixiert wird, sondern die bei beiden Partnern von innen kommt, ein Konzept, das dem Leben und der Individualität des einzelnen Rechnung trägt.

Die freie Partnerschaft ist eingebettet in die Partnerschaft zwischen allen Menschen. Sie ist nicht mehr wie die traditionelle Ehe eine abgegrenzte Gemeinschaft innerhalb einer Makrogemeinschaft, nicht mehr etwas Abgekapseltes im Gesamtorganismus, sondern eine offene Zelle, die in ständigem Austausch, in ständiger Wechselwirkung mit den anderen Zellen steht.

Es ist paradox, aber bestätigt sich immer wieder: Eine Gemeinschaft zwischen zwei Menschen wird um so inniger und wertvoller, ehrlicher und unverletzbarer, je offener und freier sie wird und je weniger ein Partner vom anderen abhängig ist.[22]

Die «künstliche» Partnerschaft und deren Ideal, «Nur ein einziger Mensch darf körperlicher, seelischer und geistiger Partner sein», wird dann durch eine reale Gemeinschaft ersetzt, in der zunächst auch andere und im Endzustand alle Menschen Partner sind.

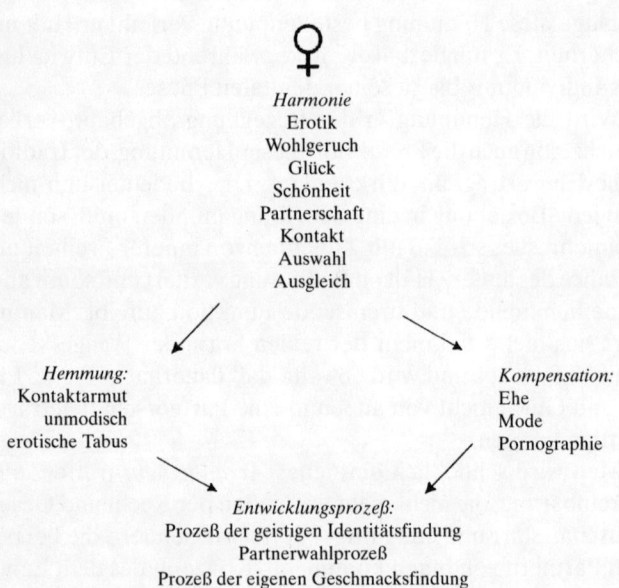

Venussymbole (Waage)

- Abwägen
- Amüsement
- Angenehmes
- Anmut
- Anziehung
- Aphrodite
- Appetitanregendes
- Appetitlich
- Arrangement
- Ästhetik
- Ausgeglichenheit
- Ausgewogenheit
- Ausgleich (ausgleichende Gerechtigkeit)
- Austausch
- Ausstrahlung
- Balance
- Becircen
- Begleitung
- Bekanntschaft
- Bequemlichkeit
- Charme
- Duft
- Eleganz
- Energieaustausch
- Ergänzung
- erogene Zonen
- Erotik
- erotische Eigenart
- Freude
- Friede
- Gegenpol
- geistige Eigenart
- Geliebte
- Geruch
- Geschmack
- Gleichgewicht
- Glück (kleines)
- Harmonie
- Histokompatibilitätsbarriere
- Homöostase
- Idee
- Jugend
- Komplementärbild
- Kontakt
- Kosmetik
- Kupfer
- Liebenswürdigkeit
- Liebesfähigkeit
- Maß (richtiges)
- Melisse
- Mode
- Nieren- und Blasensystem
- Ökologie
- Parfüm
- Partnerfähigkeit
- Partnerschaft
- Petting
- Playboy
- Playgirl
- Proportion
- Reaktion des anderen
- Schönheit
- Selektion
- Sinnliches
- Strategie
- Sympathie
- Taube
- Verführungskunst
- Vergnügen
- Verwöhnung
- Vornehmes
- Wohlleben
- Zuneigung

Skorpion – Pluto – Haus 8

BEZIEHUNGSFÄHIGKEIT

Wenn im 7. Haus bei der Waage die Auswahl der Partner stattfindet, dann vollzieht sich im 8. Haus, beim Skorpion, die *Liierung* mit dem Partner, den man im 7. Haus bewußt oder unbewußt ausgesucht hat.

Im 7. Haus dringen viele Reize ein, werden viele Samen für eine Partnerschaft gelegt, aber nur wenige gehen auf, und nur einzelnen gelingt es, sich zu verwurzeln.

Im 8. Haus findet die *Verwurzelung der Partnerschaft* statt. Insofern ist der Skorpion der Stier des III. Quadranten. Er ist darauf angelegt, die Partnerschaft zu sichern oder, wie Dane Rudhyar[23] sich ausdrückt, eine Beziehung zu konsolidieren. Diese Beziehungsfähigkeit ergibt sich aus der Kontakt- und Liebesfähigkeit im 7. Haus. Eine gute Beziehung ist also das Ergebnis der Ausbildung der Anlagen in Haus 7, also die Folge von Kompromißbereitschaft, von der Fähigkeit, sich mit dem anderen auseinanderzusetzen und zu arrangieren, der Fähigkeit, das richtige Maß zu finden... Die Beziehungsfähigkeit kann erst dort beginnen, wo die Waage stimmt, wo keine Über- oder Unterordnung herrscht, wo beide Partner gleichberechtigt sind, wo beide sich einbringen können, wo beide jeweils in ihrem Denken und in ihren Aktivitäten die Reaktionen des anderen mit einbeziehen...

Dabei heißt es aber auch noch folgendes in Betracht zu ziehen: Das 8. Haus ist das 2. Haus des Du. Die Beziehungsfähigkeit steht daher in unmittelbarem Zusammenhang mit der Abgrenzungs- und Genußfähigkeit, mit dem Recht auf Eigenraum, Besitz und Sicherheit des anderen (Haus 8 = Haus 2 des anderen). Beziehungsfähig kann demnach nur jemand sein, der den anderen sich abgrenzen läßt, der ihm einen Eigenraum zugesteht und ihm das Recht einräumt, einen eigenen Lebensstil zu entwickeln.

Diese Feststellung steht konträr zu der weitverbreiteten Ansicht, man müsse die eigene Person zugunsten der Zweierbeziehung opfern. Eine solche *Opferung* der eigenen Individualität zugunsten dieser Gemeinschaft erzielt jedoch langfristig nur negative Ergebnisse, da das unterdrückte Eigenleben eines Tages seinen Tribut verlangt. Ganz abgesehen davon, daß das Opfer auch den Partner unter Druck setzt, auch seinerseits zu opfern. Schließlich kann keiner der beiden mehr entsprechend den eigenen Vorstellungen leben. Die jeweilige Individualität ist gestorben. Diese Symptomatik zeigt das Skorpionprinzip in seiner verzauberten Form. Fällt diese weg, wird deutlich, daß im 8. Haus als dem 2. Haus des III. Quadranten die Investition für die Partnerschaft stattfindet; diese Investition geschieht nicht durch Verleugnen der eigenen Person, sondern durch Einbringen der eigenen Fähigkeiten und Anlagen in die Partnerschaft. Die eigene Individualität bleibt dabei erhalten. Auf diese Art und Weise entsteht im Unterschied zur pauschalen Form der Beziehung eine *eigene Art der Beziehung*, die nicht wiederholbar ist, weil sie aus zwei einzigartigen Wesen besteht, die auf ihre Weise im ständigen Austausch zueinander stehen. Je mehr die beiden Partner ihre Fähigkeiten austauschen, desto intensiver und schöner wird die Beziehung. Sie genießen sich gegenseitig (Haus 8 = gemeinsamer Genuß).

Die Art der Planeten, die in Haus 8 stehen, geben Aufschluß darüber, welche Fähigkeiten insbesondere in eine Beziehung eingebracht werden oder dort erlernt werden müssen.

Eine weitere Schwierigkeit, die immer wieder beim Skorpion-Prinzip in der verzauberten Form zu beobachten ist, ist die unbewußte Verflochtenheit von Sadist und Masochist. Sowohl der (seelische) Sadist als auch der (seelische) Masochist haben ein Defizit in bezug auf ihre Skorpion-Pluto-Haus-8-Anlage.

Sie unterscheiden sich nur dadurch, daß der Sadist sein Pluto-Defizit kompensiert – er projiziert seinen Pluto und bezieht seinen Eigenwert aus der Macht gegenüber anderen – und der Masochist nicht.

Beide halten fälschlich gegenseitige Abhängigkeit für reale Liebe: Je stärker die seelischen *Qualen*, desto größer die *Leidenschaft*. Totale *Fixierung* auf einen Partner und *Eifersucht* sind u. a. die zwangsläufige Folge.

Eifersucht entsteht wie jede Sucht durch Angst. Hier ist es die Angst, daß der Partner, auf den man fixiert ist, aus dem eigenen Machtbereich entschwindet. Um dies zu verhindern, *kämpft* man um den Partner, versucht ihn zu *halten*. Dabei werden oft sogar verschiedene *Druck*mittel angewandt. Da der *Kampf* ein Element des Pluto ist, wird dieser Kampf unbewußt oft *magisch* aufgesucht. Ohne Kampf ist es uninteressant, ist es zuwenig spannend. Wenn der Volksmund sagt: «Eifersucht ist eine Leidenschaft, die mit Eifer sucht, was Leiden schafft», so hat er damit dieses Phänomen des Skorpion-Prinzips zum Ausdruck gebracht.

Die Vorstellung, der Partner könnte aus dem Orbis der eigenen *Macht* ausbrechen oder gar ins Netz eines anderen gehen, verursacht oft Höllenqualen, die aber das Feuer der Leidenschaft noch mehr anfachen.

Wenn der Pluto nicht projiziert, sondern introjiziert wird, stellen sich *Verkrampfungen* (Spasmen)[24] ein. Je nach Stellung und Aspektierung können dabei verschiedene Regionen des Körpers betroffen sein. Meist ist es die *Macht* oder der *Zwang* einer Person der unmittelbaren Umgebung, die symbolisch in einem Organ sitzen – z.B. bei Asthma bronchiale Pluto in den Bronchien oder bei Zwangsneurosen Pluto in der eigenen Empfindung und Seele.

Aber der innerseelische Pluto kann auch (unbewußt) Krankheiten inszenieren, damit die betreffende Person über den Umweg der Krankheit andere unter Druck setzen oder quälen kann bzw. zu einer Machtposition gelangt, die sie ohne dieses Mittel nie erreichen könnte. So kann man z.B. durch Krankheit anstreben, daß andere funktionieren oder daß langgehegte Wünsche von den anderen erfüllt werden. In manchen Fällen ist auch die Selbstmorddrohung ein letztes Druckmittel.

Die meisten Pluto-Krankheiten sind chronisch. Sie sind *Transformationskrankheiten*. Alte Vorstellungen, Einstellungen und Verhaltensmuster müssen sterben, und neue müssen sich bilden.

Es kostet jedoch harte Kämpfe, den Pluto nicht mehr in Form von seelischen oder körperlichen Leiden zu ertragen, sondern sich gegen die *Dominanz* des anderen (Ehepartner, Eltern, Chef etc.) zu behaupten. Viele, die früher den Pluto* in der Erleidensform hatten, indem sie sich z. B. den Eltern beugen mußten, kompensieren ihren Pluto damit, daß sie nun selbst dominant sind.

Diese Dominanz wird oft verwechselt mit Selbstvertrauen. Der Dominante ist unsicher, fühlt sich minderwertig und übertüncht dies mit Dominanz. So beugt er unbewußt (aus Angst) vor, daß er nicht wieder wie früher den Pluto in der Erleidensform hat. Wenn er dominant ist, braucht er die Dominanz eines anderen nicht mehr zu ertragen. Er dominiert, da sich andere aufgrund von eigener Pluto-Hemmung nach ihm richten oder richten müssen. Der Dominante läßt den anderen nicht er selbst sein.

Selbstvertrauen zeigt sich, wenn man Vertrauen zu sich selbst hat, wenn man sich selbst lebt, ohne die Sphäre des anderen zu verletzen, ohne daß der andere zurückstecken muß, ohne daß der andere psychisch erdrückt oder versklavt wird oder zu irgend etwas gezwungen wird.

Wenn im 7. Haus die eigenen Ideen entdeckt werden, so werden diese Ideen nach der Selektion im 7. Haus angesammelt und in eine *Vorstellung*[24] gebracht. Es kristallisiert sich eine eigene Meinung heraus. Aus diesem Grunde vollzieht sich im 8. Haus der *Meinungsbildungsprozeß*. Hier will man sich *geistig verwurzeln*, will eine *geistige Sicherheit* erlangen. Dieser Drang nach geistiger Sicherheit zeigt sich in der Vorliebe des Skorpions für *Leitbilder*, denen er oft *fanatisch* nachfolgt.

Hier wird dieselbe Problematik deutlich, wie vorher beim Thema Partnerschaft angesprochen wurde; denn auch bei einer ausschließlichen Ausrichtung des Lebens nach einem Leitbild liegt eine *Opferung* des eigenen Lebens und der Eigenart der Person vor. Die eigenen Anlagen können nicht mehr ver-

---

* Jene, die mit dem Pluto kompensieren, suchen ständig nach Opfern, und die, deren Pluto gehemmt ist, suchen unbewußt ständig jemanden, für den sie sich opfern können. Die Jünger jubeln dem Guru zu, die Unterdrückten wählen ihren Unterdrücker.

wirklicht werden. Man strebt danach, entsprechend der psychischen Konstellation des *Leitbildes*, des *geistigen Führers* oder *Gurus* zu leben. Insofern ist der Anhänger eines Gurus nicht mehr wirklich er selbst. Er will so werden wie der Guru und zwingt seine Psyche in eine fremde *Schablone*.

Ein Leitbild oder Guru kann zwar in der Entwicklung eines Menschen eine wichtige und oft auch eine positive Rolle spielen, indem neue geistige Impulse herangetragen werden, doch sollten letztere nur den Anstoß zu einer geistigen Wandlung geben und nicht ein *Dogma* begründen.

Wichtig ist in diesem Zusammenhang zu erwähnen, daß in dem Haus, in dem der Pluto im Horoskop steht, die entsprechende Fähigkeit oder Anlage meist anfangs unterdrückt wird bzw. unter Erwartungsdruck steht (auch jeder Planet, der mit Pluto einen dissonanten Aspekt bildet – siehe Lektion III). Aufgrund dieser Unterdrückung entsteht dann das dementsprechende Komplementärbild – die Fähigkeit wird dann zum Leitbild erhoben.

Steht z. B. der Pluto in Haus 5, so kann die Fähigkeit zur Selbständigkeit unterdrückt worden sein. Daraus resultiert dann die Vorstellung oder das Leitbild: Selbständigkeit.

Wäre diese Anlage in frühester Kindheit nicht unterdrückt worden, wäre sie einfach vorhanden und müßte nicht zwanghaft angestrebt werden.

Im Oktober/November tritt in der Natur scheinbar das große Sterben ein, die Bäume ziehen ihren Saft zurück, die Blätter fallen ab, alles bereitet sich für den Winter vor. Es vollzieht sich eine Wandlung in der Natur, das Alte muß sterben, damit das Neue entstehen kann.

So ist es auch mit den Planeten, die im 8. Haus stehen. Werden diese Haus-8-Anlagen vom Schicksal angesprochen, so muß etwas Altes im Horoskopeigner sterben. Nur in diesem Sinne ist das Haus 8 ein «Todeshaus». Die Anlagen müssen auf eine neue Symbolebene transformiert werden, nämlich auf jene, die dem derzeitigen innerseelischen Entwicklungsstand des einzelnen entspricht.

Dieser *Umwandlungsprozeß* drückt sich meist auch in Träumen aus: So träumte z. B. eine Klientin, deren Mond in Haus 8 stand, während der Zeit, als dieses Problem akut wurde, ständig von Kindersärgen. Sie wertete diesen Traum als Vorahnung, eines ihrer Kinder müsse sterben. Doch nicht eines ihrer Kinder war betroffen, sondern sterben mußte ihr eigenes Kindsein, ihre eigene Infantilität. In dem Moment, in dem die Frau ihre Kindrolle ablegte und mehr und mehr erwachsen wurde, waren diese Alpträume verschwunden.

Ein solcher Transformations- oder Umwandlungsprozeß ist aber auch noch anderweitig zu beobachten.

Wie vorher festgestellt, hat der, der mit seinem innerseelischen Pluto gehemmt ist, den, der mit seinem Pluto kompensiert, in der Erleidenform. Wer keine eigene Meinung hat, der hat die Disposition dazu, daß ihm eine fremde Meinung aufoktroyiert wird. Der andere bricht in sein geistiges Land ein. Die fremde Meinung läßt eine eigene nicht mehr aufkeimen, bzw. die fremde Meinung wird zur eigenen erklärt. Nun kann es aber sein, daß es an einem bestimmten Punkt zu einem Konflikt kommt. An diesem Punkt «stirbt» das Leitbild bzw. die fremde Meinung im Pluto-Gehemmten (Erleidensform des Pluto-Gehemmten), oder es fällt z. B. ein Jünger vom Guru ab (Erleidensform des Pluto-Kompensators). Dieser Konflikt ist der Beginn der Transformationsphase, d. h., der Pluto ist nicht mehr im Leitbild oder im Jünger gebunden, sondern das Pluto-Prinzip gerät in Funktion. Während dieser Funktionsphase des Pluto lernen – um bei dem vorhergehenden Beispiel zu bleiben – Guru und Jünger am meisten (ein echter Guru kann ohne Anhänger leben – er ist nicht abhängig).

Die Transformationsphase ist ein Kampf. Es ist der Kampf des bisher Unterdrückten, sich aus dem Status der Unterdrückung herauszuarbeiten, um u. U. eines Tages selbst zum Unterdrücker zu werden. Er hat den Pluto von passiv zu aktiv transformiert – freilich noch in der pervertierten Form; denn wenn der innerseelische Pluto *real* gelebt wird, muß nichts umgewandelt werden. Nur der Dominante muß eines Tages zurückstecken und sieht seine Erwartungen (aktiver Pluto – des einen Erwartung ist des anderen Druck), die er in andere projiziert hat, sterben, und nur der Unterdrückte muß den Kampf ausfechten, um eines Tages sein altes (Verhaltens-)Kleid ablegen zu können, sich von dem Druck (passiver Pluto) zu befreien und gleichberechtigter Partner zu sein. Er darf kein Objekt mehr für den Unterdrücker abgeben. Ziel seines Kampfes ist es, einen eigenen Weg gehen zu dürfen. Er ist dann sein eigener «Chef» und bestimmt über sich selbst.

Somit ergibt sich für Skorpion – Pluto – Haus 8 folgende Übersicht:

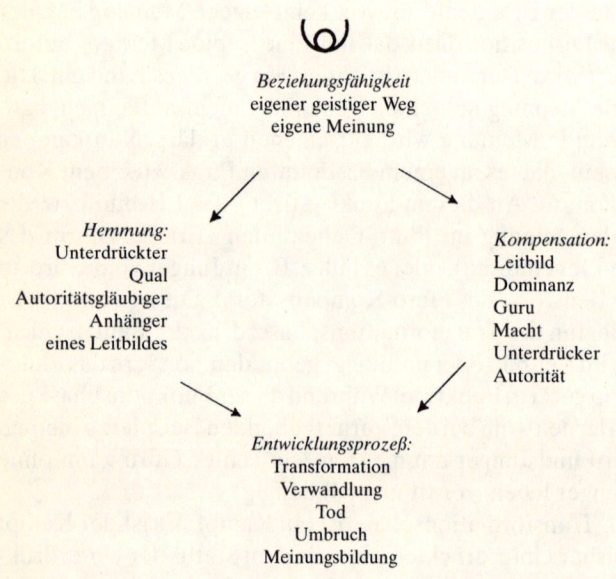

Plutosymbole

*Ansammlung
der erotischen Reize
Atom
Aufoktroyieren
Ausschließlichkeit
Autorität
Befehl
Besetzung
Beziehungsfähigkeit
Brutalität
Chef
Dogma
Dominanz
Druck
Eigenwert des anderen
einfangen
Erdrückung
Fanatismus
Faust
Fesseln
Festigung des Glücks
Fixierung
Forderung
geistige Abgrenzung
geistiger Besitz
geistige Kapazität
geistige Sicherheit
geistiges Wertbewußtsein*

*gemeinsamer Besitz
gemeinsamer Genuß
gemeinsamer
Lebensstil
Gespanntheit
Gewalt
Guru
Hypnose
Kampf
Konversion
Krise
Leidenschaft
Leitbild
Macht
Magie
Masse
Meinungsbildung
Metamorphose
neurotischer Kampf
(Arthur Janov)
Opfer
Opferung
Prinzip
Prägung
Prozeß
Qual
Ritual
Sadismus*

*Schablone
Schema
Schlange
Sexualorgane
Sicherung der
geistigen Eigenart
Sicherung und
Festigung der
Partnerschaft
Sicherung und
Festigung des
Glücks
Spasmen
(Krämpfe)
Spinne
Spinnennetz
«Stirb und werde»
Therapie
Tod des Ich
Transformation
Trumpf
Tyrannei
Übergangsstadium
Unterdrückung
Versklavung
Vorstellung
Wandlung
Zwang*

Schütze – Jupiter – Haus 9

BILDUNGSFÄHIGKEIT

Das 9. Haus ist das 3. Haus des III. Quadranten. Dies bedeutet, daß auch hier versucht wird, das weiterzuentwickeln, was in Haus 7 und Haus 8 erarbeitet wurde.

Im 9. Haus wird also das ausgedrückt, was im 7. Haus entdeckt und ausgewählt und im 8. Haus angesammelt und gesichert wurde, d. h., das 9. Haus ist der *Ausdruck der geistigen und erotischen Eigenart, die Weiterentwicklung und Differenzierung der eigenen Ideen und der eigenen Meinung, der Ausdruck des Partners*, aber auch der Partnerschaft schlechthin.

Erst wenn sich eine Beziehung gefestigt hat, besteht die Möglichkeit, eine Partnerschaft aufzubauen, die Beziehung weiterzuentwickeln und zu verfeinern. Im Zeitalter des Patriarchats besteht meist keine konkrete Vorstellung darüber, auf welche Weise (außer dem Mechanismus der Gewohnheit) dies geschehen könnte. Oft trottet man hier nur nebeneinanderher, langweilt sich zusammen und lebt miteinander ohne Hoch- und Tiefpunkte. Eine solche Partnerschaft durchläuft keine Entwicklungsstadien. Sie ist ohne Geschichte. Die Weiterentwicklung der Partnerschaft, die Haus 9 symbolisiert, ergibt sich aus dem *gemeinsamen Ausdruck. Beide kommunizieren*, beide teilen sich mit, beide *lernen aneinander*, beide nehmen den *Ausdruck der Reaktion des anderen* und die *Wechselwirkungen* und *Mechanismen innerhalb der Partnerschaft* wahr, beide arbeiten an ihrer Beziehung. Sie versuchen dabei nicht nur die in Haus 7 erlangte Harmonie, die zwangsläufig immer relativ bleiben muß, *auszubauen*, zu *verbessern* und *wachsen* zu lassen, sondern auch die erotischen Fähigkeiten und dabei insbesondere die Fähigkeit, sich körperlich und seelisch auszutauschen. Indem auf diese Art und Weise Partnerschaft praktiziert wird, wird eine Beziehung immer schöner, vertrauter, lebendiger und erfüllender.

Wenn das 9. Haus das 3. Haus des Du ist, so ist dort – wie erwähnt – der Ausdruck des anderen, des Partners, aufgezeichnet. Aus der Ausdrucksfähigkeit des anderen ergibt sich demnach die eigene *Einsichtsfähigkeit*.[25] Je mehr der andere die Fähigkeit entwickelt hat, sich auszudrücken, und je mehr man den anderen sich ausdrücken läßt, desto mehr Möglichkeiten zur Einsicht bestehen. Durch den gegenseitigen mündlichen und schriftlichen Ausdruck findet eine geistige Befruchtung statt, ist *geistiges Wachstum* erst möglich.

Deshalb bezeichnet man das 9. Haus auch als das Haus der *Bildung*.

Bildung ist ein fortwährender Prozeß, der nie abgeschlossen ist. Bildung ist die Folge von ständiger geistiger Weiterentwicklung und muß zwangsläufig immer relativ bleiben.

Doch eines kann in diesem Zusammenhang gesagt werden: Je mehr die geistigen Anlagen weiterentwickelt und je mehr die Fähigkeit ausgebildet wird, sich geistig auszudrücken, desto mehr Bildung kristallisiert sich heraus.

Entscheidend ist dabei jedoch nicht nur die Fähigkeit, sich geistig ausdrücken zu können, sondern vor allem auch der *Inhalt* (Haus 7 und Haus 8) dessen, was ausgedrückt werden kann.

Das, was geistig ausgedrückt werden kann, ist die eigene geistige Eigenart, sind die eigenen Ideen, die in Haus 7 entdeckt und in Haus 8 angesammelt und gesichert wurden. Haus 9 ist die Weiterentwicklung, der praktische Vollzug und die Verwendung dieser Ideen.

Im Laufe der Zeit bildet sich daraus eine *eigene Weltanschauung*, *Philosophie* oder *Religion*. Der Mensch im Zeitalter der Gleichberechtigung hat die Fähigkeit erworben, selbständig und frei zu denken, und richtet sein geistiges Leben nicht mehr ausschließlich nach den religiösen Führern, Dichtern und Philosophen der Vergangenheit aus. Das *geistige Leben* gewinnt damit an Vielfalt. Es *expandiert*. Eine eigene Weltanschauung zu haben ist dann nicht mehr, wie häufig im Patriarchat – suspekt und sektiererisch, sondern ein Ausdruck von geistiger Entwicklung und Differenzierung.

Wenn das 9. Haus die *eigene Weltanschauung* bzw. den geistigen Ausdruck und den Ausdruck des Partners bzw. den gemeinsamen Ausdruck symbolisiert, so liegt der Schluß nahe, daß es die eigene Weltanschauung ist, die bestimmt, wie eine Partnerschaft verläuft.

Es wäre nun aber falsch, daraus abzuleiten, dort, wo die Weltanschauung nicht richtig ist, dort funktioniert die Partnerschaft nicht und umgekehrt; denn das Horoskop ist nicht wertend; es widerspiegelt nur die irdische Szenerie. Das bedeutet, daß das Horoskop einer Person, die mit der konventionellen, pauschal gültigen Weltanschauung, die mit dem, was man zu denken hat, übereinstimmt, meist eine günstige, d. h. weniger spannungsgeladene Planetenbesetzung oder harmonischere Aspekte im 9. Haus aufweist als eine Person, die sich eigene Gedanken macht und sich z. B. gegen das Herkömmliche stellt.

Dieser innere Kampf zwischen den beiden Polen progressiv–konservativ erscheint auch außen in der Partnerschaft. Daraus jedoch eine Wertung vorzunehmen und zu behaupten, die Weltanschauung der betroffenen Personen tauge deshalb nichts, wäre am Leben vorbeiinterpretiert.

Zwar werden sich – wenn bestimmte Entwicklungsphasen vollzogen worden sind – beide Pole mehr und mehr zu einer Synthese vereinen, um eines Tages zu einer Harmonie zu gelangen, doch diese Harmonie in der Weltanschauung und damit auch im Verlauf der Partnerschaft wird anders sein als die Harmonie, die bei Übereinstimmung mit der derzeit gängigen Lebensphilosophie vorhanden ist.

Daher kann folgendes gesagt werden: Die Entwicklung der Partnerschaft läuft synchron mit der Entwicklung der Weltanschauung.

Ein Phänomen der Schütze-Jupiter-Haus-9-Anlage wurde bisher noch nicht besprochen. Die Weltanschauung, die sich herausbildet, ist zugleich der Prozeß der *Sinnfindung* des Menschen.

Diese Sinnfindung ist ein Wesensmerkmal von *Viktor E. Frankls Logotherapie*. Nach Frankls Ansicht kann Sinn nicht von einem Therapeuten vermittelt oder dem Kranken gar aufgezwungen werden. Jeder muß selbst seinen Sinn in der Welt finden, der in seinem individuellen Horoskop symbolisch verschlüsselt geschrieben steht. Die Sinnfindung ist also ein Prozeß, der seinen Ursprung in der Innenwelt des einzelnen hat.

Während die Venus in der alten Astrologie als das kleine Glück bezeichnet wurde, galt der Jupiter von jeher als das *große Glück*.

Dies wird verständlich, wenn man bedenkt, daß im 9. Haus das weiterentwickelt und differenziert wird, was in Haus 7, also im Haus der Venus, begonnen hat. Das kleine Glück erweitert sich in Haus 9 zum großen Glück. Wer das kleine Glück ständig ausbaut und verfeinert, erwirkt das große Glück. Er ist körperlich (materiell), seelisch und geistig glücklich.

Wie äußert sich das Schütze-Jupiter-Haus-9-Prinzip in gehemmter und kompensatorischer Form?

Der Mäzen und sein Günstling mögen zur Beantwortung dieser Frage als Beispiel dienen.

Wer sich ausdrückt, wie es der Weltanschauung des anderen entspricht, wird von diesem *gefördert*.

Der *Mäzen* braucht seinen *Günstling*; denn letzterer drückt seine Vorstellungen bzw. seine Ergänzung aus (Haus 9 = Ausdruck der Vorstellung bzw. der Ergänzung).

Der Mäzen wird also meist bestimmte Erwartungen an den Günstling stellen. Diese unbewußte Verflochtenheit zwischen Jupiter-Kompensator (Mäzen) und Jupiter-Gehemmtem (Günstling) wird offenkundig, wenn es zu einer Krise im Verhältnis der beiden zueinander kommt, nämlich dann, wenn des Günstlings Ausdruck (Haus 3) sich von des Mäzens Weltanschauung unterscheidet. Beide fühlen sich betrogen – der *Glücksbringer*, weil der andere seine Erwartungen nicht erfüllte, und der *Glücksempfänger*, weil die Förderung abhängig war von seinem Funktionieren im Sinne der Vorstellung des anderen.

Die Quintessenz daraus lautet, daß jeder sein Glück selbst erarbeiten muß. Erst dann erwartet er nicht mehr Glück von außen, und erst dann ist er fähig, auch anderen Glück zu schenken, ohne geheime Motive dabei zu verfolgen.

Zusammenfassend läßt sich sagen:

Mit dem Jupiter-Prinzip erahnt man die Komplexität des Lebens, sucht nach einem Sinn und drängt nach Erweiterung des eigenen Gesichtskreises.

Reisen (Haus 9 = gemeinsame Beweglichkeit), Tagungen, Kongresse, Vorträge, kulturelle und religiöse Veranstaltungen bieten hierfür reichhaltige Gelegenheit.

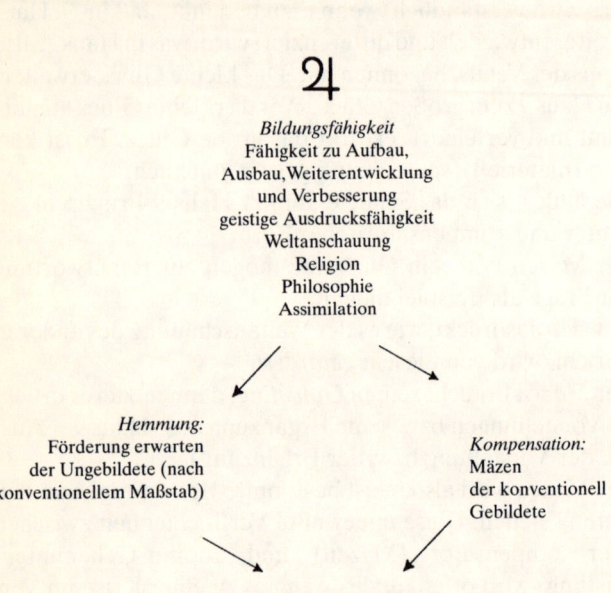

Jupitersymbole

Assimilation
Aufbau
Aufbauphase der Leber
Aufgeschlossenes
Aufschwung
Ausbau
Ausdehnung
Ausdruck der
eigenen Ideen
Ausdruck
der Partnerschaft
Ausdruck der Reaktion
des anderen
Ausdruck des eigenen Geschmacks
Ausdruck des Partners
Belohnung
Bildung
Einsichtsfähigkeit
Erweiterung des
Gesichtskreises
Ethik
Expansion
Fülle
Geistiges
gemeinsamer Ausdruck
gemeinsame Schriften
gemeinsames Lernen
Glück (großes)
geistige Differenzierung
geistige Entwicklung
geistiges Leben
geistige Welt
Günstling
Höheres
Interesse
intrinsische Motivation
Liberales
Lob
Mäzen
Palme
Philosophie
Reise
Religion
Sinn
Toleranz
Verbesserung
Weisheit
Weite
Weiterentwicklung der erotischen
Fähigkeiten
Weiterentwicklung der geistigen
Anlagen
Weiterentwicklung (u. Verfeinerung)
der Partnerschaft
Weltanschauung
Wohlstand
Zucker

Steinbock – Saturn – Haus 10

RECHTSFÄHIGKEIT – VERANTWORTUNGSFÄHIGKEIT – BEWUSSTSEINSFÄHIGKEIT

Wenn im 9. Haus u. a. vom sprachlichen und schriftlichen Ausdruck des Partners und vom gemeinsamen Ausdruck gesprochen wurde, so ist im 10. Haus die Empfindung des anderen (Haus 10 = 4. Haus des anderen) und die gemeinsame Empfindung aufgezeichnet.

Diese gemeinsame Empfindung (Haus 10) steht konträr zur eigenen individuellen Empfindung (Haus 4).

In der Phase des *Patriarchats* (der Verzauberung) wird die eigene Natur, das eigene Empfinden, die eigene seelische Eigenart und ihre Entwicklung verdrängt zugunsten der gemeinsamen Empfindung, zugunsten dessen, was «man» zu fühlen und zu tun hat. Insofern findet im 10. Haus der *Akt der Verdrängung* statt.

Die eigene Natur fällt dem Über-Ich anheim, wie jene Wanderer in der griechischen Sage dem Riesen Prokrustes, der seine Mitmenschen in das immer gleiche Bett eingepaßt hat. Waren die Beine zu lang, wurden sie abgeschnitten, waren sie dagegen zu kurz, so wurden sie gestreckt.

Je mehr jemand dem *Ideal* oder dem *Maßstab*, wie und was man zu empfinden habe, entspricht und sein Handeln und Verhalten demgemäß ausrichtet, desto mehr *Anerkennung* erntet er. Deshalb spricht man in der alten Astrologie dem 10. Haus auch die Bedeutungen: *Amt, Würde, Beruf, Ruhm* und *Ehre* zu.

Kurzum, im 10. Haus identifiziert man sich während der patriarchalen Phase mit einer *fremden Empfindung*, d. h. mit einer *Norm*, mit einem Maßstab, der den Anspruch erhebt, *allgemeingültig* zu sein. Wenn das 4. Haus das Haus der eigenen seelischen Identifikation ist, dann ist das 10. Haus das Haus der *Identifikation mit den Eltern*. Dort im 10. Haus darf man «Eltern» spielen, dort ist man *geachtet*, dort ist man «*oben*», dort ist alles *wichtig*. Damit können die Ausführungen über den

Gehemmten und den *Kompensator* bzw. über den *Elternrollenspieler* einfach auf die dem 10. Haus innewohnende Problematik übernommen werden.

Auch die Funktion des *Über-Ich* wurde bereits behandelt. Nicht dargestellt wurden dabei jedoch die verschiedenen Entwicklungsstufen eines Maßstabs von Gut und Böse:

1. Stufe
Aufgrund seiner karmischen Prägung kommt das Neugeborene bereits mit einer Disposition für einen bestimmten Maßstab zur Welt.*

2. Stufe
Eltern und Umwelt installieren im Kind einen Maßstab von Gut und Böse. Der Maßstab wird als ein Außen erlebt.

3. Stufe
Das Kind entspricht diesem Maßstab.

4. Stufe
Es vollzieht sich der Prozeß der Übertragung. Hier gibt es drei Möglichkeiten: Das Kind, nunmehr erwachsen geworden, bestraft sich selbst aufgrund von Schuldgefühlen (Selbstbestrafung), oder es wird ständig mit Menschen konfrontiert, die den Maßstab seiner Eltern verkörpern und es zur Verantwortung ziehen (Fremdbestrafung). Die dritte Möglichkeit ist, daß es in die Kleider der Eltern schlüpft und Elternrollenspieler wird.

5. Stufe
Nun wird das Leiden entsprechend der jeweiligen Rolle bewußt: Erleidensform als Kindrollenspieler (gemaßregelt werden, Schuldgefühle, gehemmt werden und den Reaktionen der eigenen Natur: Neid, Haß, Wut, Aggression, Ärger, Krankheit etc. ausgesetzt sein) oder als Elternrollenspieler (Intrigen, Aggressionen ausgesetzt werden, belogen und getäuscht werden etc.). Damit setzt die Phase der *indirekten* Auflehnung gegenüber dem bisherigen Maßstab ein.

* Siehe Anhang

6. Stufe
Sie ist eine Phase der *direkten* Auflehnung gegenüber dem bisherigen Maßstab. Er wird artikuliert und sowohl vom Inhalt als auch von der Form her angegriffen.

7. Stufe
Der bisherige Maßstab wird aufgelöst, und neue Richtlinien werden entdeckt.

8. Stufe
Der neue Maßstab von Gut und Böse wird begründet und durchgesetzt.

Hierzu sei folgendes bemerkt:

Eltern und Erzieher wollen, wenn sie dem Kind einen *Maßstab Gut – Böse* aufoktroyieren, das Kind vor «Unheil» bewahren. Es bleibt ihnen dabei verborgen, daß die Begriffe Gut und Böse familien-, milieu-, zeitepochen- und kulturabhängig sind. Das Über-Ich eines chilenischen Dorfjungen enthält ganz bestimmt andere Normen als das eines Jungen aus der Oberschicht einer deutschen Großstadt. Ferner spielt eine Rolle, wie fest oder locker die Normen vertreten werden.

Die meisten Eltern haben die Maßstäbe unreflektiert übernommen und versuchen sie ihren Kindern weiterzugeben. Die Schwierigkeit liegt nun darin, daß diese Maßstäbe für die Zeitepoche, in denen die Eltern lebten, ihre Berechtigung hatten, aber u. U. nicht mehr für die Zeit, in der die Kinder leben müssen. Diese Kinder tragen nun in sich einen antiquierten Maßstab, der nicht ihrer ist, sondern fremde Normen, Strukturen der Vergangenheit enthält.

Dieser alte Maßstab ist das *Schicksal* der Kinder. Freilich muß dabei unterschieden werden zwischen realen, ewig gültigen Maßstäben und Geboten, wie z. B. Du sollst nicht töten oder Du sollst nicht stehlen, also Normen, die zur Sicherung des menschlichen Zusammenlebens wichtig und notwendig sind, und Normen, die ein Moralkodex enthält, der immer wieder verändert werden muß, weil er zeitgebunden und nicht auf den Gesetzen der menschlichen Natur und der Allnatur beruht. Die Tabuisierung von Intimkontakten vor einer legalisierten Eheschließung oder das Gebot: Macht euch die Erde untertan, sind z. B. Maßstäbe, die diesen lebendigen Gesetzen zuwiderlaufen.

Trotz unzähliger *negativer Feedbacks* (Schicksalsschläge) hält der Mensch meist an solchen Maßstäben der Vergangenheit fest, da sie für ihn unumstößliche Autorität bedeuten. Diese Autorität läßt ein eigenes Denken, das allein zu Zweifel und Neuorientierung fähig ist, nicht aufkeimen. Das Denken steht unter *Tabu.*

Auf diese Art und Weise können sich familiäre und kulturelle sowie milieu- und zeitepochenspezifische Maßstäbe über Jahrhunderte hinweg halten, ohne entlarvt und von neuen Maßstäben abgelöst zu werden. So werden Millionen Menschen von diesen alten Normen in eine Schicksalszwangsjacke gesteckt, ohne auch nur zu ahnen, woher dieses Schicksal kommt und warum es sie ereilt. Schicksal wird als etwas Numinoses, Unerklärbares, Transzendentes, Außerirdisches angesehen.

Erst heute beginnt man allmählich die Zusammenhänge zwischen der persönlichen Vergangenheit mit ihren antiquierten Geboten, Normen und Idealen und dem Schicksal des Betreffenden zu begreifen. Es ist das große Verdienst der Psychoanalyse und der neuen psychotherapeutischen Richtungen wie Transaktionsanalyse, Gestalttherapie, Primärtherapie etc., in dieser Hinsicht Erkenntnisbreschen geschlagen zu haben.

Die alten Maßstäbe wurden aber auch deshalb so lange nicht entlarvt, weil ihre Auswirkungen oft von einem moralischen Standpunkt aus gedeutet wurden.

Infizierte sich z. B. jemand bei einem «Seitensprung», so glaubte man, dies sei die Strafe für seinen Übertritt. In Wirklichkeit hat sich aber immer wieder gezeigt, daß der von *Schuldgefühlen* Geplagte die *Strafe* unbewußt herbeizieht. Er wird also nur dem Partner begegnen, der die Potenz in sich trägt, ihm die Strafe zu liefern. Aufgrund der Strafe zeigt dann der einzelne Reue und gelobt nicht mehr zu «sündigen», ohne sich die Frage zu stellen, ob nicht das *Gebot* oder der *Maßstab* selbst eine Sünde wider die Natur darstellt.

Dieses Beispiel steht für viele. Immer wieder werden diese alten Maßstäbe durch das Schicksal scheinbar bestätigt, weil deren Wirkungsmechanismen nicht entlarvt werden und weil man glaubt, die Strafe käme vom Kosmos oder von Gott! Dies erklärt auch, warum viele brave und anständige Menschen oft vom Schicksal so hart geprüft werden: Je stärker die Schuldgefühle, desto größer die Möglichkeit der Bestrafung! Eine andere Erklärung, warum viele Menschen ständig bestraft werden, liegt auch darin, daß sie in ihrer Kindrolle verharren, in der sie es den Eltern trotz Gehorsams und Anpassung nie recht machen konnten. Sie reproduzieren so den alten Zustand des Bestraftwerdens im Jetzt.

Bisher wurde vorwiegend bei Steinbock – Saturn – Haus 10 von der verzauberten Form gesprochen.

Was bedeutet das Steinbock-Prinzip im realen Sinne?

Wir haben festgestellt, daß das Haus 10 die seelische Eigenart, die Natur, die Empfindung des anderen darstellt (10. Haus = 4. Haus des anderen).

Wenn der andere diese seine seelische Eigenart durchsetzen kann und darf, dann ergibt sich daraus die eigene *Verantwortungsfähigkeit*.

Verantwortungsfähig zu sein heißt also, die seelische Eigenart, die Natur des anderen zu akzeptieren, heißt seine Gefühle nicht zu verletzen, heißt die Natur des anderen nicht zu beschneiden.

Diese Fähigkeit kann jedoch nur dann erworben werden, wenn derjenige selbst seine eigene Natur leben kann. Nur dann hat er nicht mehr den Drang wie Prokrustes, den anderen zu beschneiden bzw. ihn in ein genormtes psychisches Bett zu zwängen.

Eine solche Entwicklung der Verantwortungsfähigkeit läuft deshalb immer parallel mit der *Entdeckung der eigenen Rechte*.

Wer selbst ein Recht auf Durchsetzung, auf Eigenraum, auf eigenen Ausdruck, auf eigene Empfindung, auf Selbstverwirklichung, auf das Zeigen der Gefühle, auf eine geistige Eigenart, auf eine eigene Meinung und auf eine eigene Weltanschauung empfindet und wahrnimmt, kann diese Rechte auch seinen Mitmenschen zugestehen.

Diese eigenen Rechte wiederum werden erst bewußt durch das Erleiden der Maßstäbe, die die eigene Natur beschneiden. Deshalb sind alle Planeten, die mit Saturn einen disharmonischen Aspekt bilden, Anlagen, die besonders gehemmt sind. Meist besteht hier ein Schuldgefühl, diese Anlage zu leben, weil das Über-Ich hier ein Verbot ausspricht oder die Anlage in einen festgesetzen Rahmen zwängt. Dieses Schuldgefühl (Defizit an Recht) bleibt so lange bestehen, solange nicht die eigenen natürlichen Rechte in bezug auf diese Anlage entdeckt werden. Nach dieser Umwandlung des Steinbock-Prinzips von Schuldgefühl auf Recht steht diese Anlage, die vorher «verwunschen» war, bewußter zur Verfügung, als wenn sie dieser schicksalsmäßigen Belastung nicht ausgesetzt gewesen wäre.

Auch schätzt sich derjenige, der sich auf diese Weise von peinigenden Schuldgefühlen befreit hat, glücklich, endlich nicht mehr im fortwährenden psychischen Wechselspiel von Gehemmtem und Kompensator gefangen zu sein. Er zieht keine Maßregler und Schrankensetzer mehr an, weil seine Schuldgefühle ausgelöscht sind und sein Defizit an Recht durch eine neue gefestigte innere *Rechtsordnung* aufgefüllt wurde. Er hat die Steinbock-Saturn-Haus-10-Anlage nun selbst zur Verfügung und erlebt sie nicht mehr in der Projektion in Form von anderen Personen, die sich zu *Hütern der Moral* aufschwingen, die die Einhaltung der Normen überwachen und strenge *Kontrollen* durchführen.

Der Betreffende hat seinen wahren *Vater* in sich entdeckt, er ist zu den Gesetzen des Kosmos, der Natur, der Seele und des Geistes heimgekehrt.

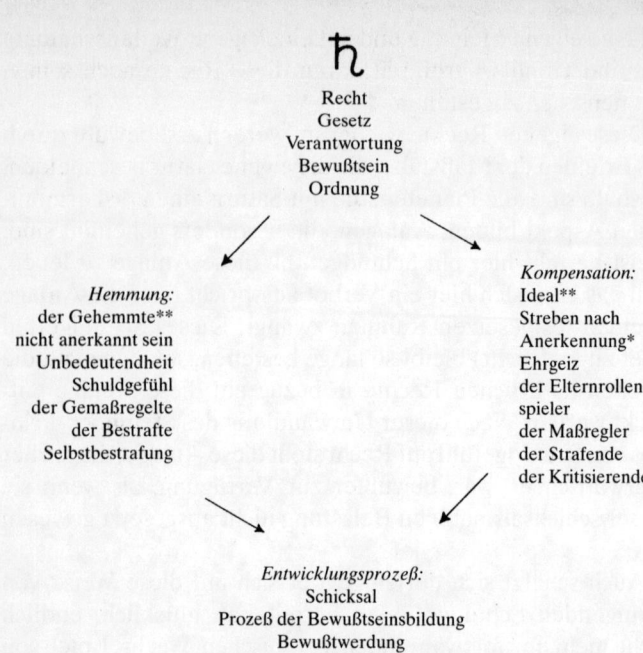

* Anerkanntsein heißt, die Norm oder das Iedeal der jeweiligen Kultur erreicht zu haben.
** Aus der Hemmung resultiert als Komplementärbild bzw. als Kompensation das Ideal.

Saturnsymbole

*Absonderung
(von der Natur)
Abwehr
Allgemeingültiges
Akt der Verdrängung
Altes
Anales
Anerkennung
Anstand
Ausdauer
Bedeutung
Belehrung
Berg
Beruf (Amt, Titel,
Würden, Ehren)
Bewußtmachung
Bewußtsein
Blei
Bremse
Cherubim und
Seraphim
der, die, das Einzige
Ehrgeiz
Elternrolle
Entdeckung der
eigenen Rechte
Erfahrung
Ernst
Erstarrung
Fleiß
fremde Empfindung
Furcht
Gebot
gemeinsame
Empfindung
Gewohnheit
Gott«vater»
Halt
Härte
Heiliges
Hemmung
Hüter der Moral*

*Ideal
Kälte
Karges
Karma
Karriere
Keuschheit
Klassisches
Knochengerüst
Konservatives
Kontinuität
Kontrolle
Konzentration
Kritik
Langsames
Maßstab von Gut
und Böse
Monoprinzip
Müdigkeit
negatives Feedback
Nekrophiles
(vgl. Erich Fromm)
Nehmen
Norm
Öffentlichkeit
Ordnung
Patriarch
Pauschales
Persona (vgl.
C. G. Jung)
Polizei
Problem
Reaktion auf eigene
Ursachen
Reaktionäres
Realität
Rechtfertigung
Rechtsfähigkeit
Reduzierung
Regelung
Richter
Rückschlag
Scham*

*Schatten (i. S. von
C. G. Jung)
Schicksal
Schuldgefühl
Schuld-Sühne-
Prinzip
Schuldprojektion
Schwarzes
Schweres
Schwierigkeit
seelische Wunde
Selbstbestrafungs-
tendenz
Stadt
Stagnation
Stein
Stimme des
(anerzogenen)
Gewissens
Strafe
Tabu
Tiefe
Tradition
Trägheit
Trauer
Trauma
Treue
Trockenheit
Über-Ich
Unfehlbarkeit
Vater
Vater «Staat»
Verantwortung
Verbot
Vergangenheit
Verhärtung
Verneindendes
Prinzip
Vollkommenheit
Widerstand
Wichtiges
Zivilisation
Zusammenziehung*

Wassermann – Uranus – Haus 11

FÄHIGKEIT ZUR FREIHEIT

Mit dem Haus 11 – Wassermann – Uranus betritt man erstmals das Land jenseits von Steinbock – Saturn – Haus 10.

Das 11. Haus ist das 2. Haus des IV. Quadranten und hat deshalb – wie jedes 2. Haus eines Quadranten – die Aufgabe, das, was im 1. Haus in den Raum geworfen wird, zu sichern und zu festigen. Wenn das Stier-Prinzip die materielle Sicherung, das Löwe-Prinzip die seelische Sicherheit und das Skorpion-Prinzip die geistige Sicherheit symbolisieren, so kann man bei Wassermann – Uranus – Haus 11 von einer übergeordneten bzw. von einer *kollektiven Sicherheit* sprechen.

Da jedoch im Patriarchat bereits mit dem «Widder» des IV. Quadranten, dem Saturn-Prinzip, alles als endgültig und sicher angesehen wird, stellt sich während dieser Entwicklungsphase der Menschheit der Uranus als einziger Planet gegen das ihm vorausgehende Prinzip.

So sprengt er die Absicherung und Verbarrikadierung der jeweiligen Bewußtseinsstufe, um die *Sicherheit der Entwicklung* individuell und kollektiv zu gewährleisten. Er ist deshalb die *Antithese* zu Saturn und als solche das andere *Extrem*. Wenn Steinbock – Saturn – Haus 10 den Akt der Verdrängungen darstellt, so haben wir es bei Wassermann – Uranus – Haus 11 mit dem *Bestand der Verdrängungen* zu tun. Und dieser Bestand ist hoch *explosiv*. Nicht von ungefähr kam es deshalb dazu, daß ausgerechnet im konservativen England die *revolutionäre* Beatmusik und der Minirock ihren Ursprung haben.

Das Antisaturnale des Uranus kann beim Individuum in allen Formen und auf allen Lebensgebieten zum Ausdruck kommen, so etwa in der Kleidung, in der Abneigung gegen Schals, gegen Krawatten, gegen konventionelle Anzüge, gegen Gürtel, gegen Ringe, gegen Schuhe, also gegen alles, was als Einengung empfunden werden kann, im Arbeitsbereich in der Auflehnung gegen strenge Vorschriften, starre Schablonen, Routine, Gesetze und Erwartungen oder in der *Rebellion* gegen Arbeitszeit oder Vorgesetzte, im Liebesleben in einer provokativen Bindungslosigkeit und Enthemmung... Indem man jedoch gegen den Saturn angeht, hat man ihn noch nicht überwunden, genausowenig wie sich der Sohn, der sich gegen seinen Vater erhebt, von ihm gelöst hat. Er erlebt ihn nur als ein Außen und nicht als ein zu ihm Gehörendes. Doch der Vater, der ihn an seiner *Freiheit* hindert, wohnt noch lange in seiner Seele. So sind alle Vaterfiguren und Vatersymbole nur die äußere Widerspiegelung seines eigenen Über-Ichs respektive seiner Hemmung. Es ist deshalb illusorisch, den zu hassen, der einem Steine in den Weg legt und einen im bisherigen Entwicklungsstadium festhalten will. Dieser Haß ist nichts anderes als der Haß auf die eigene Hemmung im Innern der Seele.

Die äußere *Auflehnung* kann daher als ein Gleichnis für den inneren Kampf angesehen werden, der zwischen dem einen Pol, der an der alten Norm festhalten will, und dem anderen Pol ausgefochten wird, der sich davon befreien will. Solche Spannungen und Konflikte sind im Horoskop insbesondere in Form von Uranus-Quadranten und Oppositionen aufgezeichnet (siehe Lektion III!).

Erst wenn diese innerseelische Problematik zu einer Lösung kommt, verschwinden auch die äußeren Hemmschuhe, die einem jahrelang das Leben schwergemacht haben. Wirklich *frei zu sein* bedeutet, sich nicht mehr permanent von etwas befreien zu müssen.

Hier wird deutlich, daß die *schnelle* und *plötzliche Befreiung* des Menschen, bei dem das Uranus-Prinzip stark ausgeprägt ist, nicht schon die Freiheit schlechthin ist. Der Planet Uranus ist der *Eisbrecher*, er läßt das Eis noch nicht tauen. Diese Auflösung des Eises geschieht erst im nächsten Tierkreiszeichen, im Fisch.

Im 11. Haus findet also ein ständiger *Befreiungs-* und *Emanzipationsprozeß* statt, der in der Welt überall zu beobachten ist. Frauen akzeptieren ihre mindere Bezahlung für gleiche Arbeit nicht mehr, die Arbeitnehmer verlangen nach Mitbestimmung, Völker streben nach Unabhängigkeit...

Das Uranus-Prinzip kann sich aber auch in Träumen bemerkbar machen, etwa wenn man vom *Fliegen* oder von einer großen Höhe träumt. Je nach Stellung des Uranus und je nach Besetzung des 11. Hauses, aber auch je nach der Entwicklungsphase des Individuums wird der Traum die entsprechende Uranus-Problematik symbolisch zum Ausdruck bringen. Nicht immer wird er jedoch so leicht zu deuten sein wie im folgenden Beispiel:

Eine 35jährige verheiratete Frau, die seit vier Monaten einen Freund hat, hatte folgenden Traum:

«Ich stand auf einer Rampe und wollte zu meinem Geliebten – doch da wurde ich von einem Mann, der schwarz gekleidet war, von hinten festgehalten. Es war aber nicht mein Mann – es war ein Mann ohne erkennbares Gesicht.»

Der schwarze Mann, der sie da zurückhielt, war ihr eigenes Über-Ich, das die Institution der Ehe überwachte und dem Ausbruch entgegenstand.

Auch dieses Beispiel zeigt, daß der Übergang in eine neue Bewußtseinsstufe nicht so plötzlich und schnell vonstatten gehen kann, wie manche sich dies vorstellen. Das Blei des bisherigen Bewußtseins beeinträchtigt so lange die freie psychische Beweglichkeit in der neuen Lebensetappe, bis sich eine neue Ordnung und damit Sicherheit herausgebildet hat. Der Saturn ist dann nicht mehr Gegner, sondern in einen neuen Maßstab integriert, nach dem sich der einzelne auf dem Weg bis zur nächsten Etappe orientieren kann.

Das 11. Haus ist das 5. Haus der Partnerschaft (= *gemeinsame Unternehmung, gemeinsames Wollen*) und das 5. Haus des anderen. Daraus leitet sich ab, daß Freiheit (Haus 11) für die eigene Person nur möglich ist, wenn der andere selbständig (Haus 5) und voll handlungsfähig (Haus 5) ist. Ferner ist Freiheit nur erreichbar, wenn vorher in Haus 10 ein *eigener* Maßstab ausgebildet wurde und die *eigenen* Rechte entdeckt worden sind. Im 11. Haus findet dann die *Inbesitznahme und Sicherung dieser Rechte* statt. Und je mehr Rechte in bezug auf Entfaltung der eigenen Anlagen und Fähigkeiten für die eigene Person angesammelt und in Besitz genommen werden, desto mehr Freiheit eröffnet sich. Freiheit ist das Ergebnis des langwierigen Prozesses der Inbesitznahme der eigenen Rechte. Freiheit ist also nicht a priori gegeben, sondern muß wie jede Fähigkeit erst erworben werden.

Indem der eigene Maßstab und die eigenen Rechte (sowie die Verantwortungsfähigkeit) investiert werden, wird zugleich der herkömmliche, pauschale Maßstab verändert. Man ist anders als die anderen. Man schlägt eine Bresche für das neue Bewußtsein, man ist *progressiv*.

Weitere Phänomene des Wassermann-Uranus-Haus-11-Prinzips sind die Gleichheit und die Gleichberechtigung, die hergestellt werden sollen.

In der Mode können wir dies an den Jeans erkennen, die von beiden Geschlechtern und allen Altersgruppen getragen werden. In Gruppen und Gemeinschaften setzt sich immer mehr das *unkonventionelle* «Du» gegenüber dem steifen «Sie» durch. Je gehemmter ein Mensch, desto länger besteht er meist auf Distanz. Dieses Durchbrechen der Distanz hat nichts zu tun mit einer verordneten *Gleichheit* bzw. einer Gleichmacherei, die die individuellen Unterschiede und verschiedenen Anlagen der Menschen nicht in Rechnung stellt. In der Gleichheit verschieden sein dürfen ist deshalb ein hohes natürliches Ideal des Menschen und der Menschheit. Freiheit und Gleichberechtigung, die in der gegenseitigen Achtung als Mensch und Partner gipfeln, sind ein wichtiges Moment zur Realisierung des eigenen Selbst. Dieses große Ziel ist allen Menschen gemeinsam, wenn auch die Wege hierzu verschieden sind.

Wie bei jedem Lebensprinzip soll auch bei Wassermann – Uranus – Haus 11 noch auf den Gehemmten und den Kompensator eingegangen werden:

Der Uranus-Kompensator muß sich immer wieder befreien.

Ich habe diese Problematik bereits an anderer Stelle angeführt. In Extremfällen handelt es sich bei ihm um den Typus des *Revolutionärs*, der sein Problem pauschalisiert und glaubt, nun auch alle anderen Menschen «befreien» zu müssen. Doch auch Freiheit ist relativ. Jeder hat eine andere Freiheit, und jeder kann die Fähigkeit zu seiner ureigenen Freiheit nur selbst entwickeln. Freiheit kann nicht von außen aufoktroyiert oder verordnet werden. Deshalb hat jede Revolution, die von außen aufgesetzt ist, wenig Sinn, da sich die Veränderung im Individuum selbst vollziehen muß. Die äußere Veränderung in der Gesellschaft ist dann die Folge der inneren Veränderung aller Individuen. Die gewachsene, entwickelte innere Freiheit wird nach außen getragen und widerspiegelt sich dann in äußerer Freiheit.

Erst bei einem solch hohen Entwicklungsstand der Menschheit sind Vorschriften, Gebote, Verbote, Gesetze etc. nicht mehr wichtig, weil dann die Freiheit des einzelnen gepaart ist mit der nötigen eigenen Verantwortung gegenüber sich und jedem Leben im Kosmos.

Der Uranus-Gehemmte:

Zunächst könnte man meinen, daß viele Menschen über keine Uranus-Anlage verfügen. Sie sind total angepaßt, leisten sich nie einen «Ausrutscher» und erklären den pauschalen Maßstab von Gut und Böse für sich als vollgültig.

Wo ist ihr Uranus? Wo ist für sie die *Chance*, aus der Tretmühle *auszusteigen*, sich zu *befreien* aus dem psychischen Elend, aus dem psychischen Schmerz, ein anderes Leben als das eigene leben zu müssen? Wo ist für sie das Loch im Käfig? Uranus gibt entsprechend dem Haus, in dem er steht, die Chancen an auszubrechen. Da jeder *aktive* Befreiungsversuch vom konventionellen Maßstab beim Uranus-Gehemmten mit Schuldgefühlen behaftet ist, muß das Schicksal hier eingreifen. Der Uranus-Gehemmte erlebt daher seine Anlage nur *passiv*, d. h. nur in der Projektion auf den anderen. So hat etwa ein «rechtschaffender» Ehemann den Seitensprung der Ehefrau in der Erleidensform, oder ein treuer Arbeitnehmer wird von gesellschaftlichen Strukturveränderungen auf dem Arbeitsmarkt überrascht, indem er entlassen wird.

In manchen Fällen kommt es auch zur Somatisierung (Nervenleiden), denn *Nervosität* entsteht aus einer Behinderung der freien Entfaltung.

Ein «Nervenzusammenbruch» ist dann zu verzeichnen, wenn der Befreiungsdrang durchzubrechen droht, aber der

Gegendruck des Über-Ich so stark ist, daß man nur *ersatzweise* – indem man «durchdreht» – auszubrechen wagt.

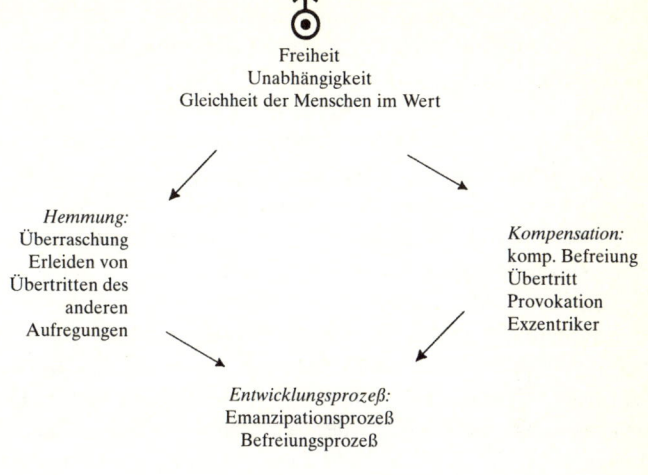

Uranussymbole

Antiautoritär
Antithese
Auflehnung
Aufregung
Aus-der-Reihe-Tanzen
Ausstieg
Befreiung
Bestand des Verdrängten
Brüderlichkeit
Chance
Dynamit
Emanzipation
Entwurzelung
Erfindung
Eskapade
Explosion
Extravaganz
Extremes

Exzentrisches
FKK
Flugzeug
Freiheit
Freizeit
gemeinsame Unternehmung
Gleichheit
Hierarchielosigkeit
Höhe
Intuition
Mitbestimmung
Neophilie
Nervensystem
Neu
Opposition
Originalität

Plötzlich
Progressiv
Reform
Revolution
Schnell
Seitensprung
Sensation
Sprengung
Sprunghaft
Trotz
Überlegenheit
Umbruch
Unfall
Ungewöhnlich
Unruhestifter
Unverbindlichkeit
Veränderung
Vogel

Fisch – Neptun – Haus 12

KOSMISCHE FÄHIGKEITEN

Auch bei Fisch – Neptun – Haus 12 muß wieder zwischen einer verzauberten und einer realen Bedeutung unterschieden werden.

Das 12. Haus ist das 3. Haus des IV. Quadranten. Besteht im 10. Haus bereits eine Verantwortungs- und Rechtsfähigkeit im Sinne der natürlichen Gesetze, so ist das 12. Haus die *Wahrnehmung und das Zeigen der Verantwortung und der Rechte.* Wer also die 12 Lebensprinzipien wahrnimmt und leben kann, hat sich *kosmische Fähigkeiten* angeeignet. Er hat den festgelegten Schicksalsrahmen überschritten.

Wenn im 10. Haus jedoch noch ständig Natur verdrängt wird, so haben wir es im 12. Haus mit den Wirkungen dieser Verdrängungsakte, nämlich mit dem *Verdrängten* zu tun. Deshalb ist hier das 12. Haus der Ausdruck des Schicksals. Die Frage: *Was wird wohl das Schicksal bringen?* kann daher leicht beantwortet werden: *Es bringt das, was dem Entwicklungsstand der eigenen Anlagen entspricht (wozu man «bereit» ist),* sowie die Reaktionen auf eigene Ursachen und – die eigenen *Verdrängungen.*

Da viele Elternrollenspieler sich gegenüber den Wirkungen der Ursachen, die sie gesetzt haben, nicht verantwortlich fühlen, bleibt ihnen die Wirkungsweise des Schicksals verborgen. Sie erkennen nicht ihre Verantwortung z. B. für die Lügen ihrer Kinder oder für die Intrigen ihrer Angestellten (aufgrund von eigenem autoritärem Verhalten oder von Verkörperung von Macht).

Ihr Maßstab und ihr (unbewußter) Vollkommenheitsanspruch läßt es nicht zu, daß sie die eigene Einstellung, ihr Verhalten und Handeln mit diesen Auswirkungen in Zusammenhang bringen. Sie müßten zugeben, daß sie fehlbar sind. Sie müßten es wagen, sich eine *Blöße* zu geben.

Erst wenn Umwelt und Schicksal als Spiegelbild des eigenen Lebens erkannt werden, hat man die Möglichkeit, echte Verbesserungen im individuellen und kollektiven Leben vorzunehmen, erst dann beginnt man das Schicksal in den Griff zu bekommen. Es erscheint dann nicht mehr unbegreiflich, fremd, unheimlich, mysteriös und verschleiert (Schleier der Maja), und vor allem es verursacht keine *Angst* mehr.

Die entscheidene Ursache von Angst ist Verdrängung. Und die Verdrängung erfolgt aus Angst. So wirken Steinbock – Saturn – Haus 10 und Fische – Neptun – Haus 12 gegenseitig als Verstärker, und das Individuum ist in einem Teufelskreis gefangen.

Da durch den Akt der Verdrängung die Natur pervertiert wird, erscheint die Wirkung auf diese Ursache nicht im ursprünglichen Kleid, sondern wie im Traum in Symbolen. Diese Symbole sind Ersatz für das, was verdrängt werden mußte, weil es vom Bewußtsein nicht integriert werden konnte.

Die Akte der Verdrängung verursachen die Kindheitstraumata, diese müssen auf dem gesellschaftlichen Feld symbolisch ausagiert werden.[26] Die Menschen weichen auf Symbole aus, weil sie das ursprüngliche Problem nicht bewältigen oder verarbeiten konnten. Weil es z. B. einem jungen Mann nicht möglich war, als Kind seinem Vater zu widersprechen, legt er nun gegen jeden Verwaltungsakt Widerspruch ein und führt Prozesse gegen «Vater Staat».

Wie der Traum ein Spiegel unserer Seele ist, so ist auch das Leben in der äußeren Symbolwelt ein Gleichnis für die Innenwelt. Alles steht symbolisch für unsere Innenwelt – die Operation, der Umzug, der Unfall, die Schwierigkeiten in der Partnerschaft…

Zugleich hat das Symbol *Ersatzfunktion* für etwas Reales. So kann etwa eine Operation nur Ersatz für eine einschneidende Veränderung sein, die man in seinem Leben hätte vornehmen müssen – etwa Trennung vom Ehepartner oder Berufswechsel etc.

Weil derartige Wünsche nicht durch die Zensur des Über-Ichs gehen, kleiden sie sich in ein anderes Bildmaterial. Dieses Bildmaterial ist genauso zu dechiffrieren wie die Symbole eines Traums; deshalb hat die Traumdeutung Ähnlichkeit mit der astrologischen Deutung. Der *Traum* widerspiegelt symbolisch eine Lebensphase oder ein akutes Problem, das Horoskop ist die symbolische Widerspiegelung des ganzen Lebensfilms eines Menschen.

Die Zensur des Über-Ichs kann aber auch noch anders umgangen werden: über den Weg der *Lüge*, der *Heimlichkeit* oder der *Täuschung*. Lüge, Heimlichkeit und Täuschung sind vor allem Produkte der Angst. Aus Angst vor Strafe belügt das Kind die Mutter; aus Angst vor der irrealen Norm der Eltern trifft sich die Tochter *heimlich* mit einem verheirateten Mann; aus Angst, nicht anerkannt zu werden, täuscht der Hochstapler einen höheren Sozialstatus vor.

Ein anderes Phänomen der Angst ist die *Flucht* – z. B. in die Krankheit aus Angst vor einer wirklichkeitsadäquaten Auseinandersetzung mit dem anstehenden Problem. Dieses Problem erscheint dann symbolisch auf der somatischen Ebene, d. h. in dem Organ- oder Körperbereich, der auf körperlicher Ebene dem Lebenssektor entspricht, auf dem das Problem nicht bewältigt wurde.

Auch der Flucht in *Alkohol* und *Nikotin* liegt meist Angst zugrunde. Jede Sucht ist eine Flucht – die Flucht in eine Scheinwelt, in der alle Probleme – scheinbar – besser gelöst sind. Mit Hilfe des Suchtmittels glaubt sich der Kranke in die Lage versetzt, alle Sorgen und Nöte bewältigen zu können, was selbstverständlich ein *Trugschluß* ist.

Im Horoskop eines Menschen steht symbolisch verschlüsselt, wovor er Angst hat und warum er süchtig ist. Insbesondere wird dies ersichtlich aus der Häuserstellung und der Aspektierung des Neptun.

Da diese bei jedem anders ist (jeder Mensch weist eine andere Lebensgeschichte auf), ist auch das Problem der *Sucht* kausal nur durch Aufdeckung, Verarbeitung und Beseitigung der zugrundeliegenden verborgenen Angst zu lösen. Erst dann hat der einzelne keine Identität mehr mit den von der Gesellschaft angebotenen Suchtmitteln.

Eine pauschale Therapie, die jeden Süchtigen gleich behandelt und nicht auf das *individuelle* Problem, vor dem der

Süchtige unbewußt Angst hat, eingeht, ist meines Erachtens nur Symptombekämpfung.

So, wie Zigarette und Alkohol Angst und Unsicherheit übertünchen sollen, so sind auch *Tabletten* und *Tropfen* meist nur ein *Medium*, mittels dessen man ein Problem umgehen kann. Lieber nimmt der Kranke bittere Medizin, als sich selbst oder seinen Maßstab, sein bisheriges Ziel, in Frage zu stellen. Oft ist er auch zu *schwach*, um sich gegenüber der Umwelt durchzusetzen. Die Beseitigung dieser Schwäche ist hier oberstes therapeutisches Gebot, um den Patienten aus seinem Zustand jahrelangen Hoffens auf irgendwelche *Medikamente* zu befreien, die das Wunder der Heilung bewirken sollten, ohne veränderte Einstellung zum Leben und ohne Änderung von Verhalten und schädlichen Gewohnheiten.

Der vielgerühmte *Placeboeffekt* der Arzneimittel bringt bei chronischen Krankheiten nur vorübergehende Erfolge.

Vorhin wurde von der *Hoffnung* gesprochen. Hoffnung, daß in Zukunft alles besser wird, ist der große *Trost* aller Unzufriedenen in unserer Gesellschaft.

Jede Woche hoffen Millionen auf den Lottogewinn, der sie aus der Tretmühle erlösen soll. Jeder hofft versteckt hinter all den anderen Hoffnungen und Wünschen, aus seinem verwunschenen Zustand *erlöst* zu werden, wieder ins Pradies zurück zu dürfen, die eigene Natur real leben zu dürfen. Doch Hoffnung beinhaltet häufig Passivität, Erwartung der Erlösung von außen – *Warten* auf ein *Wunder*. Leider muß dieses Wunder selbst vollbracht werden.

Viele hoffen auf ein besseres Leben im *Jenseits* als Entschädigung für ein frustrierendes Diesseits, um jetzt nicht Veränderungen vornehmen zu müssen. Wenn Glück, Freiheit, Gerechtigkeit und Leben nur in das Jenseits verlegt werden, wird eine Haltung befürwortet, die vor den Ursachen von Unglück, Leid, Krankheit und Tod die Augen verschließt und damit eine aktive Verbesserung im Leben des Individuums und der Gesellschaft verhindert. Auf diese Weise kann der Schein der Richtigkeit der bisherigen Normen und Ideale aufrechterhalten werden.

Symbolisch für diese *Scheinwelt* und des «So tun, als würde man leben» steht das *Fernsehen*, das den Menschen in eine passive, rezeptive Rolle drängt und ihn des eigenen Denkens, Sprechens und Handelns enthebt. Der Mensch ist hier immer nur Zuschauer, nie Teilnehmer. Nie darf er aktiv mitgestalten oder mitreden. Die Flimmerkiste *betäubt* und *benebelt* ihn und verstärkt damit seine Inaktivität und Lethargie. Ein *Ersatzleben* wird für Millionen frei Haus geliefert. Selbst die Akteure in den Fernsehfilmen spielen nur Rollen. Keiner lebt wirklich, weder der Zuschauer noch der Akteur. Sie dürfen alle nur vom Leben träumen. Diesen Traum vom Leben nutzt wiederum die *Werbung*, die geschickt gekoppelt mit dem zu vertreibenden Produkt eine paradiesische Insel, eine attraktive Frau, glückliche Kinder etc. einblendet. Und der Verbraucher kauft diese Produkte aufgrund unbewußter Assoziation. Er tröstet sich mit dem *Ersatz* für das Reale.

Wie bereits an anderer Stelle ausgeführt, bleibt die eigene Natur des Menschen durch das Über-Ich angstbesetzt. Die Kompensation dieser Angst ist der Traum vom Leben. Angst und Tagtraum (im Unterschied zum Traum während des Schlafs) stehen komplementär zueinander. Beide sind nicht real. Sie sind die Folge der Lebensverleugnung in einer entfremdeten Arbeitswelt und in einer Kultur des Ersatzes. Ableger der Tagträume sind die *Wünsche*. Tagtraum und Wunsch sind die Kompensation bzw. das Komplementärbild einer Schwäche oder eines Defizits. Anstatt diese Schwäche zu überwinden oder das Defizit aufzufüllen, werden sie meist via Tagtraum und Wunsch ausagiert. Tagtraum und Wunsch lassen somit die zugrundeliegende Schwäche oder das Defizit nicht mehr erkennen. Man träumt von dem und wünscht sich das, was nur noch *symbolisch* die Schwäche, das Defizit oder die Angst kompensiert. Würde z. B. eine Frau mehr Zärtlichkeit und Liebe erhalten, hätte sie nicht den Wunsch nach Süßigkeiten.

Wenn also Traum und Wunsch das symbolische Ausagieren von etwas sind, was fehlt oder wovon zuwenig vorhanden ist, so scheint die Lösung zunächst einfach zu sein. Das Problem liegt jedoch darin, daß die Schwäche, das Defizit oder auch die Angst nicht bewußt empfunden werden. Wäre dies der Fall, bräuchte man sie nicht unbewußt auszuagieren, sondern könnte etwas dagegen tun. Die Frau im obigen Beispiel könnte sich z. B. fragen, warum sie so wenig Zärtlichkeit und Liebe erhält. Solche Fragen sind oft mit seelischen Schmerzen verbunden, weil durch das Warum zwangsläufig viele *Zweifel* entstehen – Zweifel an der Richtigkeit des eigenen Verhaltens, Zweifel, ob man den richtigen Partner gewählt hat, Zweifel an den eigenen Maßstäben und Idealen oder gar Zweifel an den überlieferten Rollennormen der Gesellschaft.

Solche und andere seelische Schmerzen will das Über-Ich verhindern. Deshalb bleibt die Frau bei ihrem bisherigen Verhalten, das wenig Zärtlichkeit hervorruft, und ihr Wunsch nach Süßigkeiten wird chronifiziert (chronischer Wunsch = Sucht). Wünsche und Tagträume haben also die Eigenschaft, daß, wenn sie erfüllt werden, nach einiger Zeit wieder neue oder andere auftauchen. Die Befriedigung der Wünsche und Träume kann deshalb nie effektiv und dauerhaft glücklich machen, da sie immer nur Ersatz für etwas Reales sind. So ist das Leben im Patriarchat oft ein ständiges *Suchen* und *Hoffen*, weil man nur *symbolisch* sucht und hofft. Gewinner der Szenerie sind jene Industriezweige, die diese Symbole bzw. den Ersatz herstellen und vertreiben.

Sehr viele Menschen haben deshalb zeit ihres Lebens *falsch* gesucht und sind vom Leben enttäuscht. Sie haben sich mehr erhofft und erwartet; doch das, was sie unbewußt sich erwünscht hatten, war durch ihr Über-Ich tabuisiert. Es war unvereinbar mit Sitte und Moral, war unvereinbar mit Konvention und Tradition, war unvereinbar mit ihrem Ehrgeiz, unvereinbar mit Anstand und Treue, unvereinbar mit Stolz und Ehre...

Man hat Angst davor, was die Nachbarn oder Freunde sagen würden, und lebt weiter ein Leben gegen die eigene Natur. Die Freunde und Nachbarn aber haben dieselbe Angst, und so verhalten sich alle entsprechend den gesellschaftlichen Normen und Idealen.

Nur hin und wieder begegnet ihnen ein Clochard, ein Gammler oder ein Hippie quasi als Materialisation ihrer verdrängten Freiheit. Aus Angst werden dann diese Leute diffamiert und entwertet. Freilich repräsentieren Gammler, Clochard und Hippie nicht die ideale Lebensform. Sie verkörpern ja nur den verdrängten Wunsch nach Freiheit und nicht eine selbstverständliche Freiheit. Dementsprechend frönen sie auch meist dem Alkohol oder sind dem LSD, Haschisch oder Heroin verfallen. Sie brauchen ein Medium, um den Saturn aufzulösen, und zerstören sich durch dieses Medium selbst. Das Siechtum ist keine Alternative zum bisherigen Leben. Wieder andere geben vor, sie hätten schon den Traum ihes Lebens realisiert. Sie *schwärmen* von ihrer Traumehe, vom Traumurlaub, den sie jedes Jahr erleben. Ihre Bekannten und Verwandten lassen sich dabei oft bluffen und «erblassen» vor Neid.

Doch hinter den Kulissen sieht es oft ganz anders aus. Wenn etwas real ist, so *ist* es, und man braucht davon nicht ständig zu schwärmen. Mit dem Schwärmen wird meist die Angst übertüncht, es könnte nicht real sein. Man will künstlich einen Schein hochhalten und mittels des Scheins die Schwächen kompensieren. Man kann sich damit ständig beruhigen und besänftigen.

Doch dem Schein ist die Auflösung immanent. Eines Tages platzt die Seifenblase, und man steht vor dem Trümmerfeld der *Illusion*.

So sind bei Fisch – Neptun – Haus 12 immer drei Phasen zu beachten:

1. Phase
Schein, Heimlichkeit und Lüge, weil die Wahrheit mit dem eigenen inneren Maßstab oder mit dem Maßstab der Eltern oder Elternrollenspieler nicht vereinbar ist.

2. Phase
Auflösung von Schein, Entlarvung der Lüge.

3. Phase
Unangepaßtheit gegenüber dem inneren oder äußeren Maßstab.

Bisher wurde vorwiegend nur die verzauberte Seite des Fisch-Neptun-Haus-12-Prinzips beschrieben. Wenn die alte Astrologie beim Haus 12 von Krankenhaus (Haus 6 = Haus der Krankheit, Haus 12 = gemeinsame Krankheit [Krankenhaus]), Nervenheilanstalt, Gefängnis (Haus 6 = Anpassung, Haus 12 = gemeinsame Anpassung [Gefängnis]), Verbannung, heimliche Feinde, Einsamkeit etc. spricht, so hat sie dabei nur Erscheinungen dieser verzauberten Seite geschildert.

Die reale Seite des Fisch-Neptun-Haus-12-Prinzips hat solche negativen Auswirkungen nicht.

Das 12. Haus ist das 6. Haus des anderen und bedeutet deshalb: Reinigungsprozeß der Seele des anderen, Wahrnehmung und Ausdruck der Gefühle des anderen.

Wer den anderen seine Gefühle wahrnehmen und ausdrücken läßt und sie zu seinem Verhalten in Beziehung setzt, hat damit die neue Fähigkeit erworben, *Verantwortung zu zeigen*.

Indem viele autoritäre Eltern nicht zulassen, daß ihre Kinder Gefühle wie Aggression, Wut, Haß, Trauer etc. äußern, verschließen sie sich ihrer Verantwortung. Sie bringen die Reaktionen der Natur des Kindes mit ihren Maßstäben und ihrem Verhalten nicht in Beziehung. Sie haben sich damit selbst der Möglichkeit beraubt, ihr *Bewußtsein zu erweitern*, die *Welt jenseits dessen, was anerkannt ist*, was ihrem Maßstab von Gut und Böse entspricht, zu erfassen.

Ferner findet im 12. Haus der Ausdruck der *Rechte* statt, die im 10. Haus entdeckt und im 11. Haus angesammelt und gesichert werden. Das 12. Haus ist der *praktische Vollzug dieser Rechte*. Wer im Ausdruck seiner Rechte gehemmt ist, ist hilflos, schwach und ausgestoßen.

Der *Hilflose* zieht aufgrund von unbewußter psychischer Verflochtenheit den *Helfer* an.

Der Helfer ist ein Neptun-Kompensator. Indem er hilft, kompensiert er seine eigene Schwäche und Hilfsbedürftigkeit. Er verspürt in sich den Drang zu helfen, weil er unbewußt im Schwachen und Hilflosen einen Teil seiner selbst sieht. Er identifiziert sich mit dem anderen und versucht ihn aus seiner prekären Situation zu lösen.

Dabei übersieht der Helfer oft

a) daß die Hilfe auf den Hilfsempfänger zugeschnitten sein muß und nicht auf seine eigene Vorstellung

b) daß gerade durch die ständige Hilfe die Gefahr besteht, den anderen in seinem Zustand der Unselbständigkeit und Hilflosigkeit zu belassen bzw. ihn in seinem falschen Verhaltensmuster zu bestätigen, das Ausgestoßenheit, Schwäche, Armut, Krankheit, Leid etc. erwirkt und in dem immer wieder die Bitte um Hilfe enthalten ist.

Ahnungsvermögen
Wahrnehmung und Ausdruck
der eigenen Verantwortung
und der eigenen Rechte
Fähigkeit, aktiv sein Bewußtsein
zu erweitern
kosmische Fähigkeiten

Hemmung:
Hilfeempfänger
Angst
Unsicherheit

Kompensation:
komp. Helfen
Flucht
Sucht
Lüge, Schein

Entwicklungsprozeß:
Auflösungsprozeß von
alten Bewußtseinshaltungen
Wahrnehmung der Welt jenseits
dessen, was anerkannt ist und
was dem pauschalen Maßstab
entspricht, Weiterentwicklung
und Differenzierung der eigenen
Rechte und der eigenen
Verantwortung

Neptunsymbole

- Ahnung
- Alkohol
- Angst
- Anonymität
- Antenne
- Äther
- Attrappe
- Auflösung
- Ausgestoßenheit
- Aussichtslosigkeit
- Ausweichendes
- Beeinflußbarkeit
- Beichte
- Betäubung
- Betrug
- Blöße
- Chaos
- Ausdruck des Schicksals
- Degeneration
- Diffamierung
- Double
- Drogen
- Dubioses
- Einsamkeit
- Empfindlichkeit
- Entwertung
- Erlösung
- Ersatz
- Fähigkeit, Verantwortung zu zeigen
- Fähigkeit, die eigenen Rechte zu leben (kosmische Fähigkeit)
- Fata Morgana
- Ferne
- Fernsehen
- Film
- Flucht
- Fremdes
- Gas
- Gefängnis
- Geheimnis
- Getränke
- Grenzenlosigkeit
- Heimlichkeit
- Hilfskonstruktion
- Hilfe
- Hilflosigkeit
- Hoffnung
- Illegalität
- Illusion
- Intrigen
- Kapitulation
- Kosmos
- Krankenhaus
- Kur
- Lüge
- Maske
- Medikamente
- Medium
- Meer
- Minderheiten
- Minderwertigkeit
- Mitleid
- Mystik
- Narkose
- Nässe
- Nebel
- Obdachlosigkeit
- Ohnmacht
- Pervertiertes
- Phantasie
- Placebo
- Planlosigkeit
- Pose
- Provisorium
- Psychopharmaka
- Rauch
- Rausch
- Rauschgift
- Rollenspiel
- Röntgen
- Schein
- Schleier der Maja
- Schulden
- Schwäche
- Schwärmerei
- seelischer Schuttabladeplatz
- Sekten
- Sinnlosigkeit
- Slums
- Spiegel
- Stille
- Subkultur
- Surrogat
- Symbole
- Taufe
- Täuschung
- Trance
- Tränen
- Transzendenz
- Traum
- Trost
- Trostpflaster
- Trugschluß
- Übertünchung
- Unangepaßtes
- Unechtes
- Unerreichbares
- Ungenauigkeit
- Unkraut
- Unordnung
- Unsicherheit
- Verborgenes
- Verdrängtes
- Verleugnung
- Verschleierung
- Verstecktes
- Verworrenheit
- Wald
- Warten
- Wasser
- Werbung
- Wildnis
- Wunder
- Wunsch
- Zweifel

LEKTION III

Die Aspekte

Die Aspekte

Von den verschiedenen Winkelbeziehungen der Planeten zueinander sind insbesondere relevant:
1. die Opposition
2. das Quadrat
3. das Trigon
4. das Sextil
5. die Konjunktion

1. Die Opposition

= 180° (Orbis* bis 8°)
Disharmonie, Spannung, Konfrontation, Lernaspekt

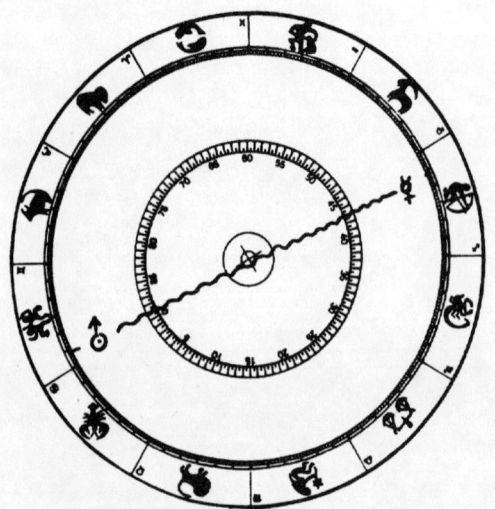

* *Orbis* nennt man den Wirkungskreis, den zwei oder mehr zueinander in Verbindung stehende Planeten haben. Dieser Wirkungskreis ist von den beteiligten Planeten und der Art des Aspekts abhängig. So gibt man den schnell laufenden Planeten Sonne, Mond, Merkur und Venus einen größeren Orbis (bis zu 10°) als den langsam laufenden. Da die Größe des Orbis von einer Reihe verschiedener Faktoren abhängt, sollte man hier etwaige Richtwerte sehr flexibel verwenden.

Eine Opposition teilt den Kreis in zwei gleiche Teile, die Planeten stehen sich dabei gegenüber. Zwei Persönlichkeitsanteile sind miteinander im Widerstreit. Dabei wird meist ein Persönlichkeitsanteil in der Projektion erlebt. Auf diese Weise besteht oft so lange ein Feindbild, bis dieser Baustein des Selbst integriert ist. Da eine Opposition immer ins Haus des anderen geht (z. B. von Haus 1 zu Haus 7 [= 1. Haus des anderen], von Haus 2 zu Haus 8 [= 2. Haus des anderen] usw.), wird die jeweilige Problematik durch die Gegenüberstellung stark akzentuiert.

Die Opposition treibt zur Bewußtwerdung.

2. Das Quadrat

= 90° (Orbis bis 8°)
Disharmonisch: Konflikt, starke innerseelische Spannung, Kampf

Das Quadrat ist deshalb schwierig zu lösen, weil der unterschiedliche Bedeutungsgehalt der Häuser (z. B. Quadrat von Haus 2 zu Haus 5) das Problem verschleiert und es oft lange nicht ins Bewußtsein treten läßt. Das Quadrat wird daher oft als Sisyphusaspekt bezeichnet.

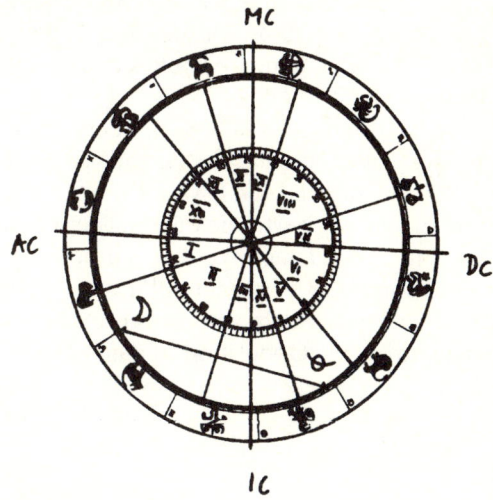

Anhand des Beispiels Mars/Saturn-Opposition bzw. -Quadrat sollen unter Berücksichtigung der Entwicklungsstadien des Saturns die für Opposition und Quadrat typischen Phasen beobachtet werden.

1. Phase Die Seele sucht sich die Elternsituation und die Zeitepoche, in der sie in ihrer Mars-Anlage gehemmt wird.

2. Phase Die Mars-Anlage wird von außen blockiert: Eltern, Lehrer und Umwelt hemmen (als Saturn-Faktoren) das Kind daran, aktiv zu werden, sich durchzusetzen, sich einzubringen, sich zu behaupten, in den Vordergrund zu treten.

3. Phase Die Blockade wird verinnerlicht: Schuldgefühle treten bei Aktivität, Durchsetzung und Selbstbehauptung auf.

4. Phase, Hemmung: Der Betroffene wird gemaßregelt und blockiert von anderen Personen, die auf neuer Symbolebene Eltern spielen (Übertragung), Selbstbetrafung bei Aktivität und Durchsetzung.

Kompensation: Der Betroffene maßregelt und blockiert Aktivität und Durchsetzung bei anderen, wird Elternrollenspieler.

5. Phase Das Leiden sowohl des Kindrollenspielers als auch des Elternrollenspielers wird bewußt.

6. Phase Zweifel an den alten Maßstäben setzen ein, Gewahrwerden dessen, was an den Normen falsch oder veraltet ist, Angriff auf die alten Maßstäbe, ständige Reproduktion der Blockierung in der Innen- und Außenwelt, um dagegen angehen zu können.

7. Phase Die Aggression läßt nach, Einsicht in die Aussichtslosigkeit, bei anderen etwas zu ändern, Auflösung der alten Maßstäbe in der eigenen Psyche.

8. Phase Erfahrungswerte, die während der Phase der ständigen Angriffe angesammelt wurden, werden für eine neue innere Rechtsordnung verwendet: Phase der Integration, Recht auf Aktivität, Recht auf Durchsetzung, Recht auf Selbstbehauptung. Die Opposition ist damit gelöst.

3. Das Trigon

= 120° (Orbis bis 7°)

Stark harmonisch: Freundschaft der Planeten, gegenseitige Unterstützung

Bei dem Trigon unterstützen sich zwei Persönlichkeitsanteile gegenseitig, z.B. Sonne im Haus-10-Trigon, Jupiter in Haus 2: aufgrund von ehrgeizigem Handeln hohes Sozialprestige. Der Trigonalaspekt ist glückreich und harmonisch, birgt aber die Gefahr in sich, daß der Horoskopeigner sich dabei nicht oder nur wenig weiterentwickelt. Er wird ja für sein Handeln oder

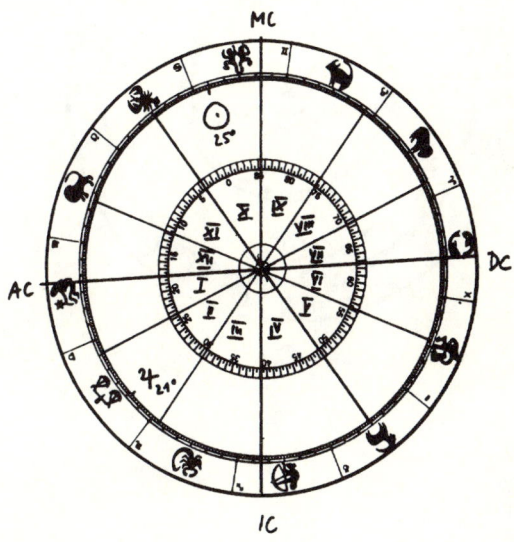

für seine Einstellung ständig von der jeweiligen Umwelt bestätigt und belohnt.

Deshalb gilt: Das Trigon ist kein Richtmaß dafür, ob eine Empfindung, ein Verhalten, eine Weltanschauung etc. richtig oder falsch sind, sondern lediglich die Widerspiegelung zweier Anlagen, die sich in einer bestimmten Zeitepoche gegenseitig fördern.

4. Das Sextil

= 60° (Orbis bis 5°)

Harmonisch: Freundschaft der Planeten

Das Sextil wirkt ähnlich wie das Trigon, jedoch ist die Wirkungsweise schwächer, die vorhandenen Fähigkeiten müssen mehr erarbeitet werden.

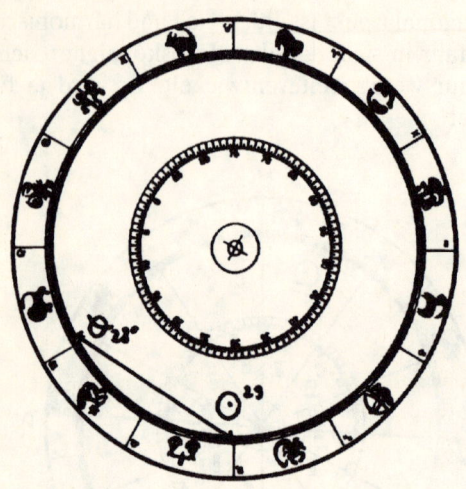

5. Die Konjunktion

(Orbis bis 12°)

Ob eine Konjunktion harmonisch oder disharmonisch wirkt, hängt von der Natur der Planeten ab, die sie bilden. Eine Konjunktion von Saturn und Venus oder Pluto und Mond z. B. wird daher – solange die Anlagen nicht entzaubert sind – immer Auswirkungen im Schicksal haben, die negativ empfunden werden. Eine Konjunktion zwischen Merkur und Venus oder Jupiter und Mond hingegen wird als angenehm erlebt.

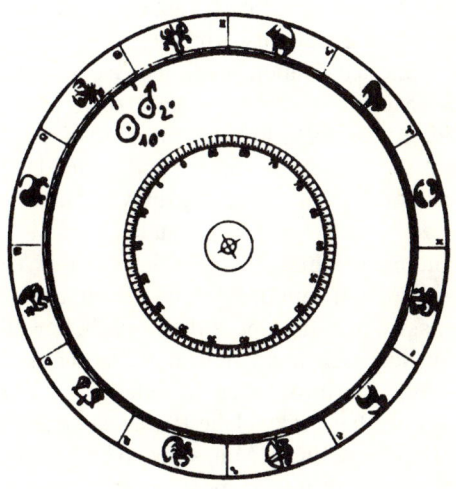

Deutungsbeispiel für Aspekte

Mond/Merkur (Fühlen, Empfinden – Sprechen, Intellekt)
  Konjunktion Harmonischer Zustand, Gefühl und Intellekt gehen d'accord, z. B., man spricht, wie man fühlt.
  Trigon Stark harmonisch, Seele und Intellekt fordern sich gegenseitig, keine Behinderung.

Sextil Freundschaft zwischen Seele und Intellekt, gegenseitige Ergänzung, keine Behinderung.

Quadrat Disharmonie zwischen Seele und Intellekt. Es kann dabei eine Diskrepanz bestehen zwischen dem, was gesprochen, und dem, was gefühlt wird. Der Kampf zwischen Intellekt und Gefühl kann zu einer Grundtendenz im Leben werden, wenn das Problem nicht erkannt wird.

Opposition Starke Spannung zwischen Seelenleben und Intellekt, z.B. Mond in Haus 1 in Opposition zu Merkur in Haus 7: Die eigene empfindungsmäßige Durchsetzung trifft mit der intellektuellen Durchsetzung des anderen zusammen. Da die Opposition ein Lernaspekt ist, muß in diesem Fall der Betreffende lernen, sein Gefühl intellektuell auszudrücken – ist dies gelungen, hat er nicht ständig die «Intellektuellen» in der Begegnung als Erleidensform!

Selbstverständlich können bei diesen Aspekten auch andere Mond- bzw. Merkur-Symbole eingesetzt werden. Entscheidend ist außerdem noch, in welchem Haus und in welchem Tierkreis sich die Planeten befinden und wohin das Trigon, die Opposition oder das Quadrat etc. geht, von Haus 5 zu Haus 9, von Haus 3 zu Haus 9, von Haus 7 zu Haus 10...

Jede Planetenbeziehung ist eine Thema mit Variationen, jeder Mensch hat eine andere Art, das Thema zu erschließen, aktiv oder passiv, praktisch oder theoretisch, bewußt oder unbewußt. Im Gespräch kann man das Thema andeuten und dann gemeinsam herausschälen, in welcher Art es sich bisher im Leben gezeigt hat und welche Richtung einzuschlagen ist, um Konflikte zu bereinigen. Man kann so Unbewußtes bewußt machen und Destruktives in positive, konstruktive Bahnen lenken.

Die Entstehung der Aspekte

Es wurde bereits an anderer Stelle dargelegt, daß die Seele des Kindes bei der Geburt kein unbeschriebenes Blatt ist, also keine «tabula rasa» darstellt, sondern bereits pränatal vorgeprägt wurde und daß diese Dispositionen postnatal geweckt werden.

Letzteres kann auf dem Weg der *Identifikation* mit relevanten Bezugspersonen geschehen, indem z.B. bestimmte Rollen erlernt werden. Eine Rolle erlernen heißt dabei u.a., die normativen Erwartungen der personalen Umwelt zu übernehmen und für die eigene Person als gültig anzusehen.

Vater und Mutter haben also eine Reihe bestimmter bewußter und unbewußter Erwartungseinstellungen, wie ein Kind sein, wie es werden und welchen Sinn und Zweck (Kinderwunschmotiv) es für sie haben soll. Diese Erwartungen setzen bereits während der Schwangerschaft ein und begleiten das Kind auch nach seiner Geburt durch seine ganze Entwicklung.

Wenn z.B. ein Kind als Junge erwartet wird, aber als Mädchen zur Welt kommt, so kann es sein, daß es dennoch versucht, dieser Erwartung zu entsprechen, indem es sich dann besonders burschikos gibt.

Die Eltern formen durch kleinste Reaktionen auf kindliche Gedanken, Handlungen das kindliche Denken und Verhalten auf den verschiedensten Lebensgebieten (Zeigen von Gefühlen, Erotik, Meinungsbildung etc.) nach diesen ihren Erwartungen, oder sie veranlassen unbewußt das Kind auch umgekehrt, sich konträr zu diesen Erwartungen zu verhalten und zu entwickeln. Das Kind wird damit in eine Rolle gedrängt, die seiner eigenen Wesensart, seinen eigenen Anlagen und Möglichkeiten häufig nicht entspricht.[27]

H. E. Richter nennt die dem Kind aufgedrängte Rolle eine «traumatische» Rolle; traumatisch deshalb, weil sie, gleich dem körperlichen Trauma, das seelische und vor allen das affektivsoziale Gleichgewicht des Kindes stört. Diese seelische Wunde wird im Horoskop durch den Saturn symbolisiert.

Steht eine Anlage mit ihm in einem dissonanten Aspekt, so

kann sie bedeuten, daß fremde Maßstäbe bzw. die normativen Erwartungen von Eltern und Erziehern diese Anlage in ihrer natürlichen Entwicklung und Reifung hemmen. Gehemmt in diesem Sinne ist nicht nur eine Anlage, die durch Richtlinien, Gebote und Verbote eingeschränkt wurde, sondern auch eine Anlage, die der Betroffene durch den Lernmechanismus der Identifikation von signifikanten Bezugspersonen übernimmt (z. B. die Rolle als Gehemmter oder als Kompensator). Ein Kind lernt z. B. auf dem Weg der Identifikation mit dem Vater dessen aggressives Verhalten.

Als Kind verhält es sich mit seiner Anlage «Durchsetzung und Selbstbehauptung» bereits wie ein Elternteil, und als «Erwachsener» spielt es die Rolle weiter. Dieses erlernte Elternrollenspiel tritt anstelle eines echten Kindseins und eines echten Erwachsenseins dieser Anlage.

Nach der psychologischen Astrologie heißt Kindsein, die eigenen Anlagen zu entwickeln, damit sie als Erwachsener ausgereift zur Verfügung stehen.

Im vorher aufgezeigten Fall ist die Entwicklung der Anlage «Durchsetzung und Selbstbehauptung» durch die Übernahme der Rolle des Vaters, der seine Hemmung in der Durchsetzung und Selbstbehauptung durch aggressives Verhalten kompensiert, blockiert. Solange die übernommene Rolle beibehalten und für das eigene Wesen gehalten wird, besteht keine Möglichkeit, die eigene Individualität zu erkennen und auszubilden.

Die Saturn-Aspekte

Hinter jeder Konstellation, die im Horoskop steht, verbirgt sich ein Symptomenkomplex. Es würde den Rahmen dieses Buches sprengen, nunmehr auf jeden Aspekt in differenzierter Form einzugehen.

Nachfolgend möchte ich deshalb nur speziell die disharmonischen Saturn-Aspekte beschreiben, insbesondere um die Bedeutung des Saturn für innerseelische Konflikte evident zu machen. Dabei will ich versuchen, zum einen einen kleinen Überblick über die komplexe Thematik der Aspektdeutung zu vermitteln, zum anderen aber eine Leitlinie herauszuschälen, an der sich der einzelne bei der Deutung von Problemkonstellationen orientieren kann (eine Problemkonstellation ist jeder Aspekt, der dissonanter Natur ist, also jedes Quadrat und jede Opposition, aber auch jede ungünstige Konjunktion). Auch kann der Leser aus der Beschreibung der Saturn-Aspekte auf andere Aspekte schließen. Er kann z. B. bei einem Aspekt Mond – Quadrat – Mars versuchen, die Symbole von Mond und Mars zu mischen, um auf diese Weise zu sehen, welche Kombinationen möglich sind. Im übrigen seien demjenigen, der sich eingehender hiermit auseinandersetzen und auch Horoskope von anderen Menschen deuten möchte, Kurse empfohlen, in denen gelernt wird, Fehldeutungen weitgehend zu vermeiden.

Die disharmonischen Saturn-Aspekte wurden zum besseren Verständnis in manchen Fällen bewußt etwas überzeichnet. Hinzu kommt, daß jeder Aspekt isoliert beschrieben wird, d.h., er wurde aus dem Zusammenhang des Horoskops genommen. Zwangsläufig müssen daher die Tierkreiszeichen, in denen die Planeten stehen, sowie andere Konstellationen, die den betreffenden Aspekt entschärfen würden, außer acht gelassen werden. So wirkt z. B. ein Quadrat oder eine Opposition bei weitem nicht so einschneidend, wenn der Aspekt durch ein Trigon oder ein Sextil entspannt ist, und auch manches Tierkreiszeichen vermag eine problematische Planetenstellung abzuschwächen. Dehalb wird sich mancher mit den im folgenden beschriebenen Konstellationen nicht vollends identifizieren können. Er wird vielleicht sagen, daß er sich bei der betreffenden Konstellation nur in einigen Zügen wiederfindet, während die übrigen Ausführungen für ihn nicht zutreffend zu sein scheinen. So wirkt etwa ein Saturn, der im Tierkreiszeichen Wassermann steht, anders als einer, der in der Jungfrau steht. Kurzum, es sind nur Tendenzen, die ich aufzeigen kann – und nicht etwa Feststehendes, Unverrückbares, da das Leben sich nicht in ein festes Schema zwängen läßt. Die folgenden Tendenzen sollen aber jedem die Gelegenheit geben, den Aspekt entsprechend seiner individuellen Struktur abzuwandeln und so lebendiger werden zu lassen.

Und noch etwas: Wie auch immer die Schwierigkeit gelagert sein mag – sie kann nicht so schwierig sein, daß sie nicht überwunden werden könnte. Es gibt also keinen Grund zum Verzagen. Im Gegenteil: In jedem Konflikt liegt eine ungeheure Chance zur Weiterentwicklung und Reifung. Jede Schwierigkeit, die den einzelnen lange Zeit durchs Leben begleitet hat, macht erfahrener und bewußter.

Viele Aspekte werden deshalb durch das Leben geheilt. Und gar mancher wird bei der Beschreibung der einen oder der anderen Konstellation bemerken, daß dies eine Problematik war, die ihn früher belastete, die jedoch für ihn heute nicht mehr zutreffend ist.

Auch die Beschreibung der Entstehung von Saturn-Aspekten zeigt jeweils nur Tendenzen auf, dabei kann eine Tendenz die andere aufheben oder verwischen. Hier und auch bei den Auswirkungen in der Partnerschaft kann erst das Gesamtbild der psychischen Struktur des Horoskopeigners Aufschluß darüber geben, wie ausgeprägt eine Planetenverbindung wirkt und auf welcher Symbolebene sie sich abspielt.

Um den roten Faden beizubehalten, habe ich die einzelnen Saturn-Aspekte in die gehemmte, kompensatorische und die erwachsene Form aufgegliedert.

Dabei ist wichtig, sich noch einmal vor Augen zu halten, daß der *Saturn in der Verzauberung*

1. eine Anlage in eine Rollennorm zwängt, die von der Familie, vom Milieu, von der Kultur oder von der Zeitepoche aufgestellt wird;
2. den *Akt der Verdrängung darstellt*: so wird
   - bei Mars/Saturn immer wieder die eigene Durchsetzung
   - bei Venus(–Stier)/Saturn immer wieder der eigene Lebensstil, der eigene Genuß und der eigene Wert der Person
   - bei Merkur(–Zwilling)/Saturn immer wieder der eigene Ausdruck und das eigene Interesse
   - bei Mond/Saturn immer wieder die eigene Empfindung

und die seelische Eigenart bzw. die Identitätsfindung
- bei Sonne/Saturn immer wieder die Selbständigkeit, das eigene Handeln und die Selbstverwirklichung
- bei Merkur(–Jungfrau)/Saturn immer wieder die Wahrnehmung und das Zeigen der eigenen Gefühle
- bei Venus(–Waage)/Saturn immer wieder der eigene Geschmack, die eigene Art, sich zu freuen und zu lieben
- bei Pluto/Saturn immer wieder die Bildung einer eigenen Meinung
- bei Jupiter/Saturn immer wieder die Wahrnehmung von eigenen Ideen und die Weiterentwicklung einer eigenen Art der Partnerbeziehung
- bei Uranus/Saturn immer wieder die eigene Freiheit und
- bei Neptun/Saturn immer wieder die Wahrnehmung der eigenen Rechte und der eigenen Verantwortung verdrängt;
3. die seelische Wunde ist;
4. *Schuldgefühle* erzeugt (z.B. Schuldgefühle bei eigener Empfindung oder beim Ausleben von eigener Freiheit);
5. eine *Selbstbestrafungstendenz* symbolisiert (z.B., wenn sich der einzelne straft, weil er die Rollennorm auf einem Lebensgebiet übertreten hat);
6. Ursache des Wiederholungszwangs ist;
7. eine *Abwehr*, die als Schutz für die seelische Wunde fungiert, verursacht;
8. ein *Informationsdefizit* in bezug auf die jeweilige Anlage hervorruft:
Die jeweiligen Rollennormen und Ideale bedingen eine einseitige Ausbildung der Anlagen. Diese Einseitigkeit setzt sich auch auf der gesellschaftlichen Ebene fort, wo auf fast allen Lebensgebieten nur eine einzige Möglichkeit anerkannt und als normal angesehen wird und andere Möglichkeiten ausgeklammert werden (einseitige Information). So gilt z.B. die Schulmedizin als die Medizin schlechthin, obwohl dabei weitgehend Naturmedizin, Psychoanalyse und Psychosomatik ausgeklammert werden oder diesen Disziplinen nur ein untergeordneter Stellenwert beigemessen

wird. Auf diese Weise wird nur ein Teil der Wirklichkeit wahrgenommen, während andere Teile abgewehrt werden. Ähnliches läßt sich auch in der Landwirtschaft feststellen: Hier gilt nur die Kunstdünger-Insektizid-Pestizid-Wirtschaft als normal, während die biologische bzw. die biologisch-dynamische Anbauweise nur in geringem Umfang gepflegt wird;
- 9. *Lebenskrisen* bringt: z. B., daß das bisherige Ideal oder die Rollennorm, nach der man gelebt und die das eigene Denken und Verhalten motiviert hat, durch das Schicksal in Frage gestellt wird und schließlich zerbricht.

Jede Anlage, die mit dem Saturn einen dissonanten Aspekt bildet, ist schicksalmäßig (karmisch) belastet. Das Schicksal des einzelnen aber wird entscheidend von den Normen und Idealen mitbestimmt, die jeder zu leben, zu übertreten oder zu umgehen versucht. Der Prozeß, während dessen bei einer Anlage die Maßstäbe gesetzt werden, und der Prozeß, in dem die Maßstäbe angestrebt und schließlich erlitten werden, und der Prozeß der Befreiung und der Auflösung dieser Maßstäbe ist der Entwicklungs- und Schicksalsweg, den der einzelne mit dieser Anlage zu gehen hat. Vorwiegend über den Weg des Erleidens erweiterte bisher der Mensch sein Bewußtsein. Über diesen Weg des Erleidens der Norm und des Fremdartigen wird die eigene Anlage bewußt.

Je länger die *Verantwortung* für das eigene *Schicksal* verleugnet wird, je länger also das Schicksal nicht als Feedback auf die jeweils angewandten Maßstäbe gesehen wird, je länger abgewehrt und Schuld projiziert wird, desto langsamer vollzieht sich die Entwicklung und Reifung der eigenen Persönlichkeit, und desto länger ist man immer wieder mit denselben oder ähnlichen «Schicksalsschlägen» konfrontiert.

Mars – Saturn

Wie man Aggressionen abbauen kann

bei Opposition, Quadrat, Konjunktion, auch bei Saturn in Haus 1, Mars in Haus 10, Saturn im Widder und Mars im Steinbock.

Entstehung:

Das Mars/Saturn-Kind ist in seiner Energie blockiert. Seine Durchsetzung und Selbstbehauptung wird durch die Maßstäbe von Eltern und Erziehern gehemmt. Es kann sich nicht einbringen. Bedingt durch diese Blockade, muß die ursprüngliche physiologische Energie verdrängt werden. Durch diese Verdrängung entsteht dann die pathologische Aggression, die entweder in der Hemmung erlebt wird (indem die betreffende Person angegriffen wird oder indem sich die Aggression im Körper manifestiert – Autoaggression) oder in der Kompensation ausagiert wird, indem man selbst zum Aggressor wird.

In vielen Fällen wird auch über den Weg der Identifikation aggressives Rollenverhalten erlernt.

Hemmung:

Da der Mars/Saturn-Typ von frühester Kindheit an gewöhnt ist, gehemmt zu werden, will er unbewußt immer wieder diese Gefühle der Hemmung reproduzieren. Unbewußt sucht er wieder gerade den Vorgesetzten, den Partner, die Umwelt auf, die ihn in seiner Durchsetzung hemmen. Er hat ein Schuldgefühl, wenn er sich einbringt oder wenn er Vorschläge macht, und wird dafür gemaßregelt. Und er ist dagegen machtlos, weil wie damals als Kind sich der Elternrollenspieler im Recht glaubt oder von einer höheren Position aus operieren kann.

Aus diesem Grunde werden die dadurch entstehenden Aggressionen meist somatisch ausgelebt. Das ständige Zurückhalten der Aggressionen bewirkt Kopfschmerzen, die sich bis zu Migräneanfällen steigern können.

Die vasomotorischen Vorgänge bei der Migräne veranschaulichen das den ganzen Menschen erfassende Verkrampfen, Andrängen und Stauen der abgewehrten Aggression. Der Mars/Saturn-Typ lebt dabei im Widerstreit zwischen den Ansprüchen einer aggressiven Durchsetzung und einer starken Abwehr, wobei die Hemmung von ihm selbst ausgehen kann (via Über-Ich) oder von außen aufgezwungen wird. In dieser Ambivalenz kommt es zu Frustrationserscheinungen, die u. a. eben in Kopfschmerzen zum Ausdruck kommen.[4]

Die verdrängte Aggression bei Mars/Saturn kann aber auch Rückenschmerzen, Knochenbrüche, Gallenbeschwerden, Entzündungen und Fieberschübe verursachen.

Kompensation:

Bei der Mars/Saturn-Kompensation muß unterschieden werden zwischen einer Kompensation mit Saturn und einer Kompensation mit Mars.

Kompensation mit Saturn:

Hier indenfiziert sich der Mars/Saturn-Typ mit dem kollektiven Maßstab von Gut und Böse, mit den derzeit gültigen Normen und Geboten und maßregelt von dieser Position aus all diejenigen, die dagegen verstoßen. Der Mars/Saturn-Typ ist damit zum Elternrollenspieler geworden und gibt die Hemmung, die er als Kind erlitten hat, weiter – entweder seinen Kindern oder gegenüber anderen Personen, denen er die Rolle des Kindes zuweist. Er sieht unbewußt sich im anderen als Kind und maßregelt sein «Kindheits-Ich» im anderen. Doch wird er nur dort mit seinen überpersönlichen Maßstäben disziplinieren können, wo ein Defizit an Recht vorliegt. Wer in sich einen eigenen ethischen Maßstab begründet hat, wird kaum für ihn als Objekt in Frage kommen. Derjenige, der mit dem Saturn kompensiert, kann aber auch mit dem zusammenprallen, der mit dem Mars kompensiert. Eine solche Konfrontation endet meist im Streit.

Kompensation mit Mars:

Wer mit dem Mars kompensiert, sucht in der Außenwelt unbewußt Situationen auf, wo er gehemmt wird, um damit die Situationen seiner Kindheit zu wiederholen. Im Gegensatz zum Gehemmten wagt er jedoch, den Elternrollenspieler anzugreifen. Er sieht unbewußt im anderen seine Eltern und holt somit im Erwachsenenalter seine Trotzphase nach, die damals als Kind nicht durchlebt werden konnte. Endlich kann er es den Eltern zeigen, endlich kann er contra geben.

Zum Problem wird diese Situation jedoch, wenn der einzelne zu lange in dieser «Trotzphase» verweilt, jede Begegnung nur als Kampffeld ansieht und ständig weiterkompensiert (so als wäre die Hemmung immer noch da), ohne jemals ans Ziel zu gelangen. Er reproduziert so ständig die aggressiven Gefühle der Vergangenheit. Er greift immer und immer wieder Personen an, die ein ähnliches Verhalten oder ähnliche Einstellungen an den Tag legen, wie es seine Eltern getan haben; und wenn gerade keine entsprechenden Personen greifbar sind, werden Situationen mit Eltern und Elternrollenspielern (Elternübertragung) der Vergangenheit erzählt oder in die Zukunft projiziert, um wieder Aggressionen loswerden zu können.

Die Hemmung wird immer wieder in der Seele entwickelt, sie wird «herbeigezaubert», d.h. in der Außenwelt unbewußt angezogen, oder man erinnert sich ständig an sie und empfindet dabei die aggressiven Gefühle der Vergangenheit. Eine andere Möglichkeit, mit dem Mars zu kompensieren, besteht für Männer, wenn sie dem Idealbild der Kultur von Männlichkeit und Stärke zu entsprechen vermögen. Frauen, die Mars/Saturn im Horoskop aufweisen, erleben diese Konstellation oft in der Projektion. Sie suchen nach einem starken männlichen Mann, der ihre Durchsetzungshemmung kompensiert.

Synthese (Lösungsmöglichkeit):

Mars und Saturn müssen Partner werden. Der Mars/Saturn-Typ muß sich bewußt werden, daß der Maßstab, der ihn einmal an seiner Durchsetzung hemmte, heute nicht mehr gültig ist.

Aus diesem Grunde braucht er sich nicht mehr hemmen zu lassen und braucht auch nicht mehr ständig gegen die Hemmung anzukämpfen oder ständig andere zu hemmen.

Er weiß, er hat ein *Recht* darauf, sich einzubringen, sich durchzusetzen, sich zu behaupten. Die Hemmung ist nicht mehr existent. Es steht jetzt in der Gegenwart. Seine Reaktion ist wirklichkeitsadäquat. Wirklichkeitsadäquat heißt, der Situation und den Umständen gemäß zu reagieren und seine eigene Meinung und seinen Standpunkt sofort klarzulegen. Auf diese Weise muß das eigene Mars-Prinzip nicht verdrängt werden und verliert dadurch seine destruktive Wirkung. Die Aggression muß sich dann nicht mehr eines Tages wegen eines geringen Anlasses (inadäquat) explosionsartig entladen.

In diesem Zusammenhang muß jedoch erwähnt werden, daß dies oft ein langer Entwicklungsprozeß ist; denn die anderen wollen ihn anfangs noch weiter in der alten Rolle sehen. Insbesondere hat derjenige, der früher Kindrollenspieler war, zunächst mit einem verstärkten Widerstand und u. U. mit massiven Angriffen der Elternrollenspieler zu rechnen.

In dieser Phase muß er sich bewußt sein, daß der Elternrollenspieler seine Kindrolle braucht, um die übergeordnete Position zu behalten, sowie daß jener sich in der Vergangenheit befindet und deshalb zwangsläufig danach trachten muß, ihn ebenfalls wieder dorthin zu drängen.

Auf keinen Fall darf er dabei die Angriffe als negative Rückmeldung auf sein neues Verhaltensmuster werten.

Es ist wichtig für ihn, diesen Mechanismus zu durchschauen, um nicht wieder in die alte Rolle zurückzufallen.

Projektionen in der Außenwelt

das Militär	der Kletterer
der Chirurg	der Skifahrer
der Krieg	
der Streit	
der Bildhauer	
der Metzger	

Somatische Auswirkungen

Kopfschmerzen
Migräne
Knochenentzündungen
Knochenbrüche
Gallenbeschwerden
Entzündungen
Fieber

Auswirkungen in der Partnerschaft

Hemmung:

Der Mars/Saturn-Gehemmte zieht unbewußt einen Partner an, der ihn in seiner Durchsetzungsfähigkeit hemmt oder der seine Durchsetzungshemmung kompensiert. Im letzteren Fall sucht er einen Partner, den er wegen seiner Aktivität und Stärke bewundern kann.

Kompensation:

Der Mars/Saturn-Kompensator zieht unbewußt einen Partner an, bei dem er zeigen kann, wie gut er sich durchsetzen kann, wie aktiv und stark er ist. In manchen Fällen aber auch einen, den er aufgrund einer (in seinen Augen falschen) Aktivität maßregeln kann.

Krise:

Eines Tages hört der Mars/Saturn-Gehemmte auf, den Mars/Saturn-Kompensator zu bewundern. Er fühlt sich nun von ihm eingeengt und in seiner Selbstdurchsetzung gehemmt. In dieser Phase greift der Saturn-Gehemmte den Elternrollenspieler an. Es kann aber auch sein, daß sich der Mars/Saturn-Kompensator in seiner bisherigen Rolle, sich und eine andere Person durchsetzen zu müssen, erschöpft hat.

Erwachsene Form:

Der Mars/Saturn-Erwachsene hat seine Durchsetzungsfähigkeit ausgebildet. Er kann mit einem Partner zusammenleben, der wie er ein Recht auf Durchsetzung der eigenen Person empfindet und das Recht auf Durchsetzung des Partners respektiert.

Venus (Stier)* – Saturn

Wie man mehr Eigenwert gewinnen kann

bei Opposition, Quadrat, Konjunktion, auch bei Saturn in Haus 2, Venus in Haus 10, Saturn im Stier und Venus im Steinbock.

Entstehung:

Bei dieser Konstellation liegen oft während der Schwangerschaft finanzielle Schwierigkeiten vor. Aber auch Hemmungen in bezug auf Status und Prestige können vorkommen.

Bei Venus/Saturn wird oft das Kind in seinem Eigenwert geschmälert. Der Maßstab von Eltern und Umwelt besetzt den Eigenwert des Kindes; das Kind fühlt, daß es nur etwas wert ist und etwas gilt, wenn es dem Maßstab der Eltern Genüge leistet. Aus diesem Grunde kann sich kein individueller Eigenwert herausbilden. Auch später besteht die Gefahr, daß das Kind seinen Eigenwert daran mißt, inwieweit es den pauschalen Maßstäben der Umwelt entsprechen kann

Hemmung im Eigenwert und im Prestige:

Oft wird der Wert eines Menschen aufgrund seiner materiellen

---

* Die Venus im Horoskop eines Menschen ist eine Stier-Venus in bezug auf das Haus, dessen Spitze in das Tierkreiszeichen Stier fällt.

Güter, seiner Finanzen, seiner Titel und Ehren bestimmt. Aus diesem Grunde sind all diejenigen in ihrem Eigenwert gehemmt, die sich mit diesem allgemeinen Wertmaßstab identifizieren. So sind viele Menschen zeit ihres Lebens gehemmt, weil sie kein Abitur haben, das Universitätsstudium nicht abgeschlossen, nicht promoviert haben.

Und immer wenn jemand auftaucht, der Abitur, Diplom oder Promotion aufweisen kann, reißt ihre alte seelische Wunde wieder auf. Wenn nun bei Venus/Saturn der Eigenwert vom Über-Ich besetzt ist, so kann sich diese Problematik unter Umständen auf der körperlichen Ebene symbolisch im Haus- und im Rachenraum (Schwachstelle des Stier-Venus-Haus-2-Prinzips) zeigen; oft liegt hier eine körperliche Abwehrschwäche vor, die sich u. U. in häufigen Rachenentzündungen oder Mandelaffektionen äußert. Eine *Mandeloperation* ist aber in diesen Fällen nur Symptombekämpfung. Ist diese Hemmung im Eigenwert besonders stark, so kann sich bei dieser Konstellation auch ein blander Kropf* (Struma) bilden; damit hat die betreffende Person unbewußt einen Grund inszeniert, um gehemmt zu sein, bzw. das Struma stellt in diesem Falle ein körperliches Gleichnis für die innere Hemmung dar. Wie immer und überall wirkt auch hier das Prinzip der negativen Verstärkung.

Hemmung in der Abgrenzung und Sicherheit:

Eines der wichtigsten Momente einer gesunden Entwicklung liegt darin, dem Kind einen Eigenraum zuzugestehen. Das Kind braucht ein eigenes Zimmer, einen eigenen Raum oder wenig-

---

* Bei blanden Kröpfen muß unterschieden werden zwischen dem sporadischen Kropf und dem örtlich gehäuften Kropf, der auf bestimmte Gegenden beschränkt ist. Hier ist von einem sporadischen Kropf die Rede. In diesem Zusammenhang sei – um Mißverständnissen vorzubeugen – nochmals betont, daß die seelische Diagnostik kein Ersatz für die notwendige diagnostische Abklärung auf der körperlichen Ebene ist. Sie ist nur eine Ergänzung. Daher muß auch therapeutisch zweigleisig vorgegangen werden.

stens eine Ecke, wo es sich gegenüber der Umwelt abgrenzen und wo es sich sicher vor fremden Einflüssen fühlen kann.

Wenn diese Abgrenzung nicht gewährleistet ist, können die Eltern ständig das Kind beobachten und kontrollieren. Es muß dann zwangsläufig einen Lebensstil entsprechend den elterlichen Normen und Geboten entwickeln. Die eigene Sphäre wird damit entpersönlicht und gehemmt.

Als Folge davon ist später mit Rechtsschwierigkeiten zu rechnen – die insbesondere Besitzangelegenheiten betreffen.

Die Abgrenzungsschwierigkeiten können sich in mannigfacher Form äußern. So kann z. B. jemand mit seinem Auto nur dort einen (Grundstücks-)Zaun (der ein Symbol der Abgrenzung in der Außenwelt darstellt) beschädigen, wo beim Besitzer des Grundstücks Abgrenzungsschwierigkeiten bestehen. Solche Abgrenzungsschwierigkeiten können sich aber auch körperlich manifestieren, so etwa eine Halsentzündung als körperliches Gleichnis für die mangelnde Abgrenzung gegenüber einem Besuch, der nun schon die vierte Woche die eigene Sphäre verunsichert.

Hemmung im Genuß:

Wenn das Über-Ich (Saturn) das Venus/Stier-Prinzip belagert, ist die Genußfähigkeit gehemmt. Schuldgefühle machen sich breit, wenn man auf eigene Art genießt und nicht seinen Genuß nach der geltenden Norm ausrichtet. Der Venus/Saturn-Typ lebt daher ein Leben, wie es Eltern und Umwelt erwarten. Bei dieser Konstellation sind in der Kindheit meist Einschränkungen im Lebensstil zu verzeichnen, daher beschränkt sich später der Venus/Saturn-Typ selbst, er ist oft trotz Vermögens weiterhin sehr sparsam und glaubt aufgrund der frühkindlichen Erfahrungen auch weiterhin, sich verschiedene Dinge nicht leisten zu können. Er ist oft fälschlich der Ansicht, diese Dinge würden ihm nicht zustehen. Auch in der Sexualität besteht bei dieser Konstellation die Tendenz, Schuldgefühle beim körperlichen Genuß zu entwickeln. Der Genuß steht hier unter einem Verbot oder wird ständig einer strengen Kontrolle unterzogen.

Kompensation im Eigenwert und im Prestige:

Wer in seinem Eigenwert als Kind geschmälert wurde, kann einen enormen Ehrgeiz entwickeln und diese Hemmung ständig zu kompensieren trachten. So wird der eine mit dieser Kompensation vielleicht Reichtum anhäufen und glaubt unbewußt damit mehr wert zu sein, der andere wiederum versucht auf einer Abendschule das Abitur nachzuholen, um seine Hemmung auszugleichen; Reichtum und Reifezeugnis können aber die seelische Wunde nur überpflastern, jedoch nie effektiv heilen, denn die zugrundeliegende Hemmung bleibt bestehen.

Der Venus/Saturn-Kompensator hemmt unbewußt den Venus/Saturn-Gehemmten, indem er ihm seine Besitztümer (oft Antiquitäten) zeigt oder seine Titel und Ehren betont.

Kompensation in bezug auf Abgrenzung und Sicherheit:

Hier wird die Hemmung in der Sicherheit durch Abschluß von Versicherungen oder Kauf von Gold, Pfandbriefen, Grundstücken und Investmentpapieren etc. aller Art kompensiert. Der Venus/Saturn-Typ sucht nach dauerhafter Sicherheit. Doch die Sicherheit allein in einer allgemein anerkannten Geldanlage zu suchen bedeutet immer wieder, von außen verunsichert zu werden, da die Maßstäbe außen und damit das kollektive Bewußtsein Veränderungen unterworfen sind. So begleiten den Betreffenden ständig Ängste, die mit der gesellschaftlichen und wirtschaftlichen Entwicklung in Verbindung stehen. Hauptsächlich fürchtet sich der Venus/Saturn-Typ vor Geldentwertung und Enteignung. Tatsächlich werden bei dieser Konstellation auch häufig Grundstücksabtretungen (z.B. für eine Straße) beobachtet. Dies schmerzt hier besonders, weil der eigene Bereich, die eigene Abgrenzung nun wieder beschnitten wird.

Der Venus/Saturn-Kompensator fühlt sich nie sicher, deshalb versucht er ständig, seine Grenzen zu erweitern, ständig sein Territorium zu vergrößern, zieht Zäune, prozessiert um Geld und Besitz und kämpft um sein Recht. Viele Menschen mit der Venus/Saturn-Konstellation suchen aber auch ihre Sicherheit in der Projektion des Über-Ichs (in der Außenwelt) bei Vater Staat. Ihr innerer Saturn ist damit außen gebunden. Durch die Berufung in ein Beamtenverhältnis wird die Hemmung in der Sicherheit kompensiert.

Kompensation mit Genuß:

Eine Art der Venus/Saturn-Kompensation ist die Kompensation mit Genuß. Der Gourmet ist ein typischer Venus/Saturn-Kompensator. Auch der Weinkenner. Indem man nur die auserlesensten Speisen zu sich nimmt und beste Weine genießt, fühlt man sich «oben».

Dabei kann es sein, daß diese Rolle übernommen wird (wenn schon die Eltern Feinschmecker waren) oder aus einer Hemmung resultiert, z. B. weil im Elternhaus nur ein karger Lebensstil vorherrschte.

Synthese (Lösungsmöglichkeit):

Wenn die frühere Hemmung bewußt und als nicht mehr dem Jetzt angemessen erkannt wird, wagt der Venus/Saturn-Mensch, einen eigenen Bereich zu beanspruchen, in dem er er selbst sein kann, ohne sich ständig nach den Wertmaßstäben anderer zu richten. In der Praxis bedeutet dies, daß z. B. eine Mutter ihren Kindern klarmacht, daß sie auch ein Recht auf Eigenleben hat. Sie muß die Grenzen ihres Ich abstecken, die ihre Kinder respektieren müssen. Umgekehrt greift eine solche Mutter, die ihre eigene Sphäre beansprucht und bewahrt, auch nicht ständig in den Eigenbereich ihrer Kinder ein, so daß sich auch in jenen mehr Sicherheit und Eigenwert ausbilden kann.

Auf diese Art und Weise vollzieht sich eine Umkehrung des Maßstabs von Gut und Böse. War zunächst die Situation dadurch gekennzeichnet, daß die Mutter Schuldgefühle hatte, selbst zu genießen, Zeit für sich zu beanspruchen, so erkennt sie nach der Umorientierung ihrer Norm, daß sie genau dasselbe Recht auf Eigenleben wie ihre Kinder hat und daß sie umgekehrt Schuldgefühle haben müßte, ständig gegen ihr innerseelisches Venus/Stier-Prinzip zu verstoßen, was ihrer körperlichen, seelischen und geistigen Gesundheit schadet.

Wer in seinem Eigenwert gehemmt ist, wird ständig gehemmt werden. Und der Kompensator muß ständig andere hemmen, um zu verhindern, selbst gehemmt zu werden. Jeder der beiden will aber als Mensch anerkannt werden. Diese Anerkennung kann der einzelne jedoch nur erreichen, wenn er von der Anerkennung der anderen unabhängig geworden ist. Er strebt dann nicht mehr nach Anerkennung, sondern erkennt sich selbst an. Er weiß, die Hemmung war damals und ist heute nicht mehr existent. Indem er nicht mehr nach Anerkennung strebt, kann er Anerkennung erhalten – nicht mehr die gezwungene Anerkennung des Gehemmten gegenüber dem Kompensator –, sondern reale Anerkennung als Mensch und Partner.

Projektionen in der Außenwelt:

>Finanzamt
>Beamte
>Rechtsanwalt
>alte Besitztümer
>Antiquitäten
>Gourmet
>Diplom
>Promotionsurkunde
>Versicherungspolice
>Sparvertrag
>Notariat
>Bank oder Sparkasse

Somatische Auswirkungen:

>Hals- und Rachenentzündungen
>Mandelaffektionen
>Abwehrschwäche
>Kropf (Struma)

Auswirkungen in der Partnerschaft

Hemmung:

Der Venus/Saturn-Gehemmte sucht sich unbewußt einen Partner, der seine Hemmung im Eigenwert kompensiert, also entweder eine Person mit Vermögen oder mit einem hohen Sozialprestige. Möglich ist aber auch, daß sich der Venus/Saturn-Gehemmte unbewußt einen Partner aussucht, der ihn in seinem Eigenwert und Sozialprestige hemmt – einen Partner also, der nicht seinem Ideal entspricht, um so einen Grund zu haben, sich im Eigenwert gehemmt zu fühlen.

Kompensation:

Der Venus/Saturn-Kompensator war ursprünglich ebenfalls in seinem Eigenwert gehemmt. Ihm gelang jedoch die Kompensation mit Erwerb von Vermögen, einem Diplom, einer Promotion etc. Er sucht nun unbewußt einen Partner, der zu ihm aufschaut, für den er Ideal sein kann.

Krise:

Der Venus/Saturn-Gehemmte begehrt gegen den Elternrollenspieler auf. In dieser Phase kommt es meist zu Streitigkeiten über Vermögensangelegenheiten. Man schmälert sich gegenseitig im Wert (materiell, seelisch, geistig). Das bisherige Ideal zerbricht.

Erwachsene Form:

Der Venus/Saturn-Erwachsene empfindet sich selbst als wertvoll.

Er verbindet sich mit einem Partner, der sich ebenfalls wertvoll findet und ihn daher nicht in seinem Eigenwert zu schmälern braucht.

Merkur – Zwilling* – Saturn

Wie man sich besser informieren kann

bei Opposition, Quadrat, Konjunktion, auch bei Saturn in Haus 3, Merkur in Haus 10, Saturn im Zwilling, Merkur im Steinbock.

Entstehung:

Die Ausdrucksfähigkeit des Kindes ist bei dieser Konstellation blockiert. Das Kind wagt sich verbal und nonverbal nur im Rahmen der elterlichen Normen und Gebote auszudrücken. In manchen Fällen steht das Kind auch hier unter einem elterlichen Erwartungsdruck, so daß sich z. B. das natürliche Sprechvermögen nicht richtig oder nur verzögert entwickeln kann. Ferner wird hier meist das Kind an der individuellen Beobachtung und Erfassung der Umwelt gehindert. Wenn diese Fähigkeit bzw. dieser Prozeß genormt wird, wie es z. B. in der konventionellen Schule der Fall war und teilweise heute noch ist, wird das natürliche Lerninteresse des Kindes beeinträchtigt. Die Merkur-Anlage steht unter dem Druck des elterlichen und gesellschaftlichen Ideals, so daß das ursprüngliche natürliche Interesse, das der Merkur-Anlage ansonsten immanent ist, reduziert wird. Es wird vor allem aus Ehrgeiz gelernt, um Anerkennung in der Umwelt zu bekommen – Inhalte rücken damit in den Hintergrund.

Merkur/Saturn heißt also vorwiegend zu lernen, um dem hohen Anspruch, den die Eltern an das Kind legen, zu genügen.

Hemmung:

Die Merkur-Hemmung kann sich hier auf verschiedene Art und Weise zeigen – etwa in Form einer Legasthenie, in Form

---

* Der Merkur im Horoskop eines Menschen ist ein Zwilling-Merkur in bezug auf das Haus, dessen Spitze in das Tierkreiszeichen Zwilling fällt.

von Stottern oder in Form einer körperlichen Funktionshemmung (z. B. Hinken). Die Beweglichkeit ist vom Über-Ich besetzt. Der Merkur/Saturn-Gehemmte kann der Norm nicht entsprechen, weil er unter dem Druck dieser Norm steht. Die Hemmung kann aber auch in langsamem Reden zum Audruck kommen. Direkte oder spontane Stellungnahmen zu irgendwelchen Problemen sind nicht möglich. Man hat Angst, sich eine Blöße zu geben, Angst, etwas Falsches zu sagen, etwas, was negative Folgen nach sich ziehen könnte.

In einigen Fällen wagt man bei Merkur/Saturn nicht einmal, Mundart zu sprechen. Da die Übersetzung in die «höhere Sprache» Zeit beansprucht, kommen die Sätze nur langsam oder unter Einschaltung von langen Kunstpausen (Übersetzungspausen).

Bei Merkur/Saturn können Scham, Schuldgefühle oder Angst vor Strafe, Maßregelung oder Entwertung auch im Erwachsenenalter die verbale und nonverbale Ausdrucksfähigkeit, aber auch praktische Fähigkeiten hemmen.

Der Merkur/Saturn-Gehemmte verhält sich so, als ob die Situation der Vergangenheit, in der er im Sprechen und Schreiben unter der Kontrolle von Eltern und Erziehern stand, noch immer gegeben sei, verhält sich so, als ob der hohe Anspruch, den die Umwelt an sein Lernvermögen stellte, noch immer im Raum stünde.

Kompensation:

Hier schlägt der Pegel ins andere Extrem über. Auch der Merkur/Saturn-Kompensator lebt in der Vergangenheit. Unbewußt kämpft er ständig gegen die Hemmung in frühester Kindheit an und redet und redet, schreibt und schreibt, lernt und lernt...

Der ursprünglich in seiner Merkur-Anlage Gehemmte kann auf diese Weise auf den verschiedenen Gebieten, die der Merkur-Anlage entsprechen, eine besondere Präzision und Begabung entwickeln.

Andere wiederum kompensieren ihren Merkur, indem sie

mit Merkur-Belangen zu Elternrollenspielern werden – etwa als Lehrer oder als technische Führungskraft. Manche kompensieren auch mit Fremdwörtern, Fachausdrücken oder Begriffsbildungen. Sie wollen mit dem Merkur «oben» sein und hemmen damit diejenigen, die ihre Merkur-Anlage defizitär erleben. Bei Merkur/Saturn in der Kompensation identifiziert man sich mit dem, was gesellschaftlich anerkannt ist und was als einzig richtig hingestellt wird.

Indem der Betroffene seine Merkur-Fähigkeit nach dem pauschalen Maßstab ausrichtet, versucht er Anerkennung in der Umwelt zu erlangen.

Erwähnenswert ist noch, daß die Merkur/Saturn-Konstellation allgemein als Mathematikeraspekt angesehen wird.

Synthese (Lösungsmöglichkeit):

Der bisherige Maßstab wird in Zweifel gezogen. Neue Impulse können eindringen. Das Über-Ich verliert an Strenge. Die fremden Maßstäbe, nach denen sich der Horoskopeigner mit der Merkur/Saturn-Konstellation bisher richten zu müssen glaubte, werden durch einen eigenen Maßstab ersetzt. Dieser eigene Maßstab ist im Gegensatz zum fremden erfüllbar.

Die Lösung bei der Merkur/Saturn-Konstellation lautet also: sich bewußt werden, daß die Hemmung, die damals war, heute nicht mehr existent ist. Der eigene Maßstab, der für das Hier und Jetzt gilt, preßt die Merkur-Fähigkeit nicht mehr in das Schema der Eltern(rollenspieler), sondern läßt auch Informationen außerhalb des Herkömmlichen zu, außerhalb dessen, was Anerkennung und beruflichen Erfolg (Weiterbildung durch Fachliteratur etc.) bringt. Die Merkur-Anlage ist damit aus dem Kerker des alten Saturn ausgebrochen und ist nun frei verfügbar.

Die Hemmung fällt weg, da das unerreichbare Ziel, den fremden, pauschalen Maßstäben zu entsprechen, den einzelnen nicht mehr einschränken kann.

Projektionen in der Außenwelt:

    Schulbücher
    Lehrer
    Mathematiker
    Physiker
    Rhetoriklehrer
    Dolmetscher
    Naturwissenschaftler
    Legastheniker
    Presse

Somatische Auswirkungen:

    Bronchial- und Lungenleiden
    Kehlkopfleiden
    Störungen des Stimmapparates

Auswirkungen in der Partnerschaft:

Hemmung:

Der Merkur/Saturn-Gehemmte zieht unbewußt einen Partner an, der ihn in seiner Ausdrucksfähigkeit (z.B. im Reden) hemmt oder mit dem er seine Hemmung im Ausdruck kompensieren kann.

Kompensation:

Der Merkur/Saturn-Kompensator sucht unbewußt einen Partner, bei dem er mit Intellektualität, mit technischer und praktischer «Begabung» oder mit rhetorischem Können beeindrukken kann. Er will unbewußt in Merkur-Belangen die Elternrolle übernehmen und z.B. Kritik an der Aussprache, der Schreibweise oder an der praktischen Unbeholfenheit des anderen üben.

Krise:

Der Merkur/Saturn-Gehemmte fühlt sich vom Elternrollenspieler bevormundet.

Er versucht nun seinerseits, Kritik am Partner anzubringen.

Es kommt zu einem «Machtkampf», in dem jeder versucht, «oben» zu sein, recht zu haben.

Erwachsene Form:

Der Merkur/Saturn-Erwachsene bildet seine Ausdrucksfähigkeit aus und liiert sich mit einem Partner, der diese Anlage ebenso ausgebildet hat.

Mond – Saturn

Wie man Depressionen auflösen kann

bei Opposition, Quadrat, Konjunktion, auch bei Saturn in Haus 4, Mond in Haus 10, Saturn im Krebs, Mond im Steinbock.

Entstehung:

Die Mond/Saturn-Konstellation entsteht, wenn während der Schwangerschaft nur Empfindungen erlaubt sind, die der Norm entsprechen.

Meist identifiziert sich die werdende Mutter mit der traditionellen «Frauenrolle». Die Hemmung in der Ausbildung ihrer wirklichen weiblichen und seelischen Eigenart wird meist kompensiert durch überdimensionierten Ehrgeiz auf dem Feld, das herkömmlich der Frau zugedacht wird. U.U. kann dabei die Schwangerschaft überbewertet werden. Manchmal wird das Kind hier nur gewünscht, um der Mutter einen höheren Stellenwert in der Gesellschaft zu verschaffen.

Auch kann es sein, daß der Vater des Kindes der werdenden Mutter nur Zärtlichkeit entgegenbringt, um der aufgestellten Norm zu entsprechen.

Ferner: Wenn die Eltern einen «Stammhalter» erwarten, ist anzunehmen, daß das Kind bei einer Mond/Saturn-Konstellation zur Welt kommt.

Hemmung:

In der gehemmten Form ist der Mond, d. h. die Empfindung, die Seele, das Gefühl, von Rollennormen überlagert. Es darf hier nur so empfunden werden, wie es Eltern, Lehrer und Erzieher vorschreiben, später nur so, wie man zu empfinden hat; man wagt hier nicht, eine seelische Eigenart auszubilden, sondern empfindet entsprechend den Normen und Vorschriften der Umwelt. Daher besteht auch keine oder nur wenig Möglichkeit zur Ansammlung von Trieben und zum Gefühlsausdruck. Bei Frauen liegt daher bei diesem Aspekt eine Tendenz zu Frigidität und zur Hingabestörung vor. Es besteht ein moralisches Tabu, die Triebe und Gefühle sich weiterentwickeln zu lassen. Gefühle und Zärtlichkeiten werden begrenzt auf das, was von der derzeitigen Konvention und Sitte erlaubt ist, auf das, was als anständig gilt. Aus diesem Grunde wird z. B. Zärtlichkeit als tugendhaft und gut, Sexualität aber als unwürdig und unsauber betrachtet. Ein solches Festhalten an einem Prinzip (Haus 4), ohne das nächstfolgende Prinzip (Haus 5) zuzulassen, ist jedoch nicht natürlich. Das wäre genauso, wie wenn man Nahrung zu sich nehmen würde, weil man nur die Nahrungsaufnahme als moralisch betrachtet, aber die Zersetzung der Nahrung mittels Magensäure als unmoralisch. Da sich die psychische Konstellation auf der körperlichen Ebene widerspiegelt, besteht bei Mond/Saturn tatsächlich die Tendenz zu «Subacidität» des Magens und «Fermentschwäche» (W. Döbereiner).

Die Hemmung des Mond-Prinzips zeigt sich aber auch insbesondere darin, daß bei dem Mond/Saturn-Aspekt stets die alten Gefühle reproduziert werden.
Das Verharren in der Rolle des Kindes ist symptomatisch für Mond/Saturn (in der Hemmung). Gefühlsmäßig hält die Vergangenheit hier die Seele gefangen. In diesem Zusammenhang

muß auch erwähnt werden, daß der Gefühlspanzer i. S. von Wilhelm Reich ein Phänomen von Mond/Saturn ist. Da es unmöglich ist, kontinuierlich zu empfinden, wie der innere und äußere Moralkodex es vorschreiben, werden Menschen, deren Horoskopbild eine Mond/Saturn-Konstellation aufweist, bereits bei kleinen Übertritten von Geboten und Verboten mit Schuldgefühlen geplagt (Saturn = Schuld, Mond = Gefühl). Die Hemmung der seelischen Natur kann von der Person selbst aus gesehen oder von außen erfolgen, d. h., die Hemmung wird in der Projektion erlebt. Man sucht unbewußt Personen und Situationen auf, die hemmend und frustrierend auf das eigene Seelenleben einwirken. Deshalb gehören nicht nur endogen, sondern auch exogen bedingte Depressionen zum Mond/Saturn-Symptomkomplex. Da man bei dieser Konstellation ständig die alten Gefühle wieder erleben will und daher stets ein unbewußter Drang zurück in den Mutterleib besteht, will man in der Übertragung zurück zur Natur. Bei männlichen Horoskopeignern liegt die Tendenz vor, die Partnerin in die traditionelle Frauenrolle zu drängen. Jegliche Emanzipationsbestrebung von seiten des weiblichen Geschlechts macht dem Mond/Saturn-Mann angst, weil damit sein Geborgenheitsideal verunsichert wird. Indem er sich jedoch gegen die Emanzipation der Frau ausspricht, behindert er damit auch seine eigene seelische Entwicklung und Reifung.

In manchen Fällen bleibt das Mond/Saturn-Kind – bedingt durch den Drang, in der oralen Phase zu verharren – zu lange im Elternhaus oder bei der Mutter, oder der Lösungsprozeß von den Eltern erfolgt nur unter erschwerten Bedingungen. Der erwachsene Sohn, der sich mit 40 Jahren noch von seiner Mutter verwöhnen läßt, weist in seinem Horoskop – wie anzunehmen ist – eine Mond/Saturn-Konstellation auf.

Kompensation:

Während im gehemmten Zustand die Kindrolle vorherrscht, schlüpft man in der Kompensation in die Mutterrolle. Bei dieser Konstellation ist der eigene, innerseelische weibliche

Teil geprägt von der Vorstellung einer makellosen und reinen Mutter, die sich nur für die Familie und für die Kinder aufopfert, kurzum, die die konventionelle Rolle der fürsorgenden und pflegenden Mutter vollständig zu erfüllen weiß. Und für den Mond/Saturn-Mann erscheint es fast als Sünde, mit solch einer anständigen Frau, bei der er unbewußt der Ansicht ist, daß er sie gar nicht verdiene, sexuell intim zu werden. Er hat ein Schuldgefühl dabei, weil er ein Tabu übertritt. Dieses Schuldgefühl wird dadurch verstärkt, daß die Mond/Saturn-Frau nur wenig bei sexuellem Kontakt empfindet, so daß im Partner tatsächlich der Eindruck entsteht, er würde nur «nehmen». Dieses Schuldgefühl versucht er u. U. dergestalt auszugleichen, indem er sie versorgt, sie zum Essen einlädt oder ihr Blumen und Konfekt bringt. Dadurch entsteht wiederum in ihr unbewußt ein Schuldgefühl, so daß sie sich gezwungen sieht, sich hinzugeben, d. h., «es über sich ergehen zu lassen».

Aufgrund dieser Hingabestörung versucht sie diese Hemmung ersatzweise mit anderen Mond-Symbolen (Kind, Nahrung, Kleidung, Wohnung) zu kompensieren. So will sie Anerkennung und Ehre durch Mütterlichkeit erhalten. Darin liegt jedoch die Tragik der Mond/Saturn-Frau, daß sie, indem sie eine besonders gute Mutter sein will, oft zu einer Mutter wird, die ihr Kind psychisch erstickt. Die überdimensionierte Fürsorge und Zärtlichkeit läßt dem Kind keinen Freiraum mehr oder läßt es in der oralen Phase verweilen, d. h. hemmt es in seinem Verselbständigungsprozeß.

Ferner erwartet die Mond/Saturn-Frau unbewußt Anerkennung und Dank und begründet damit im Kind Schuldgefühle, weil das Kind außer sich selbst nichts zurückgeben kann. Da kein natürlicher Austausch stattfindet, sondern der Maßstab «Mütterlichkeit» dazu verwendet wird, die Hemmung zu kompensieren bzw. den Ehrgeiz zu stillen, ist die natürliche Symbiose zwischen Mutter und Kind zerbrochen.

Weil bei dieser Konstellation aufgrund sexueller Schwierigkeiten Zärtlichkeit überbetont wird, leidet die Mond/Saturn-Frau oft an einem Zärtlichkeitsdefizit. Ihr Maßstab ist in bezug auf Zärtlichkeit zu hoch angesetzt und nicht real. Er kann deshalb nie effektiv erreicht werden. Als Ersatz bieten sich deshalb Süßigkeiten an, deren Konsum bei diesem Aspekt zur Sucht ausarten kann. Männer erleben den Mond/Saturn-Aspekt als patriarchale Empfindung oder in der Projektion. Unbewußt betrachten sie die Frau als Kind und übernehmen bei ihr die Vaterrolle. So lassen z.B. Bezeichnungen wie «Baby», «Püppchen», «Mausi» u.a. den Schluß zu, daß ein Mann der Freundin oder Ehefrau die Kindrolle zuweist. Deshalb lehnen auch viele Mond/Saturn-Männer Frauen ab, die ihnen geistig ebenbürtig sind, weil sie hier nicht mehr als Beschützer oder als seelischer Halt fungieren können.

Synthese (Lösungsmöglichkeit):

Die Normen und Ideale dürfen sich nicht mehr gegen die Empfindung, gegen die Triebe, gegen die Gefühle, gegen die Natur aussprechen.

Eine echte Lösung der Mond/Saturn-Problematik kann sich jedoch erst dann herausschälen, wenn der Horoskopeigner wagt, seine seelische *Eigenart* auszubilden und den alten Maßstab von Gut und Böse in Frage zu stellen. Dieser Maßstab war als Kind für ihn gültig, ist aber heute größtenteils überholt, also nicht mehr seiner jetzigen Entwicklungsstufe und der kollektiven Entwicklungsphase adäquat. Er wird gewahr werden, daß jetzt die Bedingungen anders sind, daß der Maßstab seiner Eltern relativ war und nicht für alle Zeiten gültig ist.

Er braucht jetzt nicht mehr zu empfinden, wie es Eltern oder Umwelt vermeintlich von ihm erwarten. Durch die Ausbildung des *eigenen* Maßstabs, der nicht mehr pauschal und unpersönlich ist, sondern auf die eigene individuelle Seele und Entwicklung zugeschnitten ist, kollidieren Saturn und Mond nicht mehr. Proportional mit dem Fortschreiten dieses Entwicklungsprozesses lösen sich dann auch mehr und mehr die Depressionen auf. Die beiden Lebensprinzipien Saturn und Mond sind Freunde und Partner geworden. Je mehr dieser Prozeß der Synthese fortgeschritten ist, desto weniger wird die eigene Natur gehemmt, und desto weniger besteht der Drang, die Seelen der anderen mit dem alten pauschalen Maßstab von Gut und Böse zu hemmen und zu maßregeln.

Projektionen in der Außenwelt:

> Der Trachtenverein (Bewahrung [Saturn] der heimatlichen Eigenart [Mond])
> Die konservative Partei (Partei wird in der Übertragung als Mutter gesehen)
> Kirche
> Bund Naturschutz
> Alpenverein
> Priester (☽ = Seele)
> Heilpraktiker (☽ = Natur)
> Gynäkologe (☽ = Frau)
> Monokultur
> Ahnenreihe (Familientradition)
> konventionelle Schlafzimmer
> klassische Musik

Somatische Auswirkungen:

Trockene Schleimhäute, Lubricatio deficiens (Trockenbleiben der Vagina), Subacidität des Magens und Fermentschwäche (*W. Döbereiner*), Prostataleiden beim Mann und Unterleibsleiden bei der Frau, Verhärtungen in der weiblichen Brust, Krebs als Folge von jahre- und jahrzehntelanger materieller und psychischer Fremdbestimmung (Saturn).

Die Rückkehr in einen embryonalen Zellbildungsmodus (= Wesensmerkmal eines karzinomatösen Geschehens) ist die somatische Ausdrucksform der psychischen Problematik, bei der an einem Maßstab festgehalten wird, der der Vergangenheit angehört, also nicht dem Hier und Jetzt entspricht. Das Über-Ich läßt hier die biologische Energie nicht frei*; die eigene Natur wird erstickt (Synchronizität zwischen der seelischen Sauerstoffnot und dem Sauerstoffmangel auf zellulärer Ebene, der von Warburg entdeckt wurde).

Auswirkungen in der Partnerschaft

Hemmung:

Der Mond/Saturn-Gehemmte sucht unbewußt einen Partner, dem gegenüber er Schuldgefühle haben kann. Er sucht einen Partner, mit dem er seine Ungeborgenheit beseitigen und das Ideal eines glücklichen, intakten Familienlebens anstreben kann. Der Partner fungiert als seelischer Halt.

Kompensation:

Der Mond/Saturn-Kompensator zieht unbewußt einen Partner an, dem er Geborgenheit schenken kann. Da er aber selbst in sich ungeborgen ist, kann er sie nicht echt geben. Er spielt nur die Vater- oder Mutterrolle und gibt dem «Kind» scheinbar seelischen Halt.

Krise:

Der Mond/Saturn-Gehemmte ist vom Partner enttäuscht. Er fühlt sich stets von ihm in die Kindrolle gedrängt und seelisch eingeengt.

Der Elternrollenspieler hingegen ist enttäuscht, weil seine Bemühungen nicht honoriert und anerkannt werden. Er glaubt, der Kindrollenspieler sei undankbar. Beim Gehemmten und beim Kompensator beginnt das bisherige Ideal in bezug auf Familie und Heim zu zerbröckeln.

Erwachsene Form:

Der Mensch mit der Mond/Saturn-Konstellation wird sich über das bewußt, was *er selbst* empfindet. Er entdeckt seine seelische Eigenart und bildet seine Empfindungsfähigkeit aus. Er findet einen Partner, der wie er die Fähigkeit besitzt, seelische Liebe und Wärme zu empfinden, zu geben und zu empfangen.

---

* Vgl. auch Wilhelm Reich in *Der Krebs*: «Krebs ist eine Stagnation der biologischen Energie.»[28]

Sonne – Saturn

Wie man mehr Selbständigkeit gewinnen kann

bei Opposition, Quadrat, Konjunktion, auch bei Saturn in Haus 5, Sonne in Haus 10, Saturn im Löwen, Sonne im Steinbock.

Entstehung:

Hier sind meist die Handlungsfähigkeit, die Selbständigkeit und die Sexualität der Eltern eines Kindes normorientert. Dieser Maßstab wird nun später für das Kind verbindlich. Dadurch ist dessen Persönlichkeitsanteil Sonne in seiner natürlichen Entwicklung blockiert. Das Kind wird, solange dieses Problem nicht bewältigt ist, als Erwachsener entweder stets in seinem selbständigen Handeln gehemmt sein oder von außen darin gehemmt werden, oder es hemmt andere in ihrer Selbständigkeit, wenn es die Elternrolle in Sonnebelangen übernimmt.

Hemmung:

Der Sonne/Saturn-Gehemmte kann emotional nicht richtig aus sich herausgehen. Er hat unbewußt noch die Angst in sich, hierfür von den Eltern gemaßregelt zu werden. Wenn die Eltern nicht mehr anwesend sind, hemmt er sich selbst. Sein Lebenstrieb ist reduziert. Seine Emotionen sind gehemmt. Er hat die alten Maßstäbe von Eltern und Umwelt introjiziert und glaubt, sie seien auch heute noch gültig. Er eifert einem Ideal nach, das nicht nur unerreichbar, sondern auch veraltet und wirklichkeitsfremd ist.

Aufgrund dieses Ideals entsteht ein Perfektionsstreben auf dem Sektor des Handelns. Der Perfektionismus aber hindert und verzögert das Handeln. Auch die Fähigkeit, selbständig zu werden, bleibt vom alten Maßstab bzw. vom Über-Ich belagert. Man wagt sich nur im Rahmen der Normen der Familie, des Milieus oder der Kultur zu verwirklichen. Aber auch die

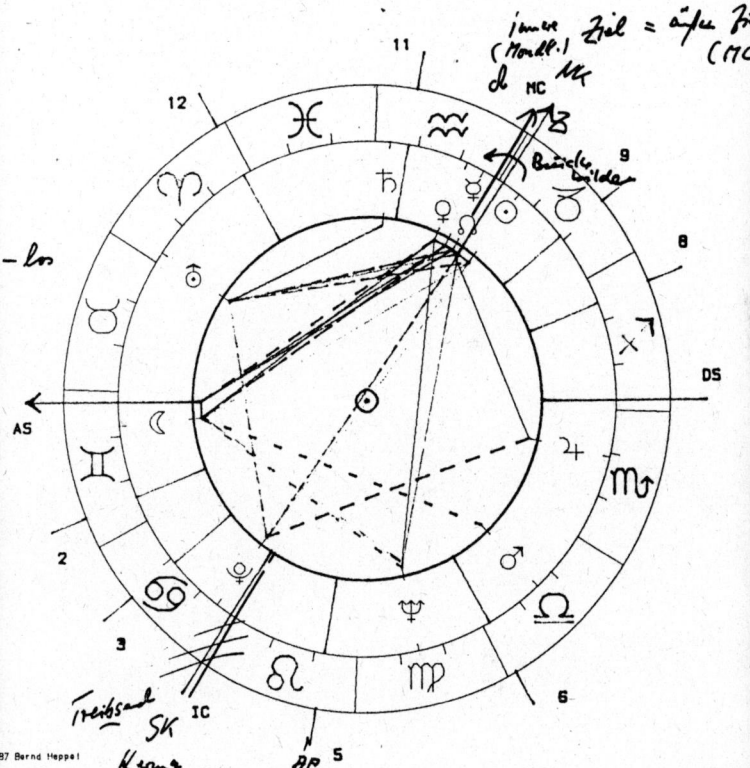

Sexualität kann bei Sonne/Saturn normorientiert und dadurch gehemmt sein.

Kompensation:

Die Hemmung in der Selbständigkeit und die sexuelle Hemmung wird kompensiert durch Ehrgeiz im Handeln, etwa durch Karrierestreben, besondere Leistungen im Sex. Man will es den Eltern zeigen, ja man schlüpft selbst in das Kleid der Eltern und handelt von ihrer Position aus. Man sucht hier Anerkennung durch Handeln, das allgemein idealisiert wird, zu erlangen. Indem der Sonne/Saturn-Kompensator sich im gesellschaftlichen Ideal zu verwirklichen sucht, verdrängt er dabei ständig sein ureigenstes Wollen, d.h. die Realisierung seines *Selbst*.

Synthese (Lösungsmöglichkeit):

Der einzelne erkennt, daß die, die ihn an seiner Selbstverwirklichung hindern, nur die Spiegelbilder seiner eigenen inneren Behinderung, seines alten Maßstabs sind. Da er sich nicht mehr mit dem alten Maßstab identifiziert, hält er auch davon Abstand, anderen auf dem Weg zu ihrem Selbst Knüppel zwischen die Beine zu legen.

Indem man einen eigenen Maßstab ausbildet, der der jetzigen Entwicklungsstufe entspricht, wird das Handeln, die Selbständigkeit und die Sexualität nicht mehr von einem Ideal, das es zu erfüllen gilt oder das in ferner Zukunft erreicht werden soll, eingeschränkt.

Endlich kann sich daher eine eigene Art, zu handeln, etwas zu unternehmen und sich zu realisieren, herauskristallisieren.

Projektionen in der Außenwelt:

    Schiedsrichter
    Herzspezialist
    Kavalier

Somatische Auswirkungen:

>Libidostörungen
>Herzbeschwerden
>Kreislaufstörungen (insbes. niedriger Blutdruck)
>(Hemmung [Saturn] von Herz und Kreislauf [Sonne])

Auswirkungen in der Partnerschaft

Hemmung:

Der Sonne/Saturn-Gehemmte sucht unbewußt einen Partner, der ihn in seiner Selbständigkeit und in seinem Handeln einschränkt.

Es kann aber auch vorkommen, daß hier Partner gesucht werden, die die eigene Hemmung im Handeln kompensieren, etwa wenn eine junge Frau unselbständig ist und Halt bei einem Sonne/Saturn-Elternrollenspieler sucht.

Kompensation:

Der Sonne/Saturn-Elternrollenspieler sucht einen Partner, bei dem er mit seiner Sonne-Anlage kompensieren kann. Hier kann er zeigen, wie selbständig oder wie handlungsfähig er ist.

Krise:

Der Sonne/Saturn-Gehemmte fühlt sich in seiner Selbständigkeit durch den Partner eingeschränkt. Er will endlich dem eigenen Maßstab gemäß handeln. Der Sonne/Saturn-Kompensator hingegen erschöpft sich in der selbst auferlegten Rolle, für zwei handeln zu müssen. Er fühlt sich frustriert, weil er es «nur gut meinte». Sein Handeln wird wieder nicht anerkannt.

Erwachsene Form:

Der einzelne bildet hier seine schöpferischen Fähigkeiten und seine Handlungsfähigkeit aus. Er verbindet sich mit einem Partner, der wie er selbständig und souverän ist.

Merkur – Jungfrau* – Saturn

Wie man die Seele reinigen kann

bei Opposition, Quadrat, Konjunktion, auch bei Saturn in Haus 6, Merkur – Jungfrau in Haus 10, Saturn in der Jungfrau, Merkur – Jungfrau im Steinbock.

Entstehung:

Der Ausdruck der Gefühle und der Empfindungen ist hier meist während der Schwangerschaft gehemmt. Auch nach der Geburt merkt das Kind, daß die Eltern ihre Gefühle in der Regel nur spärlich zeigen.

Die Wahrnehmung der eigenen Gefühle und Empfindungen ist blockiert. Das Kind verdrängt seine Wahrnehmungen, weil es u. U. Strafe oder Maßregelung befürchtet, wenn es seine wahren Gefühle oder Empfindungen zeigt.

Hemmung:

Da bei Merkur – Jungfrau – Saturn Gefühle zu zeigen von frühester Kindheit an verboten war (außer denen, die von Konvention und Sitte erlaubt oder vorgeschrieben waren), konnte sich die Fähigkeit zur Wahrnehmung von Gefühlen nicht oder nur spärlich ausbilden. Diese Problematik kann sich auch körperlich manifestieren – etwa in Form von Sehstörungen oder Gehörschäden. Das Über-Ich sitzt hier in den Sinnesorganen. Kurzsichtigkeit oder Schwerhörigkeit kann also die Folge einer Hemmung in der Wahrnehmung sein oder, anders ausgedrückt: Aufgrund des Verbotes der Wahrnehmung von Gefühlen inszeniert die Seele Kurzsichtigkeit oder Schwerhörigkeit, damit die Wahrnehmung gehemmt ist.

Eine genormte Wahrnehmung der Gefühle führt zwangsläufig zu einer Hemmung im Zeigen von Empfindungen. Wenn

---

* Der Merkur im Horoskop eines Menschen ist ein Jungfrau-Merkur in bezug auf das Haus, dessen Spitze in das Tierkreiszeichen Jungfrau fällt.

Gefühle nur entsprechend der Vorschrift gezeigt werden können, muß ein großer Teil der Gefühlswelt verdrängt werden. Die seelische Verschmutzung, die sich daraus ergibt, hat ihre körperliche Entsprechung in einer Verschmutzung des Darms. Obstipation (Verstopfung) als Folge der Hemmung, Gefühle zu leben, zeigt an, daß man seine natürlichen Bedürfnisse zu stark einschränkt.

Bei Merkur – Jungfrau – Saturn ist der notwendige Säuberungsprozeß gehemmt. Vielfach liegt deshalb auch eine Hemmung der Fähigkeit zu analysieren vor. Oft besteht eine Abneigung, Gefühle wahrzunehmen und zu analysieren, um das «Glück» nicht zu zerstören. Doch echtes Glück hält auch einer differenzierten Analyse stand bzw. stellt den Schein oder das Traumgespinst in Frage und führt dann zu einem realen Glück, das auf einer gesunden Basis steht.

Kompensation:

Wenn der ursprüngliche seelische Säuberungsprozeß gehemmt ist, kann es sein, daß man bei Merkur – Jungfrau – Saturn auf einer anderen Ebene diese Hemmung zu kompensieren versucht – etwa, wenn eine Hausfrau durch ständiges Reinmachen Anerkennung erlangen will oder ein Mann jeden Samstag sein Auto wäscht, um bei der Umwelt als ordentlicher und sauberer Mensch zu gelten. Hier wird also die Sauberkeit auf das Podest gehoben. Sauberkeit wird zum Maßstab, nach dem man sich selbst und andere bewertet. Die Hemmung in der Weiterentwicklung der seelischen Anlagen und im Gefühlsausdruck kann aber auch mittels Arbeit kompensiert werden. Die Norm hemmt das Zeigen der seelischen Eigenart, die Weiterentwicklung der eigenen Natur. Dadurch wird die eigene Natur versklavt – sie muß dem fremden Maßstab bzw. den Elternrollenspielern dienen. Der Merkur-Jungfrau-Saturn-Typ identifiziert sich mit dem pauschalen Maßstab und versucht mittels Arbeit und Dienen (unbewußt immer noch bei seinen Eltern) Anerkennung zu erlangen, oder er spielt selber «Eltern» und vollzieht das Leben seines Vaters oder seiner

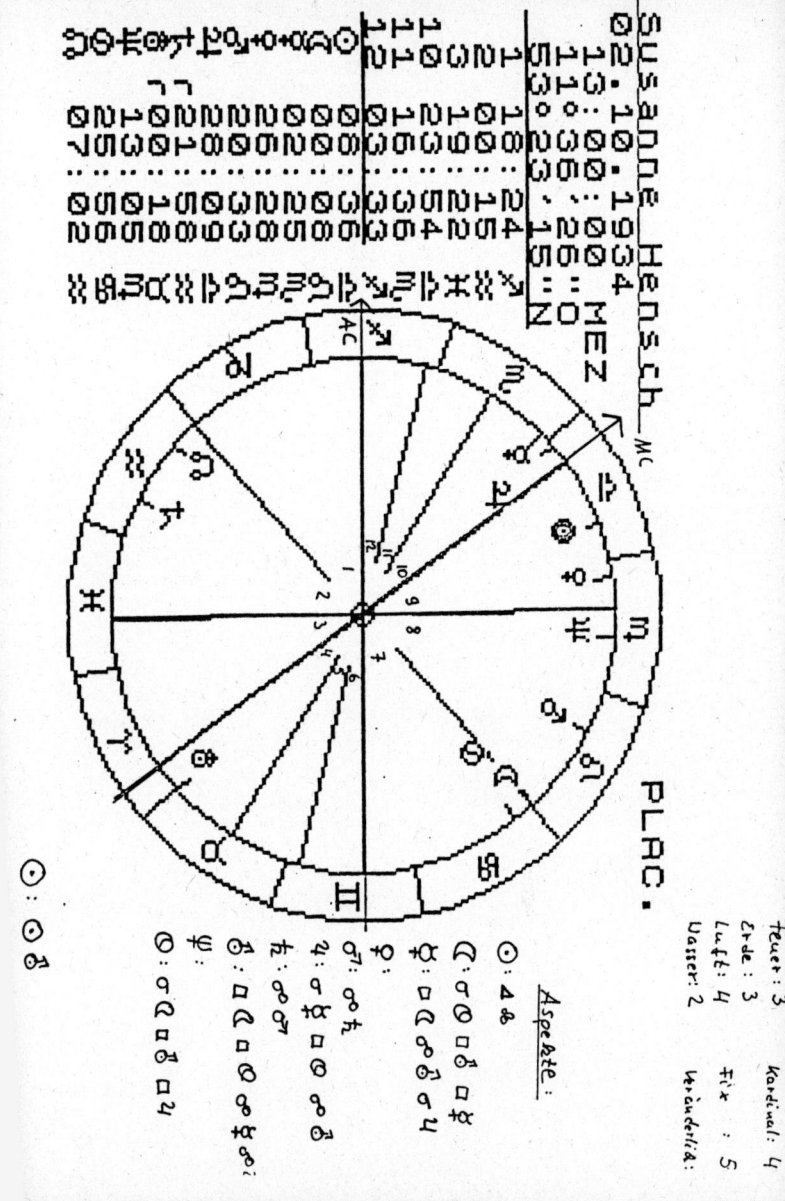

Mutter nach, indem er wie sie bis zur totalen Verausgabung arbeitet und all jene maßregelt, die nicht diesem Maßstab entsprechen.

Oft werden bei Merkur – Jungfrau – Saturn die Maßstäbe auch zu hoch gesteckt, so daß sie nie erreicht werden können. Dieser Perfektionismus im Arbeitsbereich kann u. U. so hemmend wirken, daß gewisse Arbeiten nie vollendet werden können.

Synthese (Lösungsmöglichkeit):

Das Über-Ich bzw. der alte Maßstab hemmt oder tabuisiert die Weiterentwicklung der Gefühle nicht mehr. Der Horoskopeigner empfindet ein *Recht* darauf, seine Gefühle wahrzunehmen, zu verbalisieren und zu zeigen. Es wird erkannt, daß nur durch den Ausdruck der eigenen Empfindung bzw. der eigenen seelischen Eigenart der Partner sich ausrichten und orientieren kann. Nur wenn die Gefühle – also auch seelischer Schmerz, Traurigkeit, Angst, Aggression, Haß, Wut etc., gezeigt werden, kann auch der Mitmensch seine Anpassung aufgeben und seine Gefühle zeigen. Durch diesen Austausch dessen, was wirklich gefühlt wird, wird nicht nur Begegnung und Partnerschaft schöner und reiner, sondern auch Körper und Seele. Dies hat zur Folge, daß Krankheiten abnehmen, da die seelische Natur des Menschen nicht mehr gezwungen ist, das über den Leib symbolisch auszudrücken, was an Gefühlen nicht wahrgenommen und gezeigt wurde. Es muß nicht mehr fortgesetzt verdrängt werden.

Aber auch die Einstellung zur Arbeit ändert sich; es kann besser organisiert und zielgerichteter gearbeitet werden. Die Flucht in die Arbeit, um die Hemmung zu kompensieren und Anerkennung zu erhalten, entfällt.

Projektionen in der Außenwelt:

Klärgrubenreiniger	Recycling
der verstopfte Abfluß	Psychoanalytiker
die «Wäscherei»	

Diagnostiker (das, was «verschmutzt» und krank ist, wird diagnostiziert)

Somatische Auswirkungen:

    Sehstörungen
    Gehörschäden
    Opstipation (Hemmung der Darmperistaltik)
    Störungen des Lymphsystems

Auswirkungen in der Partnerschaft

Hemmung:

Der Merkur-Jungfrau-Saturn-Gehemmte sucht unbewußt einen Partner, bei dem er nicht wagt, seine Gefühle wahrzunehmen, also einen, der ihn in seiner Wahrnehmungsfähigkeit hemmt, bzw. einen, bei dem er glaubt, wie früher seine Empfindungen nicht wahrnehmen zu dürfen.

Kompensation:

Der Merkur-Jungfrau-Saturn-Kompensator sucht unbewußt einen Partner, dem er zeigen kann, wie fleißig und arbeitsam er ist. – Auch er ist in der Wahrnehmung seiner Gefühle gehemmt. Er kompensiert deshalb mit Arbeit, Sauberkeit, Anpassung.

Krise:

Der Merkur-Jungfrau-Saturn-Gehemmte leidet unter der Anpassung an die fremden Maßstäbe.

    Der Merkur-Jungfrau-Saturn-Kompensator merkt, daß er arbeitet und «säubert», ohne effektiv anerkannt zu werden.

Erwachsene Form:

Der Merkur-Jungfrau-Saturn-Erwachsene nimmt seine Empfindungen wahr, zeigt und verbalisiert sie. Er lebt mit einem Partner zusammen, der wie er seine Wahrnehmungsfähigkeit und seine Fähigkeit, Gefühle zu zeigen, ausgebildet hat.

Venus* – Waage – Saturn

Wie man mehr Liebe erwirken kann

bei Opposition, Quadrat, Konjunktion, auch bei Saturn in Haus 7, Venus in Haus 10, Saturn in der Waage und Venus im Steinbock.

Entstehung:

Hier wagt das Kind meist nicht, eigene Ideen und einen eigenen Geschmack zu entwickeln. So suchen in vielen Fällen die Eltern die Kleidungsstücke für das Kind aus, bestimmen über seine Frisur und richten sein Zimmer nach ihrem Geschmack ein.

Das Kind hat keine Möglichkeit, in Venus-Belangen mitzubestimmen.

Weitere Ursachen der Venus-Saturn-Konstellation können sein: Abschirmung des Kindes von Umwelteinflüssen (das Kind hat meist nur Kontakt mit den Eltern), Verbot von Vergnügungen, Hemmungen auf dem erotischen Sektor, die das Kind bei den Eltern sieht und introjiziert, sowie Übernahme von Rollenverhalten, wie man Begegnungen eingeht und Kontakte schließt.

Hemmung:

Die Venus/Saturn-Hemmung kann sich zeigen in bezug auf Schönheit, Vergnügungen, Wohlleben und Freude, in Hemmungen im erotischen oder partnerschaftlichen Bereich.

Hemmungen in bezug auf Schönheit:

Irgendwelche Umstände waren dazu angetan, dem Kind den Eindruck zu vermitteln, daß es nicht so schön ist wie... Vielleicht haben Eltern, Verwandte und Bekannte der kleinen

---

* Die Venus im Horoskop eines Menschen ist eine Waage-Venus in bezug auf das Haus, dessen Spitze in das Tierkreiszeichen Waage fällt.

hübschen Schwester mehr Zärtlichkeit entgegengebracht, oder man wurde in der Schule verlacht wegen der Zahnspange. Solche und andere Dinge wirken prägend auf das Kind und beeinflussen maßgebend seine spätere Einstellung zum eigenen Aussehen.

Mitunter geht das Schicksal auch eigenartige Wege: Wenn die Hemmung im innerseelischen Bereich besonders gravierend ist, inszeniert das Schicksal, d. h. das eigene Über-Ich, oft Fettleibigkeit, Haarausfall, Unfallverletzungen etc., um einen Grund zu haben, in bezug auf Schönheit gehemmt zu sein bzw. um die Hemmung zu verstärken (vgl. Lektion I: Positive und negative Verstärkung des Schicksals).

Ein anderes Problem ist der jeweilige Schönheitsmaßstab, der von der Mode diktiert wird. Dieser pauschale Maßstab (des Geschmacks) hemmt alle diejenigen, die ihm aufgrund ihrer Figur oder ihres Typs nicht entsprechen können.

Wenn z. B. Twiggy-Figuren modern sind und als schön gelten, sind viele Frauen, die diesem Ideal nicht entsprechen, gehemmt.

Hemmungen bei Vergnügungen, Wohlleben und Freude:

Über Vergnügen, Wohlleben und Freude schwebt wie ein Damoklesschwert ein ständiges Schuldgefühl bzw. schlechtes Gewissen. So, wie man als Kind die Teilnahme an einem Kindergeburtstag nicht unbeschwert genießen konnte, weil man ständig daran denken mußte, daß noch nicht alle Vokabeln gelernt waren, so kann man sich vielleicht später auf der Party des Nachbarn nicht unbeschwert freuen, weil die Einkommensteuererklärung immer noch nicht abgegeben ist. Die Venus/Saturn-Konstellation findet man häufig bei Personen, die in einer Familiensituation aufwuchsen, wo Arbeit und Fleiß als gut, Vergnügen und Freude aber ausgesprochen oder unausgesprochen als «böse» apostrophiert wurden.

Während zuerst die Maßregelungen bei Freude, Glück und Wohlleben von außen z. B. durch Eltern und Erzieher erfolgen, wird diese Hemmung schließlich verinnerlicht und kann sogar, wenn früher Strafen nach der «Lustbarkeit» erfolgten, zum bedingten Reflex werden: Auf eine Freude folgt eine Hemmung.

Oft bildet sich dann auch eine Selbstbestrafungstendenz aus, die bei Wohlleben, Freude und Vergnügen oder ganz einfach, wenn es einem zu gut geht, maßregeln kann – etwa eine Blasenentzündung als Strafe für Liebe im Auto oder Nierenbeschwerden nach einer durchzechten Nacht.

Auch Krankheiten während des Urlaubs sind nicht selten. Immer wieder begibt sich der Venus/Saturn-Typ in Situationen, wo ihm Freude, Glück und Harmonie vergällt werden. Die Gefahr liegt bei dieser Konstellation insbesondere darin, daß u. U. mehr und mehr allen Lustbarkeiten und Vergnügungen entsagt wird, um der «Bestrafung» zu entgehen.

Hemmungen im erotischen Bereich und in Begegnung und Partnerschaft:

Wie unter Waage – Venus – Haus 7 angeführt, bedeutet Erotik psychosomatische Liebe, also sowohl seelische als auch körperliche Liebe.

Bei der Venus/Saturn-Konstellation ist diese Liebe gehemmt. Und aufgrund dieser Hemmung werden nur Partner angezogen, die diese Hemmung außen verstärken. Oft lernt man hier Partner kennen, mit denen man nur seelisch harmoniert, oder welche, mit denen man sich nur körperlich versteht, aber so gut wie nie jemanden, bei dem beides im Einklang steht.

Zusätzlich stehen bei vielen Personen mit Venus/Saturn im Geburtsbild Erotik und Liebe unter Tabu, oder die Horoskopeigner glauben nur lieben zu dürfen, wie es eine enge Norm vorschreibt.

Meist sucht man sich als Venus/Saturn-Gehemmter einen Elternrollenspieler als Partner, der die Funktion, die Vater oder Mutter damals ausübte, heute einnimmt. So wird auch die Interpretation der klassischen Astrologie (Venus/Saturn = älterer Partner oder ältere Partnerin) verständlich.

Diese Über-Ich-Funktion, die der Partner (außen) einnimmt, ist meist hemmender Natur. Schwierigkeiten in der Partnerschaft sind bei dieser Konstellation oft besonders langwierig. Der Venus/Saturn-Typ kommt von seinem Partner nur schwer los, wie mit Blei ist hier manchmal die Partnerschaftsbeziehung beschwert. Wenn selbst alle Bekannten und Verwandten schon zu einer Trennung raten, bleibt die Partnerschaft Trotz Haß, Leid und Krankheiten aufrechterhalten. In vielen Fällen wird auch die Trennung aus rechtlichen Gründen nicht durchgeführt, oder man hält am materiellen Besitz oder an Moralvorstellungen und Konventionen fest.

Aufgrund der frühen Isolierung in der Kindheit bzw. aufgrund des Umstandes, daß der Kontakt sich fast nur auf die Eltern oder Großeltern beschränkte, leiden viele Personen mit Venus/Saturn-Konstellation unter Kontaktarmut. Sie erleben dieselbe Lebensgrundstimmung wieder, die damals vorherrschte, nun aber mit dem Partner, auf den sie sich fast ausschließlich (wie früher auf die Eltern) ausrichten.

Oft glauben sie daher, das Schicksal hätte ihnen ein schweres Los zugeteilt. Astronanalytisch betrachtet aber sind hier die Schwierigkeiten in der Partnerschaft auf die Hemmung in der Kontakt- und Liebesfähigkeit zurückzuführen. Erschwerend kommt hinzu, daß, bedingt durch die Kontaktarmut, bereits die Wahlmöglichkeiten in der Partnerschaft beschränkt sind; dies kann zu einer «falschen» Partnerwahl führen, die wiederum Mitursache für den Mißerfolg der späteren Beziehung sein kann.

Kompensation der Hemmung (in bezug auf Schönheit):

Die große Gefahr bei Venus/Saturn in der Kompensation liegt darin, daß die Schönheit zum alleinigen Maßstab erhoben wird. Demnach fühlt man sich überlegen, wenn einem ein «häßlicher» Mensch begegnet, und fühlt sich frustriert, wenn eine Person dem eigenen (relativen) Schönheitsideal näher als man selbst kommt. Dieser irreale Maßstab überschattet jede Begegnung und hemmt die Beziehungsfähigkeit.

Um die Hemmung in bezug auf Schönheit zu kompensieren, bietet die Zivilisation manigfaltige Möglichkeiten an: Schmuck, Parfüm, modische Kleidung, falsche Wimpern, Toupet, Schönheitsoperationen...

Kompensation der Hemmung von Vergnügen, Wohlleben und Freude:

Wer in seiner Fähigkeit, sich zu freuen, gehemmt ist, begegnet nach dem Gesetz der Anziehung gerne Menschen, die wie er gehemmt sind, aber diese Hemmung kompensieren. Diese Kompensation kann so aussehen, daß diejenigen vom «Asketen» gemaßregelt werden, die dem Vergnügen und der Lustbarkeit frönen und die es sich so angenehm wie möglich im Leben machen.

Der Drang zur Maßregelung entsteht aus dem frühkindlich introjizierten relativen Maßstab, und der Kompensator glaubt, daß die anderen, die diesen Maßstab (den er pauschal für alle gültig sieht) nicht einhalten, «böse» sind und einer Disziplinierung bedürfen. Er kann aber nur den disziplinieren, der sich disziplinieren läßt, d. h., er hat nur dort Erfolg, wo ein Schuldgefühl bei Vergnügen und Lustbarkeit besteht. Wie bereits an anderer Stelle erwähnt, kann ein Schuldgefühl nur dort entstehen, wo ein Defizit an Recht vorhanden ist. Jemand, der echt empfindet, daß er ein Recht auf Wohlleben hat, wird dem Kompensator wohl kaum begegnen.

Neben der Kompensation, andere zu maßregeln, gibt es auch eine zweite Form, die ursprüngliche Hemmung zu kompensieren, indem der Betroffene von Vergnügen zu Vergnügen jagt.

Kompensation der Hemmung (Erotik, Begegnung und Partnerschaft):

Während der Gehemmte unbewußt ein Objekt sucht, das seine Hemmung (hier Hemmung in der Kontakt- und Liebesfähigkeit) bestätigt oder kompensiert, sucht der Kompensator unbewußt ein Objekt, bei dem er kompensieren kann bzw. bei dem er seine Elternrolle spielen kann.

Da beide sich gegenseitig unbewußt als Objekt benutzen, um ihre Vergangenheit zu bewältigen, ist gerade dadurch die Hemmung in der Beziehung wieder mit einprogrammiert. Der Venus/Saturn-Kompensator sieht die Begegnung vorwiegend als Feld an, das ihm die Möglichkeit gibt, «es seinen Eltern zu zeigen». Aus diesem Grunde sind die einzelnen Personen in der Begegnung für ihn oft austauschbar, weil er unbewußt nur den Wunsch hat, als Elternrollenspieler von irgendwelchen Kindern anerkannt zu werden, um ein Pflaster für seine seelische Wunde (Hemmung) zu bekommen.

Bei der Venus/Saturn-Konstellation besteht auch die Tendenz, die Begegnungs- und Beziehungshemmung mit einem Ehevertrag zu kompensieren. Die Institution der Ehe fungiert dann einerseits als Halt und Sicherheit, andererseits aber verstärkt sie bei dieser Konstellation die Hemmung, weil man sich meist als Paar vor der Umwelt abkapselt oder weil bestehende Beziehungen zu anderen Menschen abgebrochen werden, da der Partner einen total beansprucht. Die Liebesfähigkeit kann sich, wie bereits erwähnt, nur normorientiert entwickeln, weshalb Liebe und Erotik zum Pflichtritual erstarren. Ähnlich, wie mancher früher als Kind nur aus Pflichtgefühl und Erwartungsdruck den Eltern einen Gutenachtkuß gab und nicht aus einer freien Entscheidung dazu, ist der Venus/Saturn-Typ nur lieb und nett zum Partner, weil es so Vorschrift und Pflicht ist oder weil es erwartet wird. In einer solchen Beziehung sind beide frustriert – der Kindrollenspieler und der Elternrollenspieler. Solche Hemmungen können dann von einem Partner kompensiert werden, indem er Bordelle aufsucht oder sich Pornohefte zulegt. Für den anderen Partner besteht dadurch ebenfalls die Möglichkeit, kurzzeitig aus seiner Hemmung zu kommen; indem er sich mit dem Maßstab von Gut und Böse identifiziert, kann er dann über den Freudenhausbesucher oder den Pornoleser Richterfunktion ausüben.

Synthese (Lösungsmöglichkeit):

Das Venus-Prinzip wird von alten Geboten, Verboten und Normen befreit. Dadurch werden Begegnung, Partnerschaft, Erotik und Schönheit unter einem neuen Gesichtspunkt gesehen, der die individuelle Eigenart des einzelnen und seine individuelle Entwicklung nicht mehr hemmt, sondern mit einbezieht. Wenn sich so ein *eigener* Maßstab für das Venusprinzip ausbildet, können sich wirkliche Kontakt- und Partnerfähigkeit sowie reale Liebesfähigkeit entwickeln. Durch die Erlösung der Venus aus ihrem Kerker ist es nun auch möglich, eine Ausgewogenheit zwischen Körper und Seele zu erzeugen. Die daraus folgende positive Ausstrahlung wirkt anziehend auf einen gleichgearteten Partner, den man liebt und der einen liebt.

Projektionen in der Außenwelt:

> der Ehevertrag
> die Eheberatungsstelle
> die Schönheitskonkurrenz
> Pornofilme und -literatur
> das Eroscenter
> Kosmetik und Schminke
> die Schönheitsoperation
> die Mode
> das Parfüm
> der Friseur
> der Urologe

Somatische Auswirkungen:

Nieren- und Blasenbeschwerden, insbesondere Grieß- und Steinbildung.
   Störung des homöostatischen Mechanismus.

Pluto – Saturn

Wie man seinen geistigen Weg finden kann

bei Opposition, Quadrat, Konjunktion, auch bei Saturn in Haus 8, Pluto in Haus 10, Saturn im Skorpion und Pluto im Steinbock.

Entstehung:

Bei der Pluto/Saturn-Konstellation wirken oft fremde (z. B. berufliche oder staatliche) Zwänge auf das werdende Kind ein. Postnatal ist das Kind dann meist elterlichen Zwängen ausgesetzt.

Bei Pluto/Saturn wird meist die Ansammlung der eigenen Ideen (Plutoanlage) durch Übernahme von elterlichen und später von normgemäßen Meinungen blockiert. Das Kind spürt früh, welche Meinung von der Umwelt geschätzt wird und als vernünftig gilt. Um anerkannt zu werden, erklärt es diese Meinung für die eigene Person als gültig.

Hemmung:

Bei Pluto/Saturn besetzen der alte Maßstab bzw. die Normen und Ideale die eigene Meinung oder die Vorstellungswelt, aber auch die Beziehungsfähigkeit.

Man übernimmt die Meinung der Eltern und hat Schuldgefühle, wenn man die Vorstellungen und Erwartungen nicht erfüllt. Die eigene Vorstellung wird defizitär erlebt. Fälschlicherweise wird dabei (unbewußt) angenommen, das eigene Programm, die eigenen Pläne, der eigene Weg seien weniger wert. Deshalb besteht hier die Tendenz, sich von anderen fremdbestimmen zu lassen, sich von den Elternrollenspielern bzw. Pluto/Saturn-Kompensatoren eine fremde Vorstellung aufoktroyieren zu lassen. Da diese Vorstellung nicht die eigene ist, kann sie nie effektiv erfüllt werden, und der Pluto/Saturn-Gehemmte wird ständig von denen gemaßregelt, die wollen, daß er ist wie sie oder wie sie gerne sein würden.

Er will dafür anerkannt werden, daß er die Vorstellungen der Eltern(rollenspieler) zu erfüllen sucht, und erntet meist nur Tadel, Hemmung, Abwertung und Einschränkung; insofern reproduziert er immer wieder die Situation seiner Kindheit, in der er – was auch immer er unternahm – den Eltern nichts recht machen konnte. Pluto/Saturn in der Hemmung zu erleben bedeutet zu erfahren, daß die Macht und das Recht einzig und allein auf der Seite der Eltern (der Lehrer, des Chefs ...) liegen.

Solange man sich allein mit dem Wissen der Elternrollenspieler, dem überlieferten, konventionellen, allgemein anerkannten Wissen identifiziert, bleibt man hier im geistigen Wert gehemmt; man wagt nicht, das traditionelle Wissen auf den verschiedensten Lebensgebieten in Frage zu stellen, geschweige denn sich mit alternativen Programmen auseinanderzusetzen und eigene Vorstellungen zu entwickeln. Aufgrund von Schuldgefühlen glaubt man, es sei anmaßend, sich mit dem Fachmann oder Spezialisten auf dieselbe Stufe zu stellen. Man fühlt sich geistig unterlegen und empfindet kein Recht auf Ansammlung von eigenen Ideen.

Ein anderes Phänomen des Pluto ist die Fähigkeit, sich zu wandeln. Wer seinen eigenen Weg geht, wandelt sich, während er auf ihm voranschreitet; der Weg hingegen, der den Anspruch erhebt, für alle gültig zu sein, hemmt die Fähigkeit, sich zu wandeln. Eine Wandlung geschieht in diesem Falle nur auf fremden Druck, auf Druck von außen, auf Druck vom Kollektiv, etwa durch *staatlichen Zwang, Wirtschaftskrisen, Krieg* oder andere *große Katastrophen.*

Kompensation:

Weil die Ausbildung einer eigenen Vorstellung und einer eigenen Meinung früher gehemmt wurde, hat sich beim Pluto/Saturn-Kompensator eine andere Vorstellung herauskristallisiert, eine, die sein Krindheitstrauma kompensieren soll. Zur Erfüllung dieser irrealen Vorstellung braucht er insbesondere andere Menschen. Sie sollen mithelfen, seine Vergangenheit zu bewältigen. Die Macht über sie ist ein Trostpflaster auf seine seelische Wunde, die auf diese Weise nie einer Heilung zugeführt wird. In vielen Fällen geht der Pluto/Saturn-Kompensator auch den pauschalen Weg (oder den Weg der alten Normen und Ideale) und maßregelt all diejenigen, die von ihm abweichen. Es wird quasi eine Idealvorstellung entworfen, nach der man sich selbst ausrichtet und nach der sich auch der Mitmensch ausrichten soll. Dies nimmt in vielen Fällen *zwanghaften* Charakter an. Dabei ist man ständig frustriert, weil der Anspruch oder das Ideal nicht erfüllt werden. Von diesem Ideal aus urteilt der Pluto/Saturn-Kompensator und findet in jenen seine Opfer, die sich mit diesem Ideal ebenfalls identifizieren und Schuldgefühle empfinden, diesem nicht entsprechen zu können (Pluto/Saturn-Gehemmte).

Der Pluto/Saturn-Kompensator übt mit seinem pauschalen alten Maßstab einen Erwartungsdruck auf den anderen aus. Übernimmt der andere diese Vorstellung, ist er bereits im *Netz* eines fremden Maßstabs gefangen und kann nicht mehr seinen eigenen Lebensplan verfolgen.

Pluto/Saturn ist der Druck der Umwelt, der Druck des fremden Maßstabs, der Druck der Eltern und der Elternrollenspieler, der Druck, den die Traditionen, die eigene bindende Vergangenheit, Konventionen, Normen und Ideale ausüben. Jemand kann unter dem Druck der Umwelt heiraten, ein Geschäft übernehmen oder einen Beruf ergreifen, der nicht seinen wahren Anlagen entspricht.

Der Pluto/Saturn-Kompensator ist Erfüllungsgehilfe dafür, daß der andere einen Umweg geht, doch dieser Umweg ist Teil von dessen Lebensweg und beinhaltet sicher spezifische Erfahrungen und Bewußtwerdungsprozesse.

Synthese (Lösungsmöglichkeit):

Wenn bisher das alte Ideal oder das alte Ziel den individuellen Lebensplan, das Programm, den Weg des einzelnen gehemmt hat, so stellt sich nach der Auflösung der Problematik das Ziel nicht mehr gegen den Weg.

Indem der Horoskopeigner mit der Pluto/Saturn-Konstellation eine eigene Vorstellung ausbildet bzw. seinen spezifischen geistigen Besitz erlangt, läuft er nicht mehr Gefahr, die fremden Meinungen zu seinen eigenen zu erklären. Er empfindet ein Recht auf seine eigene Meinung und vertritt sie auch gegenüber anderen.

Da er den alten Maßstab durch einen neuen ablöste, wird seine Pluto-Anlage nicht mehr von der Vergangenheit belastet. Er braucht sich nicht mehr ständig zu überwinden (= sein Ich zugunsten einer Idealvorstellung hintanzustellen) und zu kämpfen, um die Erwartungen der Umwelt zu erfüllen. Sein persönlicher Maßstab, der der Gegenwart und seiner *jetzigen* Entwicklungsphase adäquat ist, ermöglicht ihm, spezifisch seinen Weg zu gehen, ohne von einem Ideal ständig geknechtet zu werden, ohne Schuldgefühle zu haben, nicht vollkommen zu sein oder ständig den Drang in sich zu verspüren, andere zu maßregeln, weil sie nicht dem eigenen oder kollektiven Ideal entsprechen.

Projektionen in der Außenwelt:

> die anerkannte Autorität
> die fremde Besatzungsmacht
> der Verwaltungsakt
> das Therapiezentrum
> die elterliche Gewalt und Macht

Somatische Auswirkungen:

Spasmen, Sexualleiden

Auswirkungen in der Partnerschaft

Hemmung:

Der Pluto/Saturn-Gehemmte zieht unbewußt einen Partner an, der ihn an der Ausbildung eines eigenen geistigen Besitzes hindert, oder einen, mit dem er seine Hemmungen kompensieren kann.

Kompensation:

Der Pluto/Saturn-Kompensator sucht unbewußt einen Partner, den er maßregeln kann, weil er nicht seiner Idealvorstellung entspricht, oder einen, der seinen geistigen Besitz bzw. sein Wissen bewundert.

Krise:

Der Puto/Saturn-Gehemmte merkt, daß die Vorstellung bzw. der Weg, den der Elternrollenspieler als einzig wahren gelten läßt, für ihn nicht richtig ist. Der Pluto/Saturn-Kompensator ist enttäuscht, daß seine Vorstellung oder sein Leitbild nicht mehr anerkannt werden.

Erwachsene Form:

Der Pluto/Saturn-Erwachsene bildet eine eigene Vorstellung aus und sammelt einen eigenen geistigen Besitz an.

Er freundet sich mit einem Partner an, der ebenso wie er geistig sicher ist und deshalb nicht mehr in sich den Drang verspürt, seine Vorstellung dem anderen aufzuzwingen.

Jupiter – Saturn

Wie man sich weiterbilden kann

bei Opposition, Quadrat, Konjunktion, auch bei Saturn in Haus 9, Jupiter in Haus 10, Saturn im Schützen und Jupiter im Steinbock.

Entstehung:

Bei Jupiter/Saturn-Konstellationen liegen oft während der Schwangerschaft Reisebeschränkungen vor, oder bedingt durch die Schwangerschaft wurde auf eine Reise verzichtet. (In manchen Fällen empfindet die werdende Mutter auch das Verbot [Saturn], während der Schwangerschaft zu reiten [Jupiter], als besonders schmerzhaft.) Weitere Möglichkeiten bei dieser Konstellation sind: Einschränkung von Wohlstand, Wachstumsstopp (z.B. bei der eigenen Firma oder auf kollektiver Ebene in der Wirtschaft) oder Beförderungs- und Aufstiegsbeschränkungen.

Aber auch eine andere Problematik kann zu der Jupiter/Saturn-Konstellation beitragen:

Wenn die Eltern des Kindes keine Beziehung zur geistigen Welt haben, wenn sie das Geistige entwerten, den Ausdruck der anderen in Wort und Schrift (Bücher etc.) herabsetzen, um sich selbst aufzuwerten, kann sich eine Jupiter/Saturn-Konstellation im Horoskop des Kindes zeigen. In einigen Fällen wurde aber auch der umgekehrte Fall beobachtet, nämlich daß die Eltern das Geistige überbewerteten und dem Kind somit zu viele geistige Ideale setzten, die es nie zu erreichen vermag.

Hemmung:

Der Jupiter/Saturn-Gehemmte ist selten auf Reisen, im Theater, auf kulturellen Veranstaltungen, die Wissen vermitteln (Vorträge etc.), anzutreffen. Sein Über-Ich läßt in ihm gar nicht den Wunsch danach aufkeimen. Das elterliche Tabu lastet noch auf seiner Jupiter-Anlage. Die Assimilation anderer Gedanken und Ideen ist blockiert, das geistige Wachstum gehemmt; deshalb kann sich auch eine Weltanschauung und Philosophie nur in einem sehr beschränkten geistigen Umfang herausbilden. Meist wird hier das Weltbild der Eltern übernommen, und andere Anschauungen werden abgewehrt. Besonders häufig läßt sich jedoch der Jupiter/Saturn-Gehemmte vom Bildungsideal der Gesellschaft hemmen. Da er sich geistig nicht so ausdrücken kann, wie es anerkannt ist, beneidet er die Elternrollenspieler, die auf diesem Sektor die Norm zu erfüllen vermögen.

Kompensation:

Während beim Jupiter/Saturn-Gehemmten die Tendenz zur Intoleranz besteht, überbetont der Jupiter/Saturn-Kompensator die Toleranz und maßregelt jeden, der gegen diesen Maßstab verstößt.

Der Jupiter/Saturn-Kompensator gibt sich edel, gut und aufgeschlossen und bringt immer wieder zum Ausdruck, daß er für alle nur das Beste wolle. Manchmal spielt er auch gerne den großen Förderer und Mäzen. Er entwickelt also einen Ehrgeiz in Jupiter-Belangen, indem er dem anderen das Glück nach seinem Maßstab zuweist. So kann es sein, daß er eine «Edelschranke» aufbaut, mit der er alles abwehrt, was dem eigenen edlen Maßstab zuwiderläuft. Der Maßstab des Edlen und Guten erzeugt unter Umständen Aggressionen, weil der andere keine Möglichkeit hat, sich dagegen zu behaupten. Die Ohnmacht gegenüber der Edelschranke erzeugt Auflehnung, Wut, Haß, Aggression, Streit und Verleumdungen. Mit dem «König» (Jupiter/Saturn gilt u. a. auch als Königskonstellation) steht der andere nur im guten Einvernehmen, wenn er ihn wegen seiner Güte ehrt (wie er als Kind die «Güte» seiner Eltern anerkennen mußte) und dankbar ist für das Wohlwollen, das jener ihm entgegenbringt.

Wenn es zu Auseinandersetzungen kommt, ist der Edle immer im Recht, der Jupiter/Saturn-Gehemmte hat dann Schuldgefühle gegenüber dem Kompensator, weil er aus der Rolle gefallen ist.

Meist verzeiht ihm aber der «König» großzügig und wohlwollend, so daß sich die Wogen bald wieder glätten. Andere wiederum, deren Horoskop eine Jupiter/Saturn-Konstellation aufweist, kompensieren, indem sie ständig reisen oder ständig neue geistige Erfahrungen machen. Das Geistige wird dabei meist überhöht und dadurch vom übrigen Leben abgespalten (Jupiter/Saturn = Philosophenaspekt). Es führt dann ein Eigenleben und erhebt sich über Körper und Seele. Aufgrund dieser Überbetonung und Einseitigkeit ergeben sich Schwierigkeiten in anderen Lebensbereichen. Ferner steht der Kompensator oft unbewußt unter dem Zwang, das Bildungsideal erfüllen zu müssen. Da der Ausdruck seiner geistigen Eigenart gehemmt ist, kompensiert er diese Hemmung, indem er sich geistig so ausdrückt, wie es anerkannt bzw. als gebildet gilt. Er hat dabei die bestehende Bildungsnorm so verinnerlicht, daß er glaubt, es sei sein eigener Wunsch, diese Norm zu erfüllen, und er hätte Freude daran. Ja er hält sein Streben, diesem Bildungsideal zu entsprechen, für edel und als Ausdruck seines höheren Niveaus. Gern zitiert er aus Klassikern, um seine Bildung zu dokumentieren.

Synthese (Lösungsmöglichkeit):

Der einzelne wagt nun, sich geistig auf eigene Art auszudrükken. Er identifiziert sich nicht mehr mit dem konventionellen Bildungsideal. Auf diese Weise wird er nicht mehr von ihm gehemmt (der Gehemmte) und braucht auch nicht mehr zu versuchen, das Ideal zu erfüllen (als Kompensator). Er kann endlich eine echte, eigene Bildung anstreben, die zwar über Klassiker führen kann, aber ansonsten ein breiteres Spektrum beinhaltet. Das geistige Leben wird dadurch persönlicher, lebendiger, gegenwartsbezogener.

Der Horoskopeigner mit der Jupiter/Saturn-Konstellation kann die geistigen Gesetze ausloten und sich in sie integrieren. Er erwirkt dann immer mehr positive Feedbacks und wird im Laufe der Zeit wahrhaft ein König.

Projektionen in der Außenwelt:

> Die philosophische Fakultät der Universität
> der König
> der Mäzen
> das Reisebüro

Somatische Auswirkungen:

> Leberleiden (Störung der Assimilationsphase der Leber)
> Hüftleiden
> Lumbalgien

Auswirkungen in der Partnerschaft

Hemmung:

Der Jupiter/Saturn-Gehemmte zieht unbewußt einen Partner an, der ihn in seinem geistigen Ausdruck hemmt, oder einen, mit dem er seine Hemmung im Ausdruck kompensieren kann. In einigen Fällen sucht er auch unbewußt einen Mäzen, der ihn fördert.

Kompensation:

Der Jupiter/Saturn-Kompensator sucht einen Partner, bei dem er geistige Maßstäbe setzen kann oder den er fördern kann und der zu ihm als dem großen Gönner und Mäzen aufschaut.

Krise:

Die Weiterentwicklung und Differenzierung der Partnerschaft bleibt aufgrund der Maßstäbe stecken, die beide Partner in die Beziehung gebracht haben.

Erwachsene Form:

Der Jupiter/Saturn-Erwachsene bildet die Fähigkeit aus, die Partnerschaft weiterzuentwickeln und mit dem Partner zu kommunizieren, ferner lernt er, sich geistig auszudrücken und Glück zu erwirken. Er findet einen Partner, der wie er bereit ist, eine Beziehung auszubauen, und der imstande ist, seine Ideen und Vorstellungen wahrzunehmen und darzulegen.

Uranus – Saturn*

Wie man mehr Freiheit erwirken kann

bei Opposition, Quadrat, Konjunktion, auch bei Uranus in Haus 10, Saturn in Haus 11, Uranus im Steinbock, Saturn im Wassermann

Entstehung:

Das Kind wird meist in Situationen hineingeboren, in denen Auflehnungstendenzen gegenüber Konventionen, Sitte und Moral bestehen. Auch Aufregungen in Verbindung mit Gesetz, Elternhaus, Universität oder mit dem Vater Staat sind bei dieser Konstellation nicht selten.

Meist zeigt sich beim Kind der von den Eltern verdrängte Befreiungswunsch. Die Eltern erleben dann u. U. am Bild des Kindes das, was sie aufgrund der Rollennorm nicht zu tun wagten, z. B. eine Ehescheidung oder einen Berufswechsel. In vielen Fällen sind bei Uranus/Saturn die Freiheit und die Freizeit genormt. Das Kind legt dann dementsprechend das Freizeitverhalten an den Tag, das ein Höchstmaß an sozialer Anerkennung verleiht.

Hemmung:

Die Befreiung ist hier durch den alten Maßstab, den man noch als gültig ansieht und an dem man unbewußt noch festhalten will, blockiert. Dieser Drang, sich befreien zu wollen, aber im Akt der Befreiung stets steckenzubleiben, gehört zum Symptomenkomplex von Uranus/Saturn.

Immer werden dem Uranus/Saturn-Menschen bei seinen Befreiungsversuchen Steine in den Weg gelegt. So hindern ihn z. B. Elternrollenspieler, oder Verpflichtungen und Verträge verbarrikadieren das Tor zur Freiheit.

---

* Siehe Wolfgang Döbereiner: Astrologisch-medizinische Diagnose und Homöopathie.[30]

Menschen mit Uranus/Saturn-Konstellationen haben oft in der Partnerschaft keine Schwierigkeiten, wenn die Beziehung nicht legalisiert ist. Leben sie in freier Partnerschaft zusammen, sprengen sie die üblichen Maßstäbe.

Der Saturn wird außen in Form von gesellschaftlichen Normen erlebt, die gegen die «wilde Ehe» sprechen. Gibt das Paar dem Druck der Umwelt nach und unterzeichnet den Ehevertrag, wird jedoch der Saturn in die Partnerschaft getragen. Die Regeln, Gebote und Verbote wirken im Laufe der Zeit verstärkt einengend, so daß der Drang zur Befreiung wächst, der letzten Endes in die Scheidung münden kann (Uranus/Saturn ist ein typischer Scheidungsaspekt).

In einer neuen Partnerschaft kann es sein, daß sich diese Szenerie wiederholt; denn der Uranus/Saturn-Typ sucht magisch die Hemmung auf, um sich davon wieder befreien zu können. So wiederholt sich ständig das eingefahrene Muster: Auf eine Befreiung folgt eine Hemmung, auf eine Hemmung folgt eine Befreiung, auf eine Befreiung folgt eine Hemmung...

Problematisch wird die Sache jedoch, wenn der Saturn so stark ist, daß der Uranus keine Chance hat, in Aktion zu treten. In diesen Fällen besteht die Gefahr, daß das Problem z. B. in Form einer Tuberkuloseerkrankung somatisch ausgetragen wird. In unseren Breitengraden machen 95% aller Menschen einmal eine Tuberkuloseinfektion durch, die, obwohl überwunden, im Körper häufig «inaktive», aber reaktivierbare Tuberkulosebakterien zurückläßt. Diese Erstinfektion führt meist zu einer Einkesselung der wenigen überlebenden Erreger.[29] Eine solche Einkapselung kann unter Umständen *ersatzweise* aufbrechen und so eine Reaktivierung der Erreger bewirken, wenn Einkapselung und Beengung in der Innen- und Außenwelt nicht aufgebrochen werden.

Kompensation:

Wenn die Uranus/Saturn-Konstellation nicht als Hemmung der freiheitlichen Bestrebungen, sondern als Kompensation erlebt wird, werden die Freiheit und die Revolution auf das Podest gehoben.

Dies ist nun das andere Extrem und zeigt als solches wieder andere negative Folgen. Hier muß ständig mit dem Uranus kompensiert werden. In manchen Fällen kann dies bis zum Terrorismus führen. Wieder andere mit Uranus/Saturn-Konstellationen entwickeln einen ungeheuren Ehrgeiz, den konventionellen Rahmen zu sprengen und aufzufallen. Sie wollen sich aus der Masse herausheben, indem sie sich z. B. entgegen der herrschenden Sitte anders kleiden oder verhalten, etwa indem sie in Jeans zur Oper oder nackt durch München-Schwabing gehen. Oder ein verheirateter Uranus/Saturn-Typ stellt seiner Verwandschaft seine neue Freundin vor. Dabei regen sich am meisten die auf, die dieselbe Uranus/Saturn-Konstellation in sich tragen, nur in der gehemmten Form. Sie verurteilen den, der das tut, was sie gerne tun möchten, sich aber nicht zu tun getrauen. Die Anti-Haltung gegen den Saturn ist bei Uranus/Saturn-Kompensatoren entscheidend; auch die antiautoritäre Erziehung gehört hierher.

Indem man die Kinder jedoch gegen das bestehende System erzieht, erzieht man sie deshalb noch lange nicht zu glücklichen Menschen. Hier besteht die Gefahr, daß Eltern und Kinder nur ein Leben *gegen* den Saturn leben. Ein Leben gegen etwas ist aber kein reales Leben, sondern ein Kampf, und in diesem Kampf verbrauchen sie genauso ihr Leben wie es oft jene tun, die sie bekämpfen.

Die Uranus/Saturn-Konstellation kann aber auch beruflich ausagiert werden. In den Horoskopen von Stewardessen und Flugzeugkapitänen sind oft Uranus/Saturn-Konstellationen vorzufinden. Mit dem Flugzeug hebt man sich von der Erdenschwere ab und schwebt über den Wolken.

Abschließend sei noch erwähnt, daß es auch Uranus/Saturn-Kompensatoren gibt, die sich mit dem pauschalen Maßstab identifizieren, die also ins Kleid der Eltern steigen und all diejenigen maßregeln, die den Rahmen sprengen oder die von der Norm abweichen. Sie erheben sich zum Richter, ohne zu sehen, daß sie ihre Uranus-Anlage nur in der Projektion erleben. Indem sie andere hemmen, hemmen sie einen Teil ihrer selbst.

Synthese (Lösungsmöglichkeit):

Der Uranus/Saturn-Mensch braucht sich nicht ständig vom alten Maßstab zu befreien, sondern er ist frei. Er ist unabhängig von Eltern und Umwelt geworden. Da er nicht mehr hofft, von Eltern und Umwelt anerkannt zu werden, kann er sich ohne Blockade entwickeln.

Er kann ohne Schuldgefühle seinen Beruf wechseln, sich von einer unbefriedigenden Partnerbeziehung befreien oder sein schuldenbelastetes Haus verkaufen.

Er weiß, daß er ein Recht auf freie Entfaltung seiner Persönlichkeit hat.

Projektionen in der Außenwelt:

> Unkonventionelles
> FKK
> Gesetzesänderng
> Ehescheidung
> Flugzeugpilot
> Terrorist
> Sprengstoffanschlag

Somatische Auswirkungen:

> Störungen des Nervensystems
> Wirbelsäulenschäden
> Tbc-Disposition*

---

* Wolfgang Döbereiner spricht hier von einer genetischen Tbc-Belastung.

Auswirkungen in der Partnerschaft

Hemmung:

Der Uranus/Saturn-Gehemmte sucht unbewußt einen Partner, der ihn in seiner Freiheit hemmt, damit ihm das Freiheitsprinzip bewußt wird. Manchmal sucht der Uranus/Saturn-Gehemmte aber auch einen Partner, mit dem er sich von Elternhaus, Beruf, Universität etc. oder vom bisherigen Maßstab befreien kann.

Kompensation:

Der Uranus/Saturn-Kompensator sucht unbewußt einen Partner, der untreu ist, damit er ihn deswegen zur Verantwortung ziehen kann (Kompensation mit Saturn).

Oder er liiert sich mit Partnern, die ihn hemmen, um immer wieder seine Freiheit dokumentieren zu können (Kompensation mit Uranus).

Krise:

Der Uranus/Saturn-Gehemmte fühlt sich in seiner Freiheit eingeengt und begehrt nun gegenüber dem Elternrollenspieler auf. Der Uranus/Saturn-Kompensator hingegen ist enttäuscht, daß sein Freiheitsideal innerhalb der Partnerschaft keine Allgemeingültigkeit mehr besitzt.

Erwachsene Form:

Der Uranus/Saturn-Erwachsene bildet die Fähigkeit zur Freiheit aus. Er ist mit einem Partner befreundet, der ebenso wie er frei und unabhängig ist.

Neptun – Saturn*

Wie man ein Suchtproblem bewältigen kann

bei Opposition, Quadrat, Konjunktion, auch bei Neptun in Haus 10, Saturn in Haus 12, Neptun im Steinbock, Saturn im Fisch.

Entstehung:

Bei einer Neptun/Saturn-Konstellation werden während der Schwangerschaft meist die Normen und Ideale der Familie, des Milieus oder der Kultur nur zum Schein erfüllt. Oft sind die bisherigen Maßstäbe verunsichert oder im Auflösungsprozeß begriffen. Sehr häufig ist diese Konstellation vorzufinden in Horoskopen von Kindern, deren Eltern suchtgefährdet sind.

Das Kind übernimmt dann die Neptun-Rolle von Eltern und Erziehern (d. h., wie jene ihre Neptun-Anlage auslegen). Es kann keine reale Neptun-Anlage erlernen und ausbilden, weil ihm hierfür im Elternhaus keine Vorbilder gesetzt und keine Möglichkeiten eingeräumt werden.

Hemmung:

Um die Welt jenseits der saturnalen Begrenzungen zu erfassen und zu erschließen, muß der bisherige Maßstab aufgelöst werden. Bei Neptun/Saturn ist dieser Auflösungsprozeß gehemmt und dadurch eine Erweiterung des Bewußtseins nur über Alkohol und Drogen oder nur unter sehr schwierigen Bedingungen möglich. Oft erlebt der Gehemmte den Neptun auch in der Projektion, d. h., Partner und Umwelt spielen die Rolle des Neptun und weichen den bisherigen Maßstab des Horoskopeigners auf.

So kann es sein, daß nur Partner angezogen werden, die im Auflösungsprozeß ihrer Ehe stehen oder Alkoholiker bzw.

---

* Siehe Wolfgang Döbereiner: Astrologisch-medizinische Diagnose und Homöopathie.[30]

Drogenabhängige, die temporär ihr Bewußtsein «erweitern». Durch solche Begegnungen wird der bisherige Maßstab in Frage gestellt und im Laufe der Zeit aufgelöst.

Da diese Auflösung der Normen, Ideale, Begrenzungen und Zwänge nicht bewußt erfolgt, ist sie mit seelischen Schmerzen verbunden. Die Auflösung des alten Maßstabs kann sich aber auch dadurch äußern, daß die Norm zum Schein erfüllt wird, z. B. wenn man sich an der Rezeption eines Hotels als Ehepaar ausgibt oder indem man vor der rauhen Wirklichkeit ins Reich der Träume und der Phantasie flieht. Diese Diskrepanz zwischen Realität und Schein ist für Saturn/Neptun typisch. In Extremfällen besteht deshalb eine Tendenz zu Paranoia, bei der nicht mehr unterschieden werden kann, was wirklich und was nur eine Ausgeburt der eigenen Phantasie ist.

Auf der körperlichen Symbolik zeigt sich die Neptun/Saturn-Problematik etwa in Form einer Osteopathie (Knochenleiden) und Osteoporose (Schwund des festen Knochengewebes bei Zunahme der Markräume) oder in Form von Störungen der Hypophyse und damit der inkretorischen Drüsen, u. U. auch von Leberleiden (meist Hemmung der Dissimilationsphase der Leber).

Kompensation:

Während Neptun/Saturn in der Hemmung zu erleben bedeutet, im Auflösungsprozeß der alten Maßstäbe steckenzubleiben bzw. ständig im Zustand der Flucht zu verharren, gibt der Neptun/Saturn-Kompensator dieses Verharren im Zustand der Flucht nicht zu, sondern erhebt die Flucht zum Ideal. Er kompensiert seine Hemmung ständig mit den von der Gesellschaft angebotenen Suchtmitteln wie Alkohol, Zigaretten, Psychopharmaka, Drogen etc. Der Saturn-Neptun-Kompensator fühlt sich den anderen dann überlegen. Dies kann sich z. B. im Zustand der Trunkenheit äußern oder wenn ein Gammler diejenigen belächelt, die nicht wie er auf der Flucht vor den Repressionen der Gesellschaft sind.

Umgekehrt identifiziert sich der zivilisierte Bürger, dessen

Horoskop eine Saturn/Neptun-Konstellation aufweist, mit dem pauschalen Maßstab und kompensiert, indem er alle Gammler, Hippies und Clochards als minderwertig ansieht, ohne zu ahnen, daß jene auch die Funktion haben, ihn darauf hinzuweisen, seinen Maßstab zu überprüfen. Viele mit Neptun/Saturn-Konstellation leben in einer Subkultur oder erheben ein alternatives Leben zum Maßstab. Beide, der, der vor dem Saturn flüchtet, wie auch der, der die Zivilisationsflüchtigen diffamiert, sollten jedoch ihren Standpunkt überprüfen.

Synthese (Lösungsmöglichkeit):

Bei Saturn/Neptun-Konstellation besteht die Tendenz, vor den Eltern(-rollenspielern), aber auch vor der Realität, vor Verantwortung und Pflicht zu fliehen.

Viele genießen die Augenblicke, in denen die «Eltern» resp. die Härten und Zwänge des Lebens abwesend sind. Dies mag daher rühren, daß die Anwesenheit der Eltern früher für das Kind hemmend und frustrierend war; Abwesenheit dagegen bedeutete Freiheit von Einschränkung. So wird Fehlen von Hemmung und Frustration als «Glück» erlebt. Dieses Spiel «bloß weg von den Eltern» betreibt der Alkohol- oder Drogensüchtige immer wieder. Die Flucht vor bestimmten Aufgaben und Pflichten bietet jedoch keine Lösung. Die Eltern und die Gesellschaft, die jeder in sich trägt, begleiten ihn ständig – selbst in den Hippiedörfern und Landkommunen. Und mancher muß sogar dort wie unter Zwang wieder vor ihnen fliehen, z. B. mittels Drogen. Der Betreffende lebt noch in der Vergangenheit, er hat noch den alten Maßstab in sich und glaubt, ihn immer wieder auflösen zu müssen. Er reproduziert ständig das Lustgefühl der Flucht. Eine Lösung bei der Neptun/Saturn-Problematik bahnt sich erst an, wenn klar wird, daß Krankheit und Sucht nur Ersatz sind für eine bewußte Auflösung des alten Maßstabs und seiner Projektionen in der Außenwelt.

Die Probleme, vor denen der Saturn/Neptun-Mensch flieht, sind nur die äußeren Spiegelbilder seiner inneren Problematik. Damit er wagt, die äußeren Probleme (z. B. Schwierigkeiten in

Partnerschaft und Beruf etc.) bewußt anzugehen, muß die Hemmung des Auflösungsprozesses in der Psyche aufgehoben werden. Diese Hemmung ist das starke Über-Ich, das ein aktives, bewußtes Überwinden der Probleme verhindert. Dieses Über-Ich muß in Zweifel gestellt, seine Relativität und sein Anachronismus müssen einsichtig gemacht werden. Die Situation rational zu erfassen genügt jedoch nicht. Das, was zur Einsicht gelangt ist, muß gefühlt und gelebt werden. Liegt ein Suchtproblem vor, so sollten sich auch die Familienangehörigen des Süchtigen nicht gegenüber einer Verhaltensveränderung und einer Veränderung von bisherigen Einstellungen und Maßstäben versperren; denn ein Suchtproblem darf nie isoliert gesehen werden. Meist wirken der Partner und die Umwelt als Verstärker (u. U. auch Komplementärverhalten). Der Süchtige flüchtet von der analen in die orale Phase. Er wird wieder ein unmündiges kleines Kind. Nimmt ihm die Umwelt alle Probleme ab, vor denen er flieht, bestätigt sie ihn in seinem falschen Verhaltensmuster, statt eine Umprogrammierung zu bewirken.

Zu berücksichtigen ist bei der Neptun/Saturn-Konstellation, daß sich die Sucht in vielfältigen Formen manifestieren kann und nicht immer so offensichtlich wie beim Trinker oder Drogensüchtigen zutage tritt. Auch eine Krankheit kann zur Sucht werden und als Flucht vor Verantwortung, Arbeit, Mühe, Plage oder vor Prüfungen inszeniert werden. «Ausgerechnet jetzt werde ich krank, sagt der Patient, doch dahinter kichert sein *Es*» (*Georg Groddeck*) und freut sich über die durch das Medium Krankheit gelungene Flucht.

Die Lösung der Saturn/Neptun-Problematik lautet also, daß Saturn und Neptun Partner werden. Nach der Auflösung des alten Maßstabs wird ein neuer erstellt, der wirklichkeitsadäquat ist und der nicht immer wieder zwanghaft aufgelöst werden muß.

Die eigenen Rechte und die eigene Verantwortung (Saturn) und der Ausdruck dieser Rechte und dieser Verantwortung (Neptun) kollidieren nicht mehr.

Projektionen in der Außenwelt:

>Gastwirtschaft
>Brauerei
>Drogenberatungsstelle
>Drogenberater
>Subkultur
>Schiffskapitän
>Astrologielehrer
>Marineschule
>Gaswerk

Somatische Auswirkungen:

>Osteopathien
>Osteoporose
>Störungen der Hypophyse und des inkretorischen
>Drüsensystems
>Leberleiden

Auswirkungen in der Partnerschaft

Hemmung:

Der Neptun/Saturn-Gehemmte sucht sich unbewußt einen Partner, der seine bisherigen Maßstäbe auflöst, oder einen, mit dem er vor der Realität fliehen kann. In vielen Fällen jedoch findet der Neptun/Saturn-Gehemmte auch einen Partner, der ihm in seinen Problemen hilft.

Kompensation:

Der Neptun/Saturn-Kompensator zieht unbewußt einen Partner an, der seine Hilfe braucht. Er hilft dem Einsamen, Ausgestoßenen, Süchtigen, Kranken, Behinderten etc.

Krise:

Der Neptun/Saturn-Gehemmte fühlt sich vom Helfer bevormundet. Er sucht sich u. U. einen neuen Helfer.

Der Neptun/Saturn-Kompensator fühlt sich frustriert, weil seine Hilfe nicht die erwartete Anerkennung findet.

Erwachsene Form:

Der Neptun/Saturn-Erwachsene bildet seine Fähigkeit aus, Hintergründe zu erfassen und Verantwortung zu zeigen. Er kann sich mit einem Partner verbinden, der wie er diese Fähigkeit besitzt.

LEKTION IV

Planeten in den Häusern

Planeten in den Häusern

Die Auswirkungen der Planeten in den Häusern können nur in sehr grober Form erläutert werden, da hier zusätzlich von ausschlaggebender Bedeutung ist, in welchem Haus der Planet «herrscht», in welchem Tierkreiszeichen er steht, ob er real oder verzaubert, aktiv oder passiv oder nur in der Projektion, in der Hemmung oder in der Kompensation erlebt wird, welche Aspekte er von den anderen Planeten empfängt und auf welcher Symbolebene er zum Ausdruck kommt.

Mars

Mars in 1: Gute Durchsetzungsfähigkeit, meist sportlich, maskuliner Typ, u. U. aggressiv und kriegerisch.

Mars in 2: Energische Abgrenzung und Absicherung, schnelle Entscheidung in Finanz- und Besitzangelegenheiten, finanzielle Transaktionen.

Mars in 3: Energischer Ausdruck (z. B. verbal oder schriftlich) der eigenen Person und des eigenen Standpunkts, sportlicher Ausdruck, Energien werden zur Aufnahme und Weitergabe von Informationen verwendet.

Mars in 4: Energien werden zur Durchsetzung der seelischen Eigenart verwendet, starke Aktivität in Haus- und Wohnungsangelegenheiten, familiäre Streitigkeiten.

Mars in 5: Energien werden zum Aufbau von eigenen Unternehmen verwendet oder für pädagogische Zwecke (Kinder) eingesetzt, schnelle sexuelle Erregung.

Mars in 6: Starker Durchsetzungsdrang im Arbeitsbereich, Ausagieren der Aggression im Arbeitsbereich oder Somatisierung der Aggression (Krankheit).

Mars in 7: Aggressives Denken, Streit in Begegnung und Partnerschaft, Angriffen in der Begegnung ausgesetzt oder selbst in der Begegnung angreifen, zieht energische Partner an (oft Widder oder Widder AC oder Leute mit starker Haus-1-Betonung), Erleben der eigenen Mars-Anlage in der Projektion, lernt durch den Partner, sich durchzusetzen.

Mars in 8: Angriff auf die Abgrenzung und Sicherung des anderen (Haus 8 = Haus 2 des anderen), aggressive Durchsetzung der eigenen Vorstellungen oder der eigenen Meinung. Energie wird für die Ansammlung von geistigem Besitz bzw. für die Festigung der Beziehung verwendet.

Mars in 9: Die eigene Mars-Anlage erscheint im Ausdruck des Partners. Energien werden für Reisen und Bildungszwecke verwendet, starkes Engagement in weltanschaulicher oder religiöser Hinsicht. Angriff auf den verbalen und schriftlichen Ausdruck des anderen. Die Durchsetzung geschieht über den Ausdruck des anderen, über das Zeigen als Paar oder durch Bildung.

Mars in 10: Durchsetzung in der Öffentlichkeit, Streben nach Anerkennung mit Initiative, Wagemut, Pionierarbeit, Aktivität, Sport, Durchsetzung durch Elternrollenspiel, Beruf mit Marssymbolen – Messer (Metzger, Chirurg etc.), Schießgewehr oder Revolver (Soldat, Polizist, Cowboy etc.) oder Sport (Profispieler, Trainer etc.).

Mars in 11: Die Energien werden für Emanzipation und Befreiung verwendet, Durchsetzung von Außergewöhnlichem, schnelles Ergreifen von Chancen (Sonderangebote etc.).

Mars in 12: Verdrängte Aggressionen, Angriffen aus dem Hinterhalt ausgesetzt, verdrängte Männlichkeit, verdrängte körperliche Triebe oder perverse Triebbedürfnisse. Energien werden für Hilfestellungen gegenüber Armen, Kranken, Ausgestoßenen etc. verwendet.

Venus – Stier

Venus in 1: Der materielle Besitz wird zur Durchsetzung der eigenen Person verwendet, Selbstbehauptung durch Abgrenzung und Sicherung gegenüber anderen, Durchsetzung durch Status und Prestige. Die eigene Person strebt nach Genuß und nach (materiellem) Wohlleben.

Venus in 2: Abgrenzung und Genußfähigkeit stark ausgeprägt, Gourmet, meist materieller Wohlstand.

Venus in 3: Ausdruck der eigenen Person mittels Vermögen, Besitz und Prestige, sichert sich durch Schulwissen ab.

Venus in 4: Meist Besitz an Grund und Boden, Sicherheit in der Empfindung, will seine seelische Eigenart absichern, Genuß und Wohlleben im Heim.

Venus in 5: Grundlage zur Entwicklung eines Eigenwertes sind Kinder und selbständiges Handeln, genießt Selbständigkeit und Spiel, grenzt sich im Handeln gegenüber anderen ab.

Venus in 6: Im Arbeitsbereich ein Eigenraum notwendig, ein fest abgegrenzter Bereich, will u.U. Prestige durch Anpassung, Dienen und Unterordnung erlangen, Prestige durch Untergebene (Arbeiter und Angestellte etc.).

Venus in 7: Die eigene Venus-Anlage erscheint in der Projektion, zieht Partner an, die genießen oder Prestige verkörpern wollen, lernt durch den Partner, sich abzugrenzen und zu genießen.

Venus in 8: Die eigene Venus-Anlage erscheint im materiellen Besitz des anderen (Haus 8 = Haus 2 des anderen), grenzt sich in seiner Vorstellung, in seinem geistigen Besitz gegenüber anderen ab, hat als Vorstellung: Genuß und materielles Wohlleben, sucht Sicherheit in einer Partnerbeziehung.

Venus in 9: Die eigene Venus-Anlage erscheint im Ausdruck

des Partners, grenzt sich in Weltanschauung und Philosophie gegenüber anderen ab, genießt auf Reisen und auf Kongressen, muß lernen, im geistigen Ausdruck sicher zu werden, Sicherheit und Prestige durch gemeinsame Reisen oder durch Zeigen als Paar.

Venus in 10: Streben nach Anerkennung mit materiellem Besitz, mit Status und Prestige, mit dem eigenen Lebensstil, will sich in einer öffentlich-rechtlichen Stellung absichern, identifiziert sich in seinem Lebensstil mit den Elternrollenspielern.

Venus in 11: Freiheit durch Besitz und Finanzen, genießt das Leben außerhalb des Herkömmlichen, hat eine eigene Auffassung in Lebensstil und Lebensgenuß, Etablierung in einer außergewöhnlichen Richtung.

Venus in 12: Verdrängte Genußfähigkeit oder heimlicher Genießer, genießt unangepaßt, u. U. materieller Besitz verschuldet, Lebensstil ist nicht anerkannt, Angst um Eigenwert und Finanzen.

Merkur – Zwillinge

Merkur in 1: Durchsetzung der eigenen Person durch Intellektualität, Sprache, Schrift oder durch praktische und technische Fähigkeiten oder durch Schulwissen.

Merkur in 2: Abgrenzung und Sicherung der eigenen Person durch Wort und Schrift, Gelderwerb durch Schreiben und Reden, Etablierung durch technische und praktische Fähigkeiten.

Merkur in 3: Gute Ausdrucks- und Lernfähigkeit, Interesse an Naturwissenschaft, Mathematik und Sprachen, praktische Veranlagungen, journalistische Begabung.

Merkur in 4: Praktische Fähigkeiten in Haus und Wohnung,

	Beschreiben von Empfindungen, intellektuelle Erfassung der seelischen Welt.
Merkur in 5:	Selbständigkeit, Handlungsfähigkeit und seelische Bindungsfähigkeit wird durch Reden, Lesen, Schreiben erlernt, künstlerische Anlagen, drückt sich über die Unternehmung, über das Handeln, über die Sexualität aus.
Merkur in 6:	Intellektuelle Anpassung, Erlernen, Gefühle zu zeigen durch Diskussionen und über Bücher. Lernen, sich im Arbeitsbereich verbal und nonverbal auszudrücken.
Merkur in 7:	Die eigene Merkur-Anlage erscheint in der Projektion, zieht Partner an, die gute Redner sind, aber auch Schriftsteller oder praktisch Veranlagte, lernt über den Partner, sich auszudrücken.
Merkur in 8:	Intellektuelle Erfassung von Leitbildern und Ideologien sowie des Lebensstils des Partners (Haus 8 = Haus 2 des anderen), lernt über die Partnerbeziehung, sich auszudrücken.
Merkur in 9:	Ausbildung des Intellekts über Weiterbildungsveranstaltungen, viele Diskussionen in der Partnerschaft. Lernt über Reisen, Weltanschauung, Philosophie und Religion sich auszudrücken.
Merkur in 10:	Verbaler und nonverbaler Ausdruck in der Öffentlichkeit bzw. in einer gehobenen beruflichen Position, starker Ehrgeiz im Reden und Schreiben, intellektuelle Erfassung der Normen und Maßstäbe bzw. dessen, was anerkannt ist, was «oben» ist.
Merkur in 11:	Intellektuelle Erfassung von neuen emanzipatorischen oder reformerischen Bestrebungen, muß lernen, unabhängig und frei zu reden und zu schreiben.
Merkur in 12:	Intellektuelle Erfassung der Hintergründe und der Transzendenz, die Fähigkeit zu reden und

zu schreiben ist verdrängt, Angst vorm Sprechen. Intrigen ausgesetzt, meist nur schwach ausgebildete technische und praktische Fähigkeiten.

Mond

Mond in 1: Durchsetzung und Empfindung, Gefühl, Zärtlichkeit, Natur, Weiblichkeit, Mütterlichkeit, Kinder, meist femininer, weicher Typ.
Mond in 2: Absicherung der eigenen Person durch Mütterlichkeit, durch Kinder, durch Haus und Wohnung (meist Hausbesitz), Gelderwerb durch Vermietung, Verpachtung, Immobilienbetrieb etc.
Mond in 3: Gefühlsmäßige Erfassung und Erschließung der Umwelt, wechselnde Wohnungen, häufige Übernachtungen in Pensionen, Gaststätten, Hotels. Identifikation mit Technik, Sprachbegabung.
Mond in 4: Starke Identifikation mit Heim, Heimat und Familie, starker Drang nach Geborgenheit und seelischer Wärme. Interesse für Dichtung, starke Beschäftigung mit den eigenen Gefühlen.
Mond in 5: Seelische Wärme in der Sexualität und gegen Kinder, Identifikation mit der eigenen Unternehmung, gefühlsmäßiges Handeln, Erfahrung von Selbstbewußtsein durch Schenken, Zärtlichkeit und seelische Liebe. Starker Drang zu schmusen, zu liebkosen und zu küssen. Geht gerne aus (tanzen gehen, essen gehen), Identitätsfindung über ein eigenes Unternehmen oder über einen schöpferischen Ausdruck.
Mond in 6: Gefühlsmäßige Anpassung, Identifikation mit der eigenen Arbeit, Tendenz zu Masochismus. Findet seine Identität über Psychoanalyse, Medizin, Krankheit und Arbeit, bei Frauen meist Anpassung an die traditionelle Frauenrolle.

Mond in 7: Erleben der eigenen Mond-Anlage in Begegnung und Partnerschaft, muß über den Partner lernen zu empfinden, häufiger Kontakt mit Menschen, die im Zeichen Krebs geboren wurden, mit Frauen, Kindern, Psychologen, Heilpraktikern, Einfühlen in den anderen.

Mond in 8: Meist Kind einer dominanten Mutter. In der Vorstellung stark verankert sind Begriffe wie Natur, Frau, Nahrung, Kleidung, Wohnung, Haus, Psychologie, Gefühl, Zärtlichkeit, Musik – Partner hat meist eigene Wohnung oder Hausbesitz (Haus 8 = Haus 2 des anderen).

Mond in 9: Zärtlicher oder familiärer gemeinsamer Ausdruck, gefühlsmäßiges Erfassen der geistigen Welt, Nahrung oder Natur spielen in der Weltanschauung des Horoskopeigners meist eine große Rolle.

Mond in 10: Streben nach Anerkennung mit Gefühl, Mütterlichkeit, Seele, Zärtlichkeit, Schenken von Geborgenheit, oft sozialer Beruf oder Beruf, der mit Nahrung, Kleidung, Wohnung in Beziehung steht, Natur als Maßstab, Popularität.

Mond in 11: Identifikation mit dem Außergewöhnlichen, mit Reform und Emanzipation. Im Horoskop des Mannes: Frau meist selbständig (Haus 11 = Haus 5 des Partners) oder will sich befreien, um sich selbst zu verwirklichen.

Mond in 12: Verdrängte Gefühle, Gefühle der Einsamkeit und Ausgestoßenheit, ständiges Träumen, sich einfühlen in den Hintergrund, soziale Einstellung gegenüber Kranken, Armen, Ausgestoßenen, Süchtigen, seelisches Chaos.

Sonne

Sonne in 1: Emotionale Durchsetzung der eigenen Person, Person drängt nach Selbständigkeit, Tendenz zu Narzißmus, Verwirklichung über Pionierarbeiten, Pilotprojekte, Initiativen.

Sonne in 2: Verwirklichung in Genuß und materiellem Besitz, sucht Sicherheit, Status und Prestige, Tendenz zu Vorratsbeschaffung, meist politische Interessen, meist starker Sammeltrieb (Briefmarken, Möbelstücke, Zeitungsausschnitte, Bierdeckel, elektrische Eisenbahnen etc.).

Sonne in 3: Verwirklichung im praktischen Bereich oder in Technik und Naturwissenschaft, Person will sich und ihren Besitz ausdrücken.

Sonne in 4: Verwirklichung in Familie, Heim, Wohnung, Natur, Kinder, will mit der eigenen Empfindung glänzen, schöpft aus der Empfindung (oft künstlerischer Beruf).

Sonne in 5: Verwirklichung geschieht durch unternehmerische Tätigkeit, durch Selbständigkeit. Selbständig handeln zu können ist hier oberster Grundsatz.

Sonne in 6: Verwirklichung im Zeigen von Gefühlen, Analyse und Reinigung, aber auch (in der Verzauberung) Verwirklichung durch Anpassung, Arbeit, Krankheit und Dienen.

Sonne in 7: Verwirklichung kann nur über den Kontakt mit anderen stattfinden, muß in der Begegnung (evtl. über den Partner) lernen, sich emotional auszudrücken und selbständig zu werden, zieht meist Partner an, deren Sonne im Löwen steht, die AC-Löwe sind oder in Haus 5 eine starke Planetenbesetzung aufweisen.

Sonne in 8: Verwirklichung über geistigen Besitz, über Leitbilder oder über feste Partnerbeziehungen, Partner meist vermögend (Haus 8 = Haus 2 des an-

	deren), Macht und Unterdrückung (aktiv oder passiv).
Sonne in 9:	Verwirklichung in der Weiterentwicklung einer Partnerschaft oder auf dem Gebiet von Religion und Philosophie, Verselbständigung über Reisen und kulturelle Veranstaltungen, selbständiger geistiger Ausdruck.
Sonne in 10:	Streben nach Anerkennung mit Selbständigkeit und unternehmerischen Fähigkeiten, starkes Mittelpunktstreben, das Handeln der Person ist darauf angelegt, Anerkennung zu ernten. Selbstsicheres Auftreten in der Öffentlichkeit – daher meist Inhaber einer mächtigen oder leitenden Position. Bei nichtemanzipierten Frauen: Ehemann meist anerkannte Persönlichkeit des öffentlichen Lebens.
Sonne in 11:	Verwirklichung außerhalb der Norm, Verwirklichung durch Teilnahme an neuen oder reformerischen Bestrebungen, tritt meist außergewöhnlich in Erscheinung.
Sonne in 12:	Verwirklichung im Hintergrund, Verwirklichung durch Wahrnehmung der Welt jenseits dessen, was anerkannt ist, Verwirklichung durch Wahrnehmung des Verdrängten (Krankenhaus, Nervenheilanstalt, Gefängnis, Transzendenz), verdrängte Selbständigkeit und verdrängte Selbstverwirklichung.

Merkur – Jungfrau

Merkur in 1:	Durchsetzung der eigenen Person durch Wahrnehmung und Zeigen von Gefühlen, Durchsetzung durch Arbeit, Dienen, Unterordnung. Durchsetzung durch analytische oder diagnostische Fähigkeiten.
Merkur in 2:	Abgrenzung und Sicherung der eigenen Per-

son und des eigenen materiellen Besitzes geschieht durch den Ausdruck der Gefühle oder durch Anpassung, Krankheit, Arbeit, Dienen, Unterordnung. Analyse der Gesellschaft (soziologische Fähigkeiten), politische Analysen. Prestige durch Detailwissen.

Merkur in 3: Die Person drückt sich angepaßt und arbeitsam aus, Wahrnehmung und Analyse von Technik, Naturwissenschaft etc.

Merkur in 4: Entdeckung der seelischen Eigenart geschieht durch Arbeit, Anpassung, Krankheit oder über Analyse und Diagnose. Wahrnehmungs- und Beobachtungsfähigkeit wird im Wohnbereich (z. B. Baubiologie) oder in der Natur eingesetzt (z. B. Förster).

Merkur in 5: Analytische Fähigkeiten werden im pädagogischen Bereich eingesetzt. Drang, selbständig zu arbeiten.

Merkur in 6: Analyse und Diagnose von körperlicher und seelischer «Verschmutzung», Anpassungszwänge.

Merkur in 7: Erleben der eigenen Merkur-Anlage in Begegnung und Partnerschaft, muß über den Partner lernen, Gefühle wahrzunehmen, zu artikulieren und zu zeigen, häufige Begegnung mit Menschen mit Sonne in der Jungfrau, mit Jungfrau-AC oder mit starker Planetenbesetzung in Haus 6.

Merkur in 8: Analyse von Leitbildern, Nutzung von Status und Prestige des anderen, in der Vorstellung: Unterordnung der eigenen Person oder Unterordnung des anderen.

Merkur in 9: Der gemeinsame Ausdruck ist angepaßt, der Ausdruck des anderen ist angepaßt, arbeitsam, kränklich, seelisches Erfassen der großen, weiten Welt (Reisen etc.), differenzierter geistiger Ausdruck.

Merkur in 10: Analyse des Maßstabs von Gut und Böse, durch Anpassung, Unterordnung, Arbeit oder Krankheit im Mittelpunkt stehen, durch Analyse und Diagnose Anerkennung erhalten.

Merkur in 11: Seelische Erfassung von Reform- und Emanzipationsbestrebungen, Nutzung von Sonderangeboten, Arbeit für die Unternehmung des anderen (Haus 11 = Haus 5 des anderen).

Merkur in 12: Analyse der Hintergründe, Analyse von Verdrängtem, von Transzendenz, Arbeit im Krankenhaus, in einer Heilanstalt oder im Gefängnis, seelische Erfassung der Welt jenseits dessen, was anerkannt ist. Wahrnehmung von Alternativen.

Venus – Waage

Venus in 1: Durchsetzung durch Schönheit, Eleganz und erotische Ausstrahlung, Schönheit des Körpers, Drang nach Harmonie und Erotik, Neigung zu Bequemlichkeit, Wohlleben, Verwöhnung, Liebe zum eigenen Körper.

Venus in 2: Die Kontaktfähigkeit wird auf dem Sektor «Abgrenzung, Sicherung und Finanzen» erlernt, z. B. Kontakt mit Bausparer, Versicherungsnehmer, Steuerzahler etc., schöner, vornehmer, materieller Besitz, liebt den eigenen Besitz.

Venus in 3: Schöner eleganter Ausdruck der eigenen Person (oder der sichtbaren Welt mittels Lichtbildern oder Filmen), drückt sich erotisch reizvoll aus, spricht und schreibt harmonisch und distinguiert. Liebe zum eigenen Ausdruck (meist modisch gekleidet etc.).

Venus in 4: Harmonie und Schönheit im Haus, Entdeckung der seelischen Eigenart über Begegnungen im Heim, Harmonieempfindlichkeit im Gefühlsbereich, Liebe zur eigenen Empfindung, verliebt in das eigene Heim, Interesse an Innenarchitektur.

Venus in 5: Schönheit und Ästhetik im Schöpferischen oder in der Unternehmung, erotisches Flair in der Sexualität, harmonische Beziehung zu Kindern, Liebe zu den eigenen Schöpfungen (Kinder, Bilder, Kunstgegenstände etc.).

Venus in 6: Harmonischer Ausdruck der Gefühle, der seelische Ausdruck ist erotisch und liebevoll, aber auch Arbeit für das Schönheitsprinzip (Arbeit in der Kosmetik oder Parfümerieindustrie etc.), Liebe zur Arbeit.

Venus in 7: Einströmen vieler erotischer Reize in der Begegnung, erwirkt friedliche Atmosphäre in der Partnerschaft, Harmoniestreben in der Begegnungssituation, Erleben der eigenen Venus-Anlage in Begegnung und Partnerschaft, häufiger Kontakt mit Menschen mit Tierkreiszeichen Waage, Waage-AC, Venus in Haus 1 oder starker Planetenbesetzung im 7. Haus, Liebe zu den eigenen Ideen.

Venus in 8: In der Vorstellung: Wohlleben, Friede, Freude, Harmonie, Schönheit, Glück, Liebe, Erotik, Mode, Schmuck; Liebe zu Leitbildern, aber auch Liebe des eigenen geistigen Besitzes.

Venus in 9: Schöne Reisen, friedliche Weltanschauung, der geistige Ausdruck ist harmonisch und ausgleichend. Auf Harmonie im praktischen Vollzug der Partnerschaft bedacht, Liebe zur eigenen Weltanschauung. Schöner Ausdruck des anderen (Haus 9 = Haus 3 des anderen).

Venus in 10: Harmonie und Ausgleich werden zum Ideal erhoben, Kontaktfähigkeit wird über den Beruf oder über die Öffentlichkeit erlernt, Liebe zum Beruf, Streben nach Anerkennung mit Mode und Schönheit, schönes Heim des anderen (Haus 10 = Haus 4 des anderen).

Venus in 11: Neue Ideen, Streben nach Gleichberechtigung in der Partnerschaft, die Befreiung geschieht durch oder über den Partner, freie Liebe, unabhängige Kontakte, unabhängige Mode, Liebe zur Freiheit.

Venus in 12: Heimliche Liebschaften, außergewöhnliche Lieben, verdrängte geistige und erotische Eigenart, Liebe zu Mystik und Transzendenz.

Pluto

Da der Pluto vielen Menschen besondere Schwierigkeiten bereitet, seien hier seine Häuserstellungen etwas detaillierter aufgeführt:

Pluto in 1

Hemmung: Unterdrückung der eigenen Durchsetzung. Durchsetzung der eigenen Person ist fremdbestimmt. Unterdrückung von Initiative, Wagemut, Pionierarbeit.

Kompensation: Dominante Durchsetzung der eigenen Person, Verkörperung von Macht, Streben nach Chefposten. Tendenz, anderen die eigene Meinung aufzuzwingen.

Erwachsen: Durchsetzung der eigenen Person durch eine eigene Meinung (ohne sie aufzuoktroyieren), durch ein Konzept, durch ein System, durch Wissen.

Pluto in 2

Hemmung: Unterdrückung der eigenen Genuß- und Abgrenzungsfähigkeit, unterdrückter Eigenwert, der eigene Lebensstil richtet sich nach einer fremden Vorstellung, Tendenz zu finanziellen Defiziten.

Kompensation: Macht durch Besitz und Finanzen, Eigenwert wird durch Macht erworben, dogmatischer Lebensstil, zwanghaftes Ansammeln von Vorrat.

Erwachsen: Entwicklung eines Konzepts, auf welche Art und Weise Sicherheit erlangt werden kann. Bereitschaft, in bezug auf Haus 2 einen Weg zu beschreiten (z. B. Ausbildung von wirtschaftlichen Fähigkeiten).

Pluto in 3

Hemmung: Lernzwänge, der eigene Ausdruck soll der Vorstellung eines anderen entsprechen. Der eigene freie Aktionsradius ist nicht gewährleistet. Unterdrückung der eigenen Interessen.

Kompensation: Sich als Machthaber oder Chef darstellen. Dogmatischer Ausdruck der eigenen Person, dominantes Sprechen.

Erwachsen: Sich ein Konzept erarbeiten, mit dem man sich darstellen kann. Darstellung einer eigenen Meinung.

Pluto in 4

Hemmung: Unterdrückte seelische Eigenart, familiäre Zwänge, seelische Eigenart darf sich nur im Rahmen einer bestimmten Vorstellung entfalten.

Kompensation: Machtausübung im familiären Bereich, eigene Empfindung wird zum Dogma erhoben.

Erwachsen: Eine Vorstellung über die eigene Natur und über das eigene Wesen entwickeln. Ein eigenes Konzept entwerfen, wie man den Weg zu einer eigenen Identität gehen, wie man Geborgenheit erlangen kann.

Pluto in 5

Hemmung: Das eigene Handeln und die eigene Schöpfung stehen unter Erwartungsdruck, unterdrückte Sexualität, unterdrückte schöpferische Fähigkeiten, unterdrückte Selbständigkeit, Zwänge, die durch Kinder bedingt sind.

Kompensation: Sexuelle Fixierungen. Handeln nach festen Prinzipien und Vorstellungen.

Erwachsen: Eine Vorstellung ausbilden, auf welche Art und Weise Selbständigkeit erlangt werden kann, sich Wissen über Sexualität und Kindererziehung aneignen, ein eigenes System kreieren.

Pluto in 6

Hemmung: Arbeitszwänge, unterdrückte Wahrnehmungs- und Beobachtungsfähigkeit, unterdrückte Sauberkeit.

Kompensation: Zwanghaftes Analysieren. Analyse und Beobachtung nach einem bestimmten System oder einer Lehrmeinung.

Erwachsen: Eine Vorstellung ausbilden und einen Weg abstecken, wie man eine Arbeit finden kann, die dem eigenen Wesen gemäß ist, Vorstellungen entwickeln, wie man seine Gefühle zeigen kann, und diese neuen Programme dann in der Praxis des Lebens einüben.

Pluto in 7

Hemmung: Unterdrückte Begegnungs- und Kontaktfähigkeit. Tendenz, einen dominanten Partner anzuziehen, häufige Begegnung mit Dogmatikern und Machthabern. Erwartungshaltungen in Begegnung und Partnerschaft ausgesetzt. Unterdrückung des eigenen Geschmacks.

Kompensation: Unterdrückung des Partners, dem Partner seine Meinung aufzwingen, Fixierung auf einen bestimmten Partnertypus. Die Selbstbehauptung und Durchsetzung des Partners (Haus 7 = Haus 1 des anderen) durch eigenes dominantes Verhalten unterbinden.

Erwachsen: Die eigene Meinung in die Begegnung einbringen, aber auch die Meinung des anderen achten. Die eigene Vorstellung mit der Vorstellung des anderen abwägen und zu einem Kompromiß kommen.

Pluto in 8

Hemmung: Unterdrückte Beziehungsfähigkeit, unterdrückte Transformationsfähigkeit, Absolvieren von Zwangsritualen. Fremdbestimmter geistiger Besitz.

Kompensation: Den Lebensstil des Partners (Haus 8 = Haus 2 des anderen) durch eigene Ideologien oder Erwartungshaltungen fremdbesetzen. Tendenz zum Dogmatismus.

Erwachsen: Vorstellungen entwickeln, auf welche Art und Weise ein gemeinsamer Lebensstil möglich ist, ohne den eigenen Lebensstil und den des Partners zu unterdrücken.

Pluto in 9

Hemmung: Es besteht keine Vorstellung, auf welche Art und Weise die Partnerschaft weiterentwickelt und verbessert werden kann, fremdbestimmt durch eine Weltanschauung, Philosophie oder Religion. Unterdrückung des Sinnfindungsprozesses.

Kompensation: Dogmatische Weltanschauung, Philosophie oder Religion. Durch Vorstellungen, Erwartungshaltungen und religiöse Leitbilder den Ausdruck des anderen (Haus 9 = Haus 3 des anderen) unterdrücken.

Erwachsen: Vorstellungen entwickeln, auf welche Art und Weise die Partnerschaft weiterentwickelt und verbessert werden kann, den Weg zur eigenen Sinnfindung beschreiten, den anderen seine Vorstellung zum Ausdruck bringen lassen.

Pluto in 10

Hemmung: Unterdrückung der eigenen Rechte und der eigenen Verantwortung, Unterdrückung der eigenen Ziele, Fremdbestimmung im Berufsleben.

Kompensation: Machtausübung in Beruf und Öffentlichkeit, Tendenz, den anderen in seiner seelischen Eigenart (Haus 10 = Haus 4 des anderen) zu unterdrücken.

Erwachsen: Eine Vorstellung entwickeln, auf welche Art und Weise eigene Ziele erreicht werden können, den Weg zu seiner wahren Berufung finden.

Pluto in 11

Hemmung: Unterdrückung der eigenen Freiheit und Unabhängigkeit, fremdbestimmte Freizeit, Unterdrückung der eigenen Emanzipationsbestrebungen.

Kompensation: Fixiert auf Freiheit und Freizeit, kämpft für seine Unabhängigkeit, Handeln und Sexualität des anderen sollen sich nach den eigenen Vorstellungen richten.

Erwachsen: Ein Konzept entwickeln, auf welche Art und

Weise man sich von den bisherigen Zwängen befreien kann (z. B. Dreijahresplan), den Weg zur eigenen Freiheit und Unabhängigkeit beschreiten.

Pluto in 12

Hemmung: Die Wahrnehmung der Hintergründe sowie das Zeigen der eigenen Rechte und der eigenen Verantwortung sind unterdrückt, Unterdrückung der Fähigkeit, Alternativen zu entwickeln, Unterdrückung der eigenen Phantasie.

Kompensation: Zwingt den anderen zur Anpassung (Haus 12 = Haus 6 des anderen). Verstecktes Machtstreben.

Erwachsen: Konzepte kreieren, auf welche Art und Weise Alternativen entwickelt werden können. Wissen ansammeln über die kosmische Bestimmung des Menschen, über die Hintergründe des Seins und über die Funktion der Lebensgesetze.

Jupiter

Jupiter in 1: Die Durchsetzung geschieht durch Toleranz, durch den geistigen Ausdruck, durch Reisen, durch Verkörperung von Bildung oder von Internationalität, Person wird gefördert oder fördert selbst andere.

Jupiter in 2: Sozialer Aufstieg, Eigenwert durch Bildung und durch Vermögensvermehrung, meist rechtlich abgesichert durch Lizenz, Meistertitel, Diplom oder Promotion.

Jupiter in 3: Gebildeter verbaler und nonverbaler Ausdruck, Weiterentwicklung von praktischen und technischen Fähigkeiten, erweitertes Schulwissen durch eine Fülle von Informationen.

Jupiter in 4: Reichhaltiges Gefühlsleben, glückliches Familienleben, geräumiges Heim.

Jupiter in 5: Aufbau und Ausbau eines Unternehmens, erfolgreiches Handeln, Weiterentwicklung von seelischen Bindungen, Beliebtheit bei Kindern, Glück in Sexualität und Spiel, die eigene Selbständigkeit und das eigene Handeln werden gefördert.

Jupiter in 6: Über den Arbeitsprozeß wird Bildung erlangt, Expansion im Zeigen von Gefühlen, Aufstieg im Angestellten- oder Beamtenverhältnis.

Jupiter in 7: Meist in der Begegnung beliebt, gute Kontaktfähigkeit, Erleben der eigenen Jupiter-Anlage in Begegnung und Partnerschaft, muß über Begegnung und Partnerschaft lernen, sich geistig auszudrücken, eine eigene Weltanschauung auszubilden, häufige Begegnung mit Menschen mit Sonne im Schützen, Schütze-AC, Jupiter in Haus 1 oder starker Planetenbesetzung in Haus 9.

Jupiter in 8: Hohes Prestige des anderen (Haus 8 = Haus 2 des anderen), Erweiterung des Eigenraumes des anderen, in der Vorstellung: Bildung, Aufstieg, Expansion, Wohlwollen, Förderung, Toleranz.

Jupiter in 9: Guter geistiger Ausdruck, starker Bildungsdrang, viele Reisen, differenzierte Weltanschauung, Philosophie, Religion.

Jupiter in 10: Beruflicher Aufstieg, das Geistige wird zum Ideal erhoben, Streben nach Anerkennung mit Bildung, Förderung der seelischen Eigenart des anderen, Ziel: Wachstum, Erweiterung, Ausbau, Aufbau, Glück.

Jupiter in 11: Mitwirkung am Aufbau und Ausbau von progressiven Bestrebungen und gemeinsamen Unternehmungen, gewinnt immer mehr Freiheit und Unabhängigkeit, Förderung der Selbständigkeit und der Unternehmung des anderen (Haus 11 = Haus 5 des anderen), Glück in gemeinsamen Unternehmungen.

Jupiter in 12: Heimliches geistiges Leben oder verdrängtes geistiges Wachstum, Glück in der Einsamkeit und in der Stille, verdrängter oder heimlicher Aufbau und Ausbau, Förderung aus dem Hintergrund, Bildung als Autodidakt (heimliche, nicht anerkannte Bildung).

Da die Planeten Saturn, Uranus und Neptun für das Verständnis eines an späterer Stelle aufgeführten Kurzsystems von entscheidender Bedeutung sind, sollen diese drei Planeten etwas ausführlicher (durch Differenzierung nach Hemmung, Kompensation, Erwachsen) erläutert werden:

Saturn

Saturn in 1

Hemmung: Durchsetzung ist gehemmt, Hemmung in der Entdeckung der körperlichen Eigenart und der körperlichen Triebe, Hemmung in Aktivitäten, in Initiativen und Pionierarbeiten.

Kompensation: Durchsetzung durch Elternrollenspiel, durch Maßregelung, durch Verkörperung von Gesetz, Recht und Norm.

Erwachsen: Durchsetzung der Rechte des Lebens, Recht auf Durchsetzung, Recht auf körperliche Eigenart.

Saturn in 2

Hemmung: Eigenwert ist gehemmt, Hemmung in der Genuß- und Abgrenzungsfähigkeit, karger Lebensstil, richtet seinen Lebensstil nach den Normen der Eltern bzw. der Gesellschaft.

Kompensation: Streben nach Anerkennung mit Besitz, Finanzen, Politik, Kompensation der Hemmung im Eigenwert durch ständige Anhäufung von Besitz.

Erwachsen: Recht auf Abgrenzung, auf Eigenraum, auf Eigentum, auf Genuß, die Gesetze des Lebens in die Gesellschaft tragen.

Saturn in 3

Hemmung: Ausdruck ist gehemmt, Redehemmung, Hemmung im Schulwissen.

Kompensation: Streben nach Anerkennung mit Sprache, Schrift, Information, Schulwissen, der Ausdruck erfolgt entsprechend dem gesellschaftlichen Ideal, tritt belehrend, maßregelnd oder strafend auf.

Erwachsen: Die Gesetze des Lebens in der Welt verbreiten, Recht auf eigenen Ausdruck.

Saturn in 4

Hemmung: Empfindung ist gehemmt, Empfindung lt. Vorschrift, Hemmung in der Entdeckung der seelischen Eigenart.

Kompensation: Die Hemmung in der Empfindung wird zum Maßstab erhoben, die eigene Empfindung wird zum Ideal und Richtmaß für andere.

Erwachsen: Recht auf seelische Eigenart, die Gesetze des Lebens in Familie und Heimat tragen.

Saturn in 5

Hemmung: Handlungsfähigkeit, Selbständigkeit und Sexualität sind gehemmt, Hemmung in der Ansammlung von Gefühlen, Hemmung in der seelischen Sicherheit und seelischen Bindungsfähigkeit.

Kompensation: Kompensation der Hemmung durch Leistung auf dem unternehmerischen Sektor oder auf dem Gebiet der Sexualität, normorientiertes Handeln.

Erwachsen: Recht auf selbständiges Handeln, Recht auf seelische Sicherheit und Sexualität, die Gesetze des Lebens in den pädagogischen Bereich tragen.

Saturn in 6

Hemmung: Hemmung in der Wahrnehmung und im Zeigen von Gefühlen, Hemmung in der Anpassung, Hemmung in der Sauberkeit, Hemmung in der Fähigkeit zu analysieren.

Kompensation: Streben nach Anerkennung mit Arbeit, Analyse, Reinigung, Elternrollenspiel gegenüber Angestellten.

Erwachsen: Die Gesetze des Lebens ins Arbeitsleben tragen, Recht auf Ausdruck der eigenen Gefühle.

Saturn in 7

Hemmung: Hemmung in der Kontaktfähigkeit, Hemmung in der Entdeckung der geistigen und erotischen Eigenart, Denken ist überichbelagert, Kontakt mit saturnbetonten Menschen, Maßregelung von seiten des Partners, Partner ist Elternrollenspieler.

Kompensation: Streben nach Anerkennung beim Partner und Mitmenschen, Hemmung der Durchsetzung des anderen (Haus 7 = Haus 1 des anderen), Elternrollenspieler gegenüber dem Partner und den anderen.

Erwachsen: Die Gesetze des Lebens in die Begegnung tragen, Recht auf eigene Ideen, Recht auf eigenen Geschmack, Recht auf erotische Eigenart.

Saturn in 8

Hemmung: Beziehungsfähigkeit ist gehemmt, der eigene geistige Besitz ist überichbelagert, Hemmung in der Ansammlung eigener Ideen.

Kompensation: Normerfüllung in der Partnerbeziehung (Ehe), Streben nach Anerkennung mit Ansammlung von Wissen, Hemmung des Eigenwerts, der Abgrenzung oder des Eigenraums des anderen (Haus 8 = Haus 2 des anderen).

Erwachsen: Die Gesetze des Lebens in der Partnerbeziehung vertreten, Recht auf eigenen geistigen Besitz, Recht auf eine eigene Vorstellung, Recht auf einen eigenen Weg.

Saturn in 9

Hemmung: Geistige Ausdrucksfähigkeit, Bildungsfähigkeit, gemeinsamer Ausdruck mit dem Partner und Ausdruck des Partners sind gehemmt, Hemmung in Reisen, Weltanschauung und Bildung sind überichbelagert.

Kompensation: Streben nach Anerkennung mit Bildung, Weltanschauung und Religion, Kompensation der Hemmung durch Reisen, Hemmung des Ausdrucks des anderen (Haus 9 = Haus 3 des anderen).

Erwachsen: Die Gesetze des Lebens als Richtmaß für die Weiterentwicklung der geistigen Anlagen und für den Ausbau einer Partnerschaft nehmen, Recht auf eine eigene Weltanschauung.

Saturn in 10

Hemmung: Hemmung in der Entdeckung der eigenen Rechte und der eigenen Verantwortung, Hemmung in der Öffentlichkeit und im Berufsleben, Schuldgefühle.

Kompensation: Streben nach Anerkennung in der Öffentlichkeit, Hemmung der seelischen Eigenart des anderen (Haus 10 = Haus 4 des anderen).

Erwachsen: Die Gesetze des Lebens in die Öffentlichkeit tragen, Recht auf Entdeckung der eigenen Rechte.

Saturn in 11

Hemmung: Freiheit und Unabhängigkeit sind gehemmt, Hemmung in der Ansammlung der eigenen Rechte, Einschränkungen in der Freizeit.

Kompensation: Streben nach Anerkennung mit Freizeitgestaltung, Reform und Emanzipation, Hemmung der Selbständigkeit des anderen (Haus 11 = Haus 5 des anderen).

Erwachsen: Die Gesetze des Lebens in alle freiheitlichen Bestrebungen tragen, Rechte auf Freiheit, Freizeit und Unabhängigkeit.

Saturn in 12

Hemmung: Wahrnehmung und Zeigen von Verantwortung und Recht sind gehemmt, die Wahrnehmung der Welt jenseits dessen, was anerkannt ist, ist gehemmt.

Kompensation: Streben nach Anerkennung im Hintergrund, im Krankenhaus etc., Hemmung des seelischen Ausdrucks des anderen (Haus 12 = Haus 6 des anderen).

Erwachsen: Die Gesetze des Lebens in den Hintergrund tragen, Recht auf Ausdruck der eigenen Rechte, Recht auf Wahrnehmung der Welt jenseits dessen, was anerkannt ist.

Uranus

Uranus in 1

Hemmung: Die Durchsetzung der Freiheit und Unabhängigkeit ist gehemmt, starke Nervosität.

Kompensation: Befreit sich immer wieder, erobert die Freiheit immer wieder aufs neue, fungiert als Symbol für Reform, Emanzipation, Veränderung.

Erwachsen: Freie, unabhängige Durchsetzung der eigenen Person und ihrer körperlichen Eigenart.

Uranus in 2

Hemmung: Die Freiheit im Lebensstil, die finanzielle Unabhängigkeit, der unabhängige Eigenwert sind gehemmt.

Kompensation: Sich immer wieder durch außergewöhnlichen Lebensstil oder außergewöhnlichen Besitz von der Masse abheben, sich über materiellen Besitz von Einengung befreien.

Erwachsen: Freier, unabhängiger Lebensstil, finanzielle Freiheit, der Eigenwert ist nicht mehr an der Norm orientiert.

Uranus in 3

Hemmung: Der freie Ausdruck ist gehemmt.

Kompensation: Sich außergewöhnlich ausdrücken und sich dadurch hervorheben, sich über den Ausdruck immer wieder vom Gewöhnlichen, vom alltäglichen Trott befreien.

Erwachsen: Freier, unabhängiger Ausdruck.

Uranus in 4

Hemmung: Die Freiheit der Seele, der Gefühlswelt ist gehemmt, Nervosität.

Kompensation: Befreiung über Wohnungswechsel, Veränderung innerhalb des Hauses, durch die seelische Eigenart bzw. durch die eigene Empfindung Aufsehen erregen, sich immer wieder von der Hemmung in der Empfindung befreien.

Erwachsen: Freie, unabhängige Empfindung.

Uranus in 5

Hemmung: Die Freiheit des Handelns, der Selbständigkeit und der Sexualität ist gehemmt.

Kompensation: Sich immer wieder von Hemmungen in der Sexualität (häufiger Wechsel von sexuellen Beziehungen) oder im Handeln befreien, in bestimmten Intervallen werden Tabus und Normen übertreten.

Erwachsen: Freies, unabhängiges Handeln und freie Sexualität.

Uranus in 6

Hemmung: Die Freiheit, Gefühle zu zeigen, ist gehemmt, Aufregungen im Arbeitsbereich.

Kompensation: Befreiung über Arbeitsplatzwechsel, ständige Befreiung von Anpassungszwängen.

Erwachsen: Freier, unabhängiger Ausdruck der eigenen Gefühle.

Uranus in 7

Hemmung: Der freie Kontakt mit anderen Menschen ist gehemmt, Erleben der eigenen Uranus-Anlage am Partner, Aufregungen in der Begegnung.

Kompensation: Sich immer wieder von der bisherigen Umwelt oder vom bisherigen Partner befreien.

Erwachsen: Freie, unabhängige Begegnung und Partnerschaft.

Uranus in 8

Hemmung: Die Freiheit und Unabhängigkeit in der Partnerbeziehung, die Freiheit und Unabhängigkeit der eigenen Meinung und des eigenen Weges sind gehemmt.

Kompensation: Sich immer wieder von Partnerbeziehungen, Leitbildern, Erwartungshaltungen und Zwängen befreien.

Erwachsen: Freier, unabhängiger, geistiger Besitz, freie, unabhängige Partnerbeziehung.

Uranus in 9

Hemmung: Die Freiheit und Unabhängigkeit im praktischen Vollzug der Partnerschaft und der eigenen Ideen sind gehemmt, die Freiheit von Bildung und Weltanschauung ist gehemmt.

Kompensation: Sich immer wieder von Hemmungen im praktischen Vollzug der Partnerschaft und in der geistigen Weiterentwicklung befreien, sich immer wieder über Reisen befreien, mit der Freiheit der eigenen Weltanschauung Anerkennung ernten wollen.

Erwachsen: Freie, unabhängige Weiterentwicklung der Partnerschaft und der geistigen Eigenart, freie, unabhängige Weltanschauung und Bildung.

Uranus in 10

Hemmung: Die freie, unabhängige Entdeckung der eigenen Rechte ist gehemmt, Veränderung im Beruf (passiv).

Kompensation: Sich immer wieder durch Erregen von Aufsehen in der Öffentlichkeit befreien, in Intervallen den alten Maßstab von Gut und Böse übertreten, Veränderung im Beruf (aktiv).

Erwachsen: Freie, unabhängige, eigene Rechtsordnung.

Uranus in 11

Hemmung: Die Freiheit, eigene Rechte anzusammeln und zu investieren, ist gehemmt, Erleiden von sexueller «Untreue» des Partners (Haus 11 = Haus 5 des anderen).

Kompensation: Sich immer wieder durch Übertritte gegenüber dem bisherigen Maßstab von Gut und Böse befreien, sich von der Norm, nur gemeinsam mit dem Partner etwas unternehmen zu dürfen, befreien.

Erwachsen: Freie, unabhängige Entwicklung, freie, unabhängige Ansammlung der eigenen Rechte.

Uranus in 12

Hemmung: Die Freiheit und Unabhängigkeit, die Welt jenseits dessen, was anerkannt ist, wahrzunehmen, sind gehemmt, heimliche Rebellion und Revolution.

Kompensation: Sich über das Verdrängte, über den Hintergrund, über die Wahrnehmung der eigenen Rechte befreien.

Erwachsen: Freier Ausdruck der eigenen Rechte, freies, unabhängiges Erfassen von Hintergründen.

Neptun

Neptun in 1

Hemmung: Durchsetzungsschwäche, Verunsicherung in der Durchsetzung, Angst vor Durchsetzung, Person empfängt Hilfe.

Kompensation: Person fungiert als Symbol für Sucht, Flucht oder Mystik, spielt die Rolle des Helfers.

Erwachsen: Durchsetzung von kosmischen Fähigkeiten, Entdeckung der Hintergründe, unangepaßte Durchsetzung der eigenen Person.

Neptun in 2

Hemmung: Verunsicherter, schwacher Eigenwert, Abgrenzungsschwäche, Verunsicherung der eigenen Grenzen und des Eigenraums, Genußangst, Hilfeempfänger in bezug auf Finanzen (z. B. von anderen Geld ausleihen).

Kompensation: Genußsucht, Vortäuschen eines höheren Sozialprestiges, Helferrolle in bezug auf Finanzen (z. B. Geld ausleihen).

Erwachsen:	Materielle und körperliche Sicherheit durch Zeigen der eigenen Rechte und durch Zeigen von Verantwortung, Eigenwert ist nicht mehr an der bisherigen Norm orientiert (unangepaßt).

Neptun in 3

Hemmung:	Ängstlicher, unsicherer Ausdruck, Angst vor dem Reden und Schreiben.
Kompensation:	«Ausuferndes» Reden, systemloser Ausdruck der eigenen Person (oft nachlässige Kleidung).
Erwachsen:	Unangepaßter Ausdruck, Ausdruck von kosmischen Fähigkeiten.

Neptun in 4

Hemmung:	Verunsicherte seelische Eigenart, unsichere Wohnverhältnisse, seelische Vereinsamung, keine Identitätsfindung in bezug auf Wohnung und Heimat.
Kompensation:	Flucht aus der Heimat oder Familie (auch häufiger Wohnungswechsel), Sucht nach Zärtlichkeit.
Erwachsen:	Unangepaßte seelische Eigenart, unangepaßte Gefühle und Empfindungen.

Neptun in 5

Hemmung:	Angst vor Selbständigkeit, illegale Unternehmung, Unsicherheit im Handeln und in den eigenen Unternehmungen, heimliche oder verunsicherte Sexualität und Selbstverwirklichung.
Kompensation:	Die eigenen Unternehmungen sind vorwiegend auf Hilfe ausgerichtet, Flucht aus seeli-

schen Bindungen (Kinder aus anderen Beziehungen oder «illegale» Kinder), Sexualität ist Medium zur Flucht oder wird zur Sucht.

Erwachsen: Unangepaßtes Handeln, unangepaßte Sexualität.

Neptun in 6

Hemmung: Ängstliches, unsicheres Zeigen der seelischen Eigenart, der eigenen Natur, der eigenen Empfindung, Angst vor der Arbeit, Unsicherheiten im Arbeitsbereich, Abhängigkeit von öffentlicher Hilfe.

Kompensation: Flucht vor der Arbeit, Scheinarbeit, Helferrolle im Arbeitsbereich.

Erwachsen: Erfassen der Hintergründe von Arbeit und Krankheit, unangepaßtes Zeigen von Gefühlen.

Neptun in 7

Hemmung: Angst und Unsicherheit im Kontakt mit anderen, verdrängte Entdeckung der geistigen und erotischen Eigenart, Partner in der Ferne (aus unbewußter Angst vor konkretem Partner), Heimlichkeiten in der Partnerschaft, Erleben der eigenen Neptun-Anlage am Partner (Partner mit Sonne im Fisch, AC-Fisch, Neptun in 1 oder starker Planetenbesetzung in Haus 12), z. B. Hippie, Gammler, ausgeflippte Gestalt, Hilfeempfänger, Trinker etc. Die eigenen Verdrängungen erscheinen in der Begegnung.

Kompensation: Helfen in Begegnung und Partnerschaft, Flucht vor der Auseinandersetzung mit anderen und Flucht aus der Partnerschaft, süchtig nach Liebe, mystisches Denken, Verunsiche-

	rung der Durchsetzung des anderen (Haus 7 = Haus 1 des anderen).
Erwachsen:	Unangepaßtes eigenes Denken, unangepaßte Partnerschaft, Erfassen der Hintergründe der Partnerschaft.

Neptun in 8

Hemmung:	Angst und Unsicherheit in der Partnerbeziehung, verunsicherter Weg, verunsicherte eigene Meinung, Schwäche in der geistigen Abgrenzung, verunsicherte geistige Sicherheit, in der Vorstellung: Angst, Ausgestoßenheit, Armut, Schwäche in der geistigen Abgrenzung.
Kompensation:	In der Vorstellung: Mystisches Leitbild, Helfen, zwanghafte Sucht und Flucht, Scheinbeziehung, Verunsicherung des Eigenwerts des anderen (Haus 8 = Haus 2 des anderen).
Erwachsen:	Erfassen der Hintergründe des konventionellen Wissens und der konventionellen Leitbilder, unangepaßte Partnerbeziehung, unangepaßte Vorstellung, unangepaßte Meinung.

Neptun in 9

Hemmung:	Angst und Unsicherheit im geistigen Ausdruck und im praktischen Vollzug der Partnerschaft, nicht anerkannte Weltanschauung, Philosophie oder Religion (Sekten), verunsicherte Weiterentwicklung und Differenzierung einer Beziehung.
Kompensation:	Flucht durch Reisen, mystische Weltanschauung, Verunsicherung des Ausdrucks des anderen (Haus 9 = Haus 3 des anderen).

Erwachsen: Unangepaßter geistiger Ausdruck und unangepaßter praktischer Vollzug der Partnerschaft.

Neptun in 10

Hemmung: Angst und Unsicherheit in der Öffentlichkeit, Angst vor Verantwortung, unsichere Elternrolle, unsichere innere Rechtsordnung.

Kompensation: Flucht in die Öffentlichkeit, Flucht in den Beruf, mystischer Beruf, helfender Beruf, Verunsicherung der Gefühle des anderen.

Erwachsen: Erfassen der Hintergründe des Maßstabs von Gut und Böse, kosmische Richtlinien.

Neptun in 11

Hemmung: Angst und Unsicherheit in der Entwicklung, die Sicherung der eigenen Rechte ist verunsichert, Angst vor Reformen und progressiven Bestrebungen, Angst vor Emanzipation, Angst vor Freiheit.

Kompensation: Flucht in die Freiheit, Verunsicherung der Selbständigkeit, der Unternehmungen und der Sexualität des anderen (Haus 11 = Haus 5 des anderen).

Erwachsen: Unangepaßte Entwicklung, kosmische Freiheit.

Neptun in 12

Hemmung: Verunsicherung in der Wahrnehmung der Welt jenseits dessen, was anerkannt ist, Verunsicherung durch den Ausdruck der Gefühle des anderen (Haus 12 = Haus 6 des anderen).

Kompensation: Verdrängte Wahrnehmung der eigenen Verantwortung und der eigenen Rechte, Flucht in die Einsamkeit, der andere wird in der Wahrnehmung seiner Gefühle verunsichert (Haus 12 = Haus 6 des anderen).

Erwachsen: Unangepaßtes Zeigen der eigenen Rechte und der eigenen Verantwortung, Ausbildung von kosmischen Fähigkeiten, unangepaßte Wahrnehmung der Gefühle des anderen.

Lektion V

Herrscher

Herrscher

Als Dispositor oder Herrscher eines Hauses bezeichnet man den Planeten, der das Tierkreiszeichen beherrscht, das die jeweilige Häuserspitze anschneidet:

Beispiel:

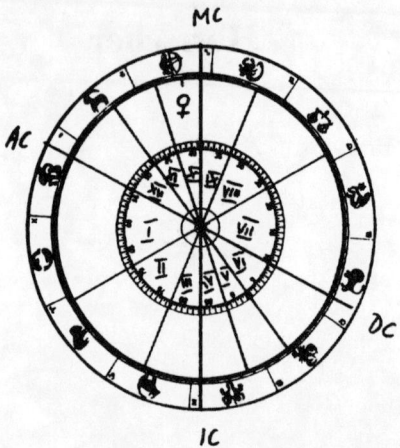

Wenn wir im abgebildeten Horoskop den Herrscher von Haus 3 suchen, müssen wir schauen, welches Tierkreiszeichen vom 3. Haus angeschnitten wird. Im vorliegenden Beispiel fällt die 3. Häuserspitze ins Tierkreiszeichen Stier. Der dem Stier zugehörige Planet ist die Venus. Die Venus steht in unserem Beispiel in Haus 10. Deshalb können wir sagen: Der Herrscher von Haus 3 ist Venus in Haus 10.

Anlage Venus – Stier – Haus 3 ist damit ins 10. Haus ausgewandert. Sie wird für Haus 10-Belange verwendet.

Um jedoch eine Anlage für einen anderen Lebensbereich verwenden zu können, muß zuerst auf dem Feld, das ihr entspricht, der Grundstein dazu gelegt werden. Übertragen auf vorliegenden Fall bedeutet dies, daß der Horoskopeigner zuerst lernen muß, sich einigermaßen sicher (Venus – Stier) auszudrücken (Haus 3), um diese Anlage für Beruf und Öffentlichkeitsarbeit (Haus 10)* einsetzen zu können. Über den Beruf und die Öffentlichkeitsarbeit kann sie dann weiter ausgebildet werden. Zwischen Haus 3 und Haus 10 besteht also beim Horoskopeigner eine Korrespondenz bzw. eine Wechselwirkung. Je mehr er in Beruf und Öffentlichkeit seine Anlage einsetzt, desto sicherer wird er im Ausdruck, und je sicherer er im Ausdruck wird, desto effektvoller kann er die Anlage im Beruf und in der Öffentlichkeit einsetzen.

Beispiel:

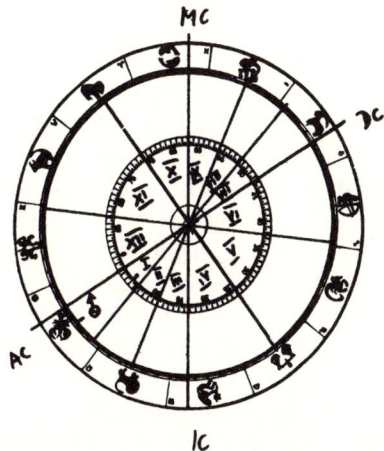

Hier ist der Uranus Herrscher von Haus 9 in Haus 1. Der unabhängige, freie, geistige oder partnerschaftliche Ausdruck wird zur eigenen Durchsetzung verwendet.

Der Betreffende wird also *nach* Ausbildung seiner Haus-9-Anlage (Lernprozeß) versuchen, sich mit geistigen Dingen durchzusetzen, oder anders gedeutet: Die Unabhängigkeit und Freiheit, in der die Partnerschaft praktiziert wird (Haus 9) stärkt die Durchsetzung der Person, macht die Person frei und unabhängig.

---

* *Primäre Bedeutung* hat immer das *Haus*, in dem der Planet steht, und erst in *sekundärer Hinsicht* wird der jeweilige *Tierkreisabschnitt* in Betracht gezogen. Auf die Erläuterung des Tierkreises, der nur eine «Färbung» abgibt, wurde – um nicht zu komplizieren – bei allen Beispielen verzichtet.

Eine Anlage ist also erst erlöst:
a) wenn sie von alten Maßstäben gereinigt ist
b) wenn die entsprechende Fähigkeit, die bisher durch den alten Maßstab blockiert wurde, ausgebildet wird.

Der Umstand, daß eine Anlage auf einem anderen Lebensgebiet Verwendung findet oder dort in Erscheinung tritt, ist für die seelische Diagnostik von entscheidender Bedeutung.

Hat eine Person z. B. den Saturn als Herrscher von Haus 3 in Haus 7 wird die Hemmung* im Ausdruck für die Begegnung verwendet. Die *Ursache* der Schwierigkeiten in der Partnerschaft (Haus 7) liegt also demnach im gehemmten Ausdruck.

Die Hemmung in Begegnung und Partnerschaft ist daher nur die *Wirkung* auf die Ursache. Da die Wirkung immer auch die Ursache verstärkt, verstrickt sich hier der Betreffende in einen Circulus vitiosus, aus dem nur sehr schwer zu entrinnen ist. Durch dieses Beispiel wird deutlich, daß es nach der psychologischen Astrologie keinen «Schuldigen» gibt. Die Person sucht sich z. B. mit der Brille der Hemmung im Ausdruck einen Partner, der sie in ihrem verbalen und nonverbalen Ausdruck hemmt oder sie ständig darin kritisiert. Die Hemmung geht daher nur scheinbar allein von der anderen Person aus, liegt aber in Wirklichkeit in der Person des Betreffenden selbst begründet. Auf diese Art und Weise kann das Karma, d. h. der Mechanismus Ursache – Wirkung, durchschaut werden. *Es wird evident, was der Horoskopeigner unbewußt im anderen und was jener unbewußt in ihm erwirkt.*

Um einen kleinen Überblick über das weite Feld des astrologischen Diagnose- und Deutungsinstruments «Herrscher» zu geben, möchte ich nachfolgend als Beispiel den Saturn als Herrscher von Haus 1 in allen Häusern in seiner Wirkungsweise darlegen.

---

* Gehemmt ist ein Ausdruck, wenn letzterer nicht auf *eigene* Art vollzogen werden darf oder kann, sondern danach getrachtet wird, das Ideal der jeweiligen Kultur zu erreichen. Die Norm, wie man sich auszudrücken hat, schränkt die Lebendigkeit und das Individuelle des eigenen Ausdrucks ein.

Entsprechend diesem Schema können dann auch andere Planeten eingesetzt werden.

Saturn Herrscher von 1 (Häuserspitze Haus 1 = AC geht in den Steinbock, und somit ist Saturn der herrschende Planet)

Wenn der Saturn Herrscher von 1 ist, blockieren die Normen und Ideale der Außenwelt die Ausbildung einer körperlichen Eigenart, die Entwicklung der körperlichen Triebe und die eigene Durchsetzungsfähigkeit. Mit der Brille dieser Hemmung ausgestattet, tritt hier der Betroffene ins Leben. Er wagt sich nur dann durchzusetzen, wenn er die allgemeinen Normen und Ideale verkörpern kann. Deshalb strebt er danach, innerhalb der Hierarchie eine führende Position zu bekleiden, um mit deren Hilfe ein Recht auf Durchsetzung zu empfinden. Gelingt es ihm nicht, eine übergeordnete Rolle zu erreichen, Elternrollenspieler auf einem bestimmten Gebiet zu werden, bleibt er gehemmt. Solange der einzelne sich hier mit den Rollennormen und Idealen identifiziert, verharrt er in der Rolle des Gehemmten oder des Kompensators. Seine Anlage «Durchsetzung und Selbstbehauptung» kann sich nicht individuell entfalten.

Saturn Herrscher von 1

Saturn Herrscher von 1 in Haus 1:
Hemmung: Die Hemmung in der Durchsetzung ist an der Person selbst sichtbar.

Kompensation: Streben nach Anerkennung mit Initiativen und Pionierleistungen, Durchsetzung als Elternrollenspieler.

Erwachsen: Das Recht auf Durchsetzung und Selbstbehauptung wahrnehmen, ohne das Recht des anderen auf Durchsetzung zu verletzen.

Saturn Herrscher von 1 in Haus 2:
Hemmung: Die Hemmung in der Durchsetzung hemmt den Eigenwert. Schuldgefühle bei der Durchsetzung bewirken Hemmung im Bereich von Besitz und Finanzen, die Hemmung in der Durchsetzung bewirkt Abgrenzungsschwierigkeiten.

Wirkung verstärkt die Ursache*: Die Hemmung im Eigenwert hemmt die Durchsetzungsfähigkeit sowie Aktivität und Initiative.

Kompensation: Die eigene Person setzt sich auf anerkannte Art und Weise in den Bereichen Besitz, Finanzen, Abgrenzung, Genuß durch (z. B. Finanzbeamter, Kassierer, Revisor, Bankangestellter etc.). Die Hemmung der Durchsetzung kann auch durch Festhalten an Besitz und Vermögen (oder durch alten Besitz, wie Antiquitäten etc.) kompensiert werden.

Wirkung verstärkt die Ursache: Die Verkörperung der Norm in Haus-2-Belangen bewirkt eine anerkannte Durchsetzung.

Erwachsen: Das Recht auf Durchsetzung der eigenen Person bewirkt ein Recht auf einen eigenen Bereich und auf eigenen Genuß.

Saturn Herrscher von 1 in Haus 3:
Hemmung: Die Hemmung in der Durchsetzung hemmt die Lernfähigkeit, Kommunikationsfähigkeit und die Ausdrucksfähigkeit.

Kompensation: Die Hemmung der Durchsetzung wird auf

---

* Das Prinzip, daß die Wirkung die Ursache verstärkt, wird beim Saturn als Herrscher von 1 in Haus 2 exemplarisch dargestellt. Selbstverständlich ist dieses Prinzip auch bei allen anderen Saturnstellungen und bei anderen Herrschern gültig.

dem Gebiet des Redens, Schreibens, Lernens kompensiert (Streben nach Anerkennung im Ausdruck auf Grund von Hemmung in der Durchsetzung). Die normgemäße Durchsetzung der eigenen Person (die Elternrolle) zeigt sich auf Feld 3.

Erwachsen: Das Recht auf Durchsetzung der eigenen Person bewirkt ein Recht auf eigenen Ausdruck.

Saturn Herrscher von 1 in Haus 4:
Hemmung: Die Hemmung in der Durchsetzung hemmt die eigene Seele, die Geborgenheit, die seelische Wärme und Liebe, das Familienleben, «verfinsterte» Empfindung (und als Folge evtl. Depressionen). Durch Hemmung in der Durchsetzung verharrt die Person in der Kindrolle.

Kompensation: Die Hemmung in der Durchsetzung wird durch Streben nach Anerkennung in Familie, Heim und Heimat oder durch normgemäßes («höheres») Empfinden kompensiert.

Erwachsen: Das Recht auf Durchsetzung und Selbstbehauptung bewirkt ein Recht auf seelische Eigenart, ein Recht auf Geborgenheit, seelische Wärme und Liebe.

Saturn Herrscher von 1 in Haus 5:
Hemmung: Die Hemmung in der Durchsetzung hemmt die Selbständigkeit, die seelische Bindungsfähigkeit, den seelischen Besitz, die Sexualität, die Kinder.

Kompensation: Die Hemmung in der Durchsetzung wird durch Streben nach Anerkennung in Haus-5-Belangen kompensiert. Die Durchsetzung als Elternrollenspieler erfolgt auf dem Feld Sexualität, Pädagogik, Unternehmung, Schöpfertum.

Erwachsen: Das Recht auf Durchsetzung bewirkt ein Recht auf Selbständigkeit, Souveränität und auf eine eigene Art der Sexualität.

Saturn Herrscher von 1 in Haus 6:
Hemmung: Die Hemmung in der Durchsetzung schränkt die Wahrnehmung und das Zeigen von Gefühlen ein, kann aber auch Schwierigkeiten im Arbeitsbereich und in der Anpassung verursachen.

Kompensation: Normgemäße Durchsetzung auf dem Gebiet von Arbeit und Sauberkeit.

Erwachsen: Das Recht auf Durchsetzung bewirkt ein Recht, Gefühle wahrzunehmen, zu verbalisieren und zu zeigen, und ein Recht auf eine Arbeit, die dem eigenen Wesen entspricht.

Saturn Herrscher von 1 in Haus 7:
Hemmung: Die Hemmung in der Durchsetzung bewirkt Hemmungen in Partnerschaft, Liebe, Erotik, Schönheit. Die Hemmung in der Durchsetzung schränkt die Kontakt- und Liebesfähigkeit ein.

Kompensation: Die Hemmung in der Durchsetzung wird durch Streben nach Anerkennung in der Begegnung kompensiert, z.B. durch Vorträge oder durch Elternrollenspiel gegenüber dem Partner. Die Durchsetzung als Elternrollenspieler hemmt die Durchsetzung des anderen (Haus 7 = Haus 1 des anderen).

Erwachsen: Das Recht auf Durchsetzung der eigenen Person bewirkt ein Recht auf Begegnung, Partnerschaft, Schönheit, Erotik und Liebe und ein Recht des anderen auf Durchsetzung seiner Person (Haus 7 = Haus 1 des anderen).

Saturn Herrscher von 1 in Haus 8:
Hemmung: Die Hemmung in der Durchsetzung bewirkt eine Hemmung in der Vorstellung, im geistigen Besitz und in der Beziehungsfähigkeit. Sie kann aber auch eine Einschränkung des anderen in seinem Eigenwert, Besitz, in seiner Abgrenzung und in seinem materiellen Sicherungs- und Finanzbereich bewirken (Haus 8 = Haus 2 des anderen).

Kompensation: Die Hemmung in der Durchsetzung wird durch Verkörperung der Norm in der Beziehungsfähigkeit, im geistigen Besitz, in der Vorstellung oder durch Schmälerung des Eigenwertes des anderen (Haus 8 = Haus 2 des anderen) kompensiert.

Erwachsen: Das Recht auf Durchsetzung bewirkt ein Recht auf eine eigene Meinung, auf einen eigenen Weg und ein Recht auf eine Partnerbeziehung nach einem eigenen Maßstab bzw. ein Recht des anderen auf Eigenwert (Haus 8 = Haus 2 des anderen).

Saturn Herrscher von 1 in Haus 9:
Hemmung: Die Hemmung in der Durchsetzung hemmt die Weiterentwicklung und Differenzierung der Partnerschaft, den geistigen Ausdruck, die Expansion, wie z. B. Reisen etc., die Weltanschauung, die Philosophie und den Ausdruck (Reden, Schreiben etc.) des anderen (Haus 9 = Haus 3 des anderen).

Kompensation: Die Hemmung in der Durchsetzung wird mit Streben nach Anerkennung im Ausdruck der

Partnerschaft (z. B. die Partnerschaft wird exakt entsprechend der Normen und Ideale, die die Institution Ehe vorschreibt, praktiziert), sowie mit normgemäßer Weltanschauung oder durch Kritik, Maßregelungen etc. des Ausdrucks des anderen kompensiert.

Erwachsen: Das Recht auf Durchsetzung bewirkt ein Recht auf eigenen geistigen Ausdruck, ein Recht auf Expansion, auf eine eigene Art, Partnerschaft zu praktizieren, und ein Recht auf Ausdruck des anderen (Haus 9 = Haus 3 des anderen).

Saturn Herrscher von 1 in Haus 10:

Hemmung: Die Hemmung in der Durchsetzung hemmt die Entdeckung der eigenen Rechte und hemmt die Empfindung des anderen (Haus 10 = Haus 4 des anderen). Konservative Empfindung des anderen oder Depression in der Empfindung des anderen.

Kompensation: Die Hemmung in der Durchsetzung wird durch Streben nach Anerkennung in Beruf und Öffentlichkeit oder durch Elternrollenspiel in der Gefühlswelt des anderen kompensiert (dem Kindrollenspieler Halt geben oder ihn in seinem Kindrollenspiel festhalten – Haus 10 = Haus 4 des anderen).

Erwachsen: Das Recht auf Durchsetzung bewirkt ein Recht auf Durchsetzung der eigenen Rechte, ein Recht auf einen eigenen Maßstab und auf ein persönliches Ziel. Dem anderen wird ein Recht auf seine eigene Empfindung und auf seine seelische Eigenart eingeräumt.

Saturn Herrscher von 1 in Haus 11:

Hemmung: Die Hemmung in der Durchsetzung schränkt die eigene Freizeit und Freiheit ein und hemmt gemeinsame Unternehmungen sowie Selbständigkeit und Unternehmungen des anderen (Haus 11 = Haus 5 des anderen).

Kompensation: Die Hemmung in der Durchsetzung wird mit Streben nach Anerkennung bei Freizeit, Reform- und Emanzipationsbestrebungen oder durch Maßregelung, Kritik, Einschränkung der Selbständigkeit, der Unternehmung, des Handelns des anderen (Haus 11 = Haus 5 des anderen) kompensiert.

Erwachsen: Das Recht auf Durchsetzung der eigenen Person bewirkt ein Recht auf eigene Freizeit, Freiheit und Unabhängigkeit, aber auch ein Recht auf eigenständiges Handeln des anderen (Haus 11 = Haus 5 des anderen).

Saturn Herrscher von 1 in Haus 12:

Hemmung: Die Hemmung in der Durchsetzung hemmt die Wahrnehmung der Hintergründe, hemmt die Wahrnehmung der Welt jenseits dessen, was anerkannt ist, hemmt das Zeigen von Verantwortung sowie das Zeigen der eigenen Rechte und beschränkt beim anderen die Wahrnehmung und das Zeigen von Gefühlen (Haus 12 = Haus 6 des anderen).

Kompensation: Die Hemmung in der Durchsetzung wird durch eine Helferrolle (z.B. Elternrollenspieler bei den Armen, Kranken, Ausgestoßenen, Süchtigen etc.) oder durch Beschränkung des Ausdrucks der Gefühle des anderen kompensiert (Haus 12 = Haus 6 des anderen).

Erwachsen: Das Recht auf Durchsetzung bewirkt ein Recht auf Wahrnehmung der eigenen Rechte und der eigenen Verantwortung bzw. ein Recht für den anderen, seine Gefühle wahrzunehmen, zu verbalisieren und zu zeigen.

LEKTION VI

Astrologisches Kurzsystem zur Aufdeckung von Konflikten. Wo liegt das Urtrauma?

Astrologisches Kurzsystem

Wie bereits mehrfach zum Ausdruck gebracht, ist die Stellung des Saturn im Horoskop von entscheidender Bedeutung. Will man deshalb positive Veränderungen im Leben vornehmen, die sich nicht nur in Symptomenbekämpfung oder Betäubung erschöpfen, so gilt es, die durch den Saturn bedingte Hemmung und Kompensation in Frage zu stellen und aufzulösen. Saturn symbolisiert das *Urtrauma*, den Urschmerz, die psychische Wunde.

Wenn nun der alte Saturn die Verzauberung der wahren Natur bewerkstelligt hat – dann kann logischerweise auch nur über ihn die «Entzauberung» stattfinden.

Zwar kann Uranus im Horoskop immer kurzzeitige Befreiungen (von der Enge und Stickigkeit des alten Saturn) herbeiführen, aber nicht effektive Freiheit bringen. Solange die alten Maßstäbe und Rollennormen nicht in Frage gestellt werden, so lange ist der Uranus noch vom Über-Ich gehemmt und kann so nie in seiner wahren Natur (Ansammlung der eigenen Rechte, Freiheit, Unabhängigkeit) in Erscheinung treten.

Trotzdem ist es aber wichtig, daß der Uranus immer wieder in Aktion tritt. Er ist sowohl derjenige, der Entwicklung bringt (sonst würde immer alles beim alten bleiben), als auch derjenige, der vor psychischer Erstickung rettet. Er gewährt die notwendige «Sauerstoffzufuhr». Ohne Uranus-Anlage wäre der Mensch nicht lebensfähig.

Der Uranus gibt im Horoskop eines Menschen an, wo er sich als Kind von den Eltern, später von den Elternrollenspielern oder Normen der Gesellschaft befreien kann. Ist das Über-Ich sehr stark ausgebildet, wirkt der Uranus meist nur *innerhalb* des jeweiligen Systems und wird ausgelebt durch Geschwindigkeitsrausch, ein außergewöhnliches Auto oder eine außergewöhnliche Zigarettenmarke, durch (Sport-)Fliegen, Wahrnehmen von Sonderangeboten im Warenhaus, Lesen von Berichten über Revolutionäre, indem man sexuelle Eskapaden des Partners erleidet oder Übertritte der alten Normen und Tabus von seiten der Jugend erlebt.

Erst die 2. Stufe von Uranus ist die Auflehnung gegenüber Eltern und Normen. Doch auch hier ist dieser Uranus noch verzaubert. Er ist noch orientiert am alten Saturn und muß ihn immer wieder übertreten. Erst in der Entwicklungsstufe des Erwachsenen kann sich die Uranus-Anlage frei entfalten – erst hier hat Wassermann – Uranus – Haus 11 die Bedeutung: Ansammlung und Sicherung der eigenen Rechte, Freiheit und Unabhängigkeit –, eben weil vorher in Haus 10 die eigenen Lebensrechte (die Rechte auf körperliche *Eigenart*, seelische *Eigenart*, *geistige Eigenart*) entdeckt wurden.

Während Uranus mehr die Potenz in sich trägt, sich von der Norm abzuheben oder gegen die Norm zu rebellieren, hat die Neptun-Anlage mehr die Tendenz, die Norm zu umgehen – heimlich, illegal, verdeckt, mit Lüge oder Täuschung.

Ein strenger, lebensfremder Maßstab von Eltern oder Elternrollenspieler zwingt das Kind zu verdrängen oder zu heimlichen Aktionen, zur Flucht oder zur Lüge (die Elternrollenspieler sind aber auch selbst durch ihren lebensfremden Maßstab gezwungen zu verdrängen). Heimlichkeiten und Lüge laufen mit der Angst, entdeckt zu werden, und mit der Angst vor Strafe synchron. Diese Ängste müssen ständig übertüncht oder kompensiert werden – durch Psychopharmaka, Drogen, Alkohol und Nikotin oder durch Flucht in die Einsamkeit etc.

War Uranus noch in der verzauberten Form kurzzeitig Befreiung vom oder Unterbrechung des alten Saturn, so ist die verzauberte Neptun-Anlage die Auflösung vom alten Saturn. Die Neptun-Anlage ist hier nicht erlöst, sondern noch nach den alten Normen, Wertmaßstäben und Traditionen ausgerichtet. Neptun ist dabei der chronische Versuch, Frustration, Leid und Einengung aufzulösen, ohne jemals dieses Ziel zu erreichen – eben weil keine Alternative besteht, eben weil die eigenen Rechte und die eigene Verantwortung noch nicht entdeckt und in der Seele installiert wurden.

Erst wenn *aktiv*, d. h. z. B. ohne Drogen, der alte Maßstab aufgelöst werden kann und *aktiv* so eine Bewußtseinserweiterung stattfindet, kann die Neptun-Anlage aus ihrer verzauberten Form treten.

Nun heißt Neptun – Haus 12: Ausdruck der eigenen Rechte und Zeigen der eigenen Verantwortung. Erfassung der Hintergründe, Ausbildung von kosmischen Fähigkeiten.

Demnach gibt das Horoskop Auskunft über die Fragen:

1. Saturn:
Wo, auf welchem Lebensfeld droht man zu ersticken?

Wo, auf welchem Lebenssektor muß ständig die spezifische Eigenart verdrängt werden, um das Ideal zu erreichen oder aufrechtzuerhalten?

Wo sitzen die Schwierigkeiten, wo ist das Grundproblem, das Urtrauma, der Urschmerz verankert?

Wo ist die Ursache von Frustration, Leid, Hemmung, Strafe, Schuldgefühl, Selbstbestrafung etc.?

Die Stellung des Saturn verdeutlicht, von wo aus man als Kind gehemmt* wurde. Dort, wo der Saturn Herrscher ist, auf diesem Lebensgebiet wurde man eingeschränkt. Auf Grund dieser Hemmung aber wurden auch alle anderen Anlagen gehemmt, d. h. verzaubert. Alle Anlagen konnten sich nur innerhalb der gesteckten Grenzen des Saturn entwickeln.

2. Uranus:
Wo besteht die Möglichkeit, sich von der Norm abzuheben?

Wo ist die Befreiungsmöglichkeit, bzw. auf welchem Lebensgebiet kann die Befreiung erfolgen? Wo kann man kurzzeitig oder in bestimmten Intervallen dem alten Saturn entrinnen oder aus dem Rahmen fallen? Wo ist das Feld, auf dem der Horoskopeigner außergewöhnlich in Erscheinung tritt? Wo lehnt sich der einzelne auf? Wo sprengt er die Norm? Die Stellung des Uranus zeigt den Ort der *möglichen* Befreiung an. Dort, wo der Uranus Herrscher ist, ist bis zur Erlösung der Anlage die Freiheit und Unabhängigkeit gehemmt.

3. Neptun:
Wo besteht die Möglichkeit, die alten Maßstäbe zu umgehen

---

* Bei autoritärer Erziehung, die gegen die Natur des Kindes gerichtet ist.

oder zu transzendieren? Wo sitzen Ängste, Unsicherheiten, Heimlichkeiten, Verdrängungen und Schwächen des Horoskopeigners? Wo sitzt die Ursache von Einsamkeit, Flucht und Sucht? Dort, wo der Neptun steht, findet die Auflösung der bisherigen Maßstäbe statt. Wo der Neptun Herrscher ist, liegen bis zu dieser Auflösung Schwäche, Unsicherheit, Schein, Ausgestoßenheit, Heimlichkeit und Angst vor.

Immer besteht – auch wenn im Horoskop diese Planeten nicht durch Aspekte in Verbindung sind – ein innerer Zusammenhang zwischen Saturn, Uranus und Neptun. Saturn zeigt an, wo das Urtrauma liegt, Uranus verdeutlicht, wo die Befreiung oder Auflehnung möglich ist, und Neptun zeigt, auf welchem Feld die Umgehung oder Auflösung des Maßstabs stattfindet. Wie dieser innere Zusammenhang von Saturn, Uranus und Neptun in einem System anzuwenden ist, sei an Hand von zwei Beispielen erläutert:

Fallbeispiele

Beispiel 1 (männlich)
Richard K.
geb. 28. 2. 47

Im vorliegenden Horoskop steht der Saturn als Herrscher von 1 in 7.

Von der Begegnung aus erfolgte die Hemmung der Durchsetzung. Diese Hemmung wurde verinnerlicht. Mit der Brille dieser Hemmung wurden nun in Begegnung und Partnerschaft Elternrollenspieler und Maßregler aufgesucht, um ständig die Situation der Kindheit zu reproduzieren, in der die Durchsetzung gehemmt wurde.

Eine Ausbruchsmöglichkeit aus dieser steten Frustration ergab sich durch den Uranus in Haus 5. Je stärker die Hemmung in der Begegnung wurde, desto stärker wurde der Uranus.

Die Befreiung erfolgte also über eigenes Handeln, das die Norm durchbrach, und durch den Wechsel der Sexualpartner.

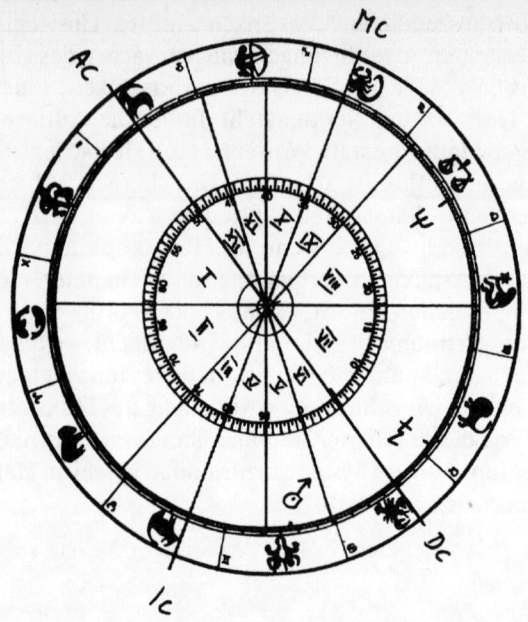

Die zwangsläufige Folge von Saturn, Herrscher von Haus 1 und Uranus, Mit-Herrscher von Haus 1*, ist Neptun Herrscher von Haus 2 (ein Prinzip bedingt jeweils das nächstfolgende!). Die Hemmung in der Durchsetzung und die Schuldgefühle bei auflehnendem Handeln und bei der Sexualität hatten einen schwachen Eigenwert, eine schwache Genußfähigkeit und Heimlichkeiten im Lebensstil sowie finanzielle Unsicherheiten zur Folge. Dieser Neptun als Herrscher von Haus 2 steht in Haus 8. Auf Grund von schwachem Eigenwert wird die Beziehungsfähigkeit verunsichert. Umgekehrt schwächen die Unsicherheiten in der Partnerbeziehung wiederum den Eigenwert.

* Ist ein Tierkreiszeichen in einem Haus voll eingeschlossen, so beherrschen dieses Haus zwei Planeten: Der Planet, der dem Tierkreiszeichen zugeordnet ist, das von der Häuserspitze angeschnitten wird, und der Planet, der dem eingeschlossenen Tierkreiszeichen entspricht.

Beispiel 2 (männlich)
Jochen T.
geb. 30. 4. 36

Im zweiten Horoskop symbolisiert der Saturn als Herrscher von Haus 7 in Haus 9 das Urtrauma.

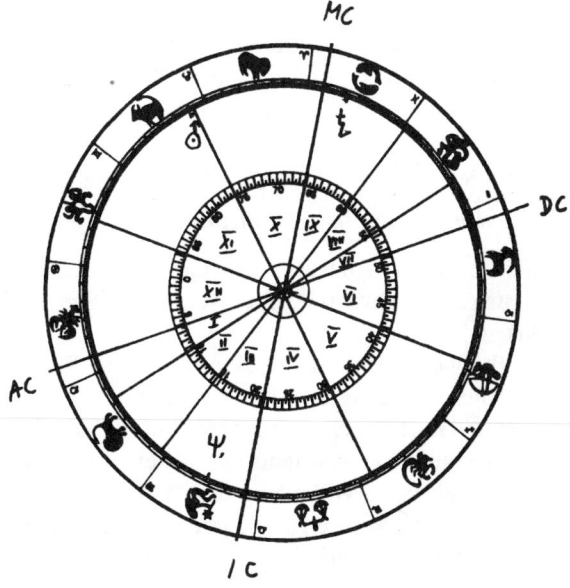

Die Hemmung in der Kontaktfähigkeit sowie in der Entdeckung der geistigen Eigenart hemmte den geistigen Ausdruck, die Weltanschauung, die Weiterentwicklung und Differenzierung der Partnerschaft sowie den Ausdruck des Partners. Diese Hemmung wurde später kompensiert durch Streben nach Anerkennung in geistigen Belangen (Studium von Philosophie).
  Die Befreiung erfolgte über den Uranus als Herrscher von Haus 8 und Haus 9 in Haus 11, also Befreiung von der bestehenden Partnerbeziehung (Haus 8) und von der gehemmten

Kommunikation mit dem Partner (Haus 9) über unabhängige gemeinsame Unternehmungen mit anderen (Uranus in Haus 11).

Da diese Unternehmungen außerhalb der Norm waren, bestand im 10. Haus Angst vor den Vorgesetzten im Beruf und Angst vor den Maßstäben der Gesellschaft. Diese Angst in Haus 10 schwächte seine Ausdrucksfähigkeit (Neptun als Herrscher von Haus 10 in Haus 3).

Angst und Unsicherheit hatten entscheidenden Einfluß auf Mimik und Gestik sowie auf die Art und Weise des mündlichen und schriftlichen Ausdrucks von Jochen T.

Besinnungsfragen zur Horoskopdeutung:

Zusätzlich zu diesem Kurzsystem, in dem nach Saturn, Uranus und Neptun gefragt wird, seien hier weitere Besinnungsfragen angeführt:

Die Stellung des Mars gibt Auskunft über die Fragen:

Auf welchem Lebensgebiet muß ich lernen, mich selbst zu behaupten und mich durchzusetzen? Wo muß ich die Initiative ergreifen, wo muß ich ein Wagnis (kalkuliertes Risiko) eingehen, wo muß ich Pionierarbeit leisten? Wo muß ich mich als Person einbringen? Auf welchem Lebensfeld kann ich besondere Energien entwickeln?

Die Stellung der Venus (Stier) gibt Auskunft über die Fragen:

Auf welchem Lebensgebiet muß ich lernen, mich abzugrenzen? Wo muß ich einen Eigenraum beanspruchen? Worüber beziehe ich meine Sicherheit? Wie ist es um meinen Eigenwert bestellt? Warum bin ich arm oder reich? Wo muß ich lernen, genußfähig zu werden?

Die Stellung des Merkur (Zwillings) im Horoskop gibt Auskunft über die Fragen:

Wie ist es mit meiner Lernfähigkeit bestellt? Wo habe ich Gelegenheit, meinen Intellekt auszubilden? Über welches Lebensgebiet muß ich lernen, mich verbal und schriftlich auszudrücken? Wo kann ich Informationen einholen, verwenden und weitergeben? Wo heißt es, praktische Fähigkeiten zu entwikkeln?

Die Stellung des Mondes im Horoskop gibt Auskunft über die Fragen:

Über welches Lebensgebiet muß ich lernen, empfindungsfähig zu werden? Über welches Lebensgebiet entdecke ich meine seelische Eigenart? Wo muß ich meine seelische Eigenart, mein eigenes Wesen durchsetzen? Über welches Lebensgebiet kann ich Geborgenheit erlangen? Womit kann ich mich identifizieren? Wo muß ich lernen zu geben und zu empfangen?

Die Stellung der Sonne im Horoskop gibt Auskunft über die Fragen:

Wo muß ich lernen, selbständig zu werden?

Über welches Lebensgebiet muß ich meine Handlungsfähigkeiten ausbilden? Wo besteht die Möglichkeit, mich selbst bzw. meine Anlagen zu verwirklichen? Wo liegen meine schöpferischen und unternehmerischen Fähigkeiten?

Die Stellung des Merkur (Jungfrau) im Horoskop gibt Auskunft über die Fragen:

Wo muß ich meine Wahrnehmungsfähigkeit ausbilden? Wo muß ich lernen, zu analysieren, zu diagnostizieren und zu beobachten? Wo muß ich meine Gefühle zeigen?

Die Stellung der Venus (Waage) im Horoskop gibt Auskunft über die Fragen:

Wo habe ich Gelegenheit, Kontakte zu knüpfen? Über welches Lebensfeld muß ich lernen auszuwählen? Wo muß ich meinen Schönheitssinn und meinen Geschmack entwickeln? Wo muß ich darauf achten, daß die Ausgewogenheit zwischen Körper und Seele sowie zwischen Geben und Empfangen stimmt?

Über welches Lebensfeld kann ich meine erotische und geistige Eigenart ausbilden?

Wo muß ich die Reaktion des anderen mit einberechnen?

Die Stellung des Pluto im Horoskop gibt Auskunft über die Fragen:

Wo muß ich eine eigene Vorstellung entwickeln? Wo muß

ich lernen, beziehungsfähig zu werden? Wo bin ich fixiert? Wie kann ich mir eine eigene Meinung bilden? Wo bin ich ständig mit dem Phänomen der Macht konfrontiert? Wo projiziere ich meine Vorstellung auf den anderen, oder wo stehe ich unter Erwartungsdruck? Wo bin ich Zwängen ausgesetzt? Wo werde ich unterdrückt oder unterdrücke andere? Wo muß etwas in mir sterben, damit Neues entstehen kann?

Die Stellung des Jupiter im Horoskop gibt Auskunft über die Fragen:

Über welches Lebensgebiet muß ich lernen, Partnerschaft zu praktizieren? Wo muß ich lernen, mich geistig auszudrücken? Wo kann ich etwas erweitern, aufbauen oder ausbauen? Wo kann ich mein großes Glück finden? Wo werde ich gefördert, oder wo fördere ich andere?

Da bei dem Kurzsystem nur die pervertierte Seite von Saturn, Uranus und Neptun angesprochen wurde, hier einige weitere Fragen zu diesen Planeten.

Saturn: Wo soll ich lernen, meine Rechte zu entdecken und durchzusetzen?
Auf welchem Lebensgebiet muß ich mich besonders mit den derzeit geltenden Gesetzen vertraut machen (z. B. Saturn in Haus 2 – mit den Gesetzen, die Besitz und Finanzen betreffen, Saturn in Haus 7 mit dem Eherecht etc.)?
Wo heißt es besonders, die Gesetze des Lebens auszuloten (z. B. Saturn in Haus 4 – die natürlichen Gesetze der Ernährung oder des Bauens und Wohnens)?
Wo muß ich lernen, mich zu konzentrieren und zielgerichtet zu arbeiten?

Uranus: Wo kann ich progressive Momente einbringen?
Wo kann ich für meine Weiterentwicklung und für die Weiterentwicklung der Menschheit etwas tun?
Wo kann ich lernen, meine Freiheit zu vertreten?

	Wo heißt es, Chancen und Gelegenheiten wahrzunehmen?
	Wo kann ich unabhängig werden?
Neptun:	Wo besteht die Möglichkeit, Hintergründe aufzuspüren?
	Wo bin ich besonders feinfühlig?
	Wo ist mein Ahnungsvermögen besonders ausgeprägt?
	Wo muß ich lernen, unangepaßt an derzeit geltende Normen und Ideale zu werden?
	Wo kann ich in die Welt jenseits von Zeit und Raum vorstoßen?
	Wo habe ich die Möglichkeit, mir kosmische Fähigkeiten anzueignen?

LEKTION VII

Die Realisation der Anlagen

Das neue Ziel: Selbstverwirklichung

In der patriarchalen Phase der Menschheit bestimmen vorwiegend fremde Maßstäbe über das Leben des Individuums.

Den Geboten, Verboten, Tabus, Normen und Vorschriften, die Eltern und Umwelt aufstellen, muß die wahre Natur des Kindes gehorchen und dienen. Das Kind muß herausfinden, wie es in der Familie oder der Umwelt, in die es hineingeboren ist, denken, sprechen und handeln muß, um geliebt zu werden oder gar um überleben zu können. Dieses Reaktionsmuster, das sich unter elterlichem Druck bzw. unter dem Druck des Familienmilieus, der Zeitepoche und der Kultur geformt hat und die meisten Aspekte des Lebens des Kindes bestimmt, wird im allgemeinen ein Leben lang beibehalten.

Der Mensch im Patriarchat hält dabei fälschlicherweise dieses Reaktionsmuster für sein wahres Wesen, doch niemand ist in seinem wirklichen Wesen ein Sadist, ein Masochist, ein Lügner, ein Prahler, ein Süchtiger, ein Verbrecher, ein Narziß, ein Querulant...

Häufig erzeugt der fremde, von außen aufoktroyierte Maßstab Schuldgefühle, wenn gegen ihn verstoßen wird. Der einzelne muß nun erkennen, welche familiären oder gesellschaftlichen Umstände damals diesen Maßstab entstehen ließen. Erst dann ist es für ihn möglich, den Maßstab in seiner Relativität zu erfassen, ihn als für die Gegenwart nicht mehr Zutreffendes abzulegen und neue Vorstellungen und praktische Alternativen zu entwickeln. Ist dies erreicht, dann treten Schuldgefühle auf, wenn gegen *eigene* Lebensprinzipien gehandelt wird, und nicht mehr, wenn gegen *fremde* Maßstäbe verstoßen wird. Man kann dies als Umpolung der Schuldgefühle bezeichnen.

Jeder kann sein Horoskop, seine psychische Struktur auch real und konstruktiv, d. h. in entzauberter Form, erleben. Jedes Problem ist symbolisch verschlüsselt im Horoskop ablesbar und wartet darauf, dechiffriert zu werden. Doch nicht nur die Problematik als solche ist dort enthalten, sondern auch die Lösung. Diese geschieht durch Umwandlung der verzauberten Strukturanteile in ihre reale Form.

Real erlebt wird eine Anlage dann, wenn sie weder in der Hemmung noch in der Kompensation erlebt wird.

Die Alternative zur verzauberten Form heißt also:
Die wahre Natur einer jeden Anlage leben.*

Gelingt es, sie zu leben, wird man positivere Rückwirkungen des Schicksals erfahren. Wichtig ist, daß man das neue Ziel erkennt, daß man sich bewußt wird, wie das eigene Verhalten aussehen, wie eine Anlage real erlebt werden könnte, was den ewig pulsierenden Gesetzmäßigkeiten entsprechen würde ...

Bei der psychologischen Astrologie spricht man hier von einer Umprogrammierung des Ziels.

Man kann dies auch in folgenden Schritten darlegen:
Es gilt
– Verantwortung zu übernehmen für die Situation, in die man hineingeboren wurde, und die *wahren Ursachen für äußere Behinderungen in sich zu suchen*. Kurz: Verantwortung für das eigene Schicksal zu übernehmen.
– seine Anlagen und seinen Handlungsspielraum zu erkunden. Entscheidende Hilfe ist hierfür die Kenntnis der Symbolvarianten von Planeten, Tierkreiszeichen und Häusern.
– sich bewußt zu machen, auf welchen Symbolebenen und in welcher Form man bisher die jeweilige Anlage erlebt hat, z. B. als Gehemmter oder als Kompensator.
– sich die angestrebte Endform, die erwachsene Form vor Augen zu führen und soweit möglich zu verwirklichen.

Bisheriges (meist unbewußtes) Ziel war es häufig, den «Eltern» zu gefallen, anerkannt zu werden oder erlernten, kulturspezifischen antiquierten Rollen und Normen zu entsprechen. Dieses Streben mußte und muß zwangsläufig früher oder später

---

* Werden z. B. zwei Persönlichkeitsanteile *real* erlebt, so stören sie sich trotz eines Quadrat- oder Oppositionsaspektes nicht mehr. So stehen z. B. bei Sonne – Quadrat – Pluto Selbständigkeit und eigene Vorstellung nicht mehr im Widerspruch zueinander (irreale Form: z. B. Unterdrückung [Pluto] der Selbständigkeit [Sonne]). Jedes Quadrat und jede Opposition kann auf diese Art und Weise gelöst werden.

immer wieder mit Krankheit und Leid bezahlt werden, da ein Leben nach der Vergangenheit und für ein totes Ideal den Gesetzen des Lebens widerspricht.

Jeder hat es selbst in der Hand, veraltete Maßstäbe gegen neue einzutauschen, seinen Lebenskurs zu ändern, sich ein *neues* Ziel zu setzen. Dieses neue Ziel ist die Entfaltung der Anlagen – die Entfaltung der körperlichen, seelischen und geistigen Eigenart, die Entfaltung der eigenen Rechte und der Verantwortung für sich selbst und die Mitmenschen. Diese Entfaltung der Anlagen kann u. U. auch einen Gesundungsprozeß bei verschiedenen psychosomatischen Leiden einleiten.

So kann z. B. der an psychosomatischen Kopfschmerzen Leidende seine Krankheit auch in ihrer äußeren Widerspiegelung sehen lernen. Er erkennt dann seine Durchsetzungsschwäche und versucht, die Fähigkeit zu erwerben, sich besser einzubringen, sich besser in Szene zu setzen oder Aktivitäten und Initiativen zu ergreifen.

Dieser Prozeß, in dem man sich Fähigkeiten erwirbt, muß zuerst ganz klein beginnen, ehe er später ausgedehnt und differenziert werden kann. Derjenige, der z. B. bisher den Merkur (Zwilling) defizitär erlebte, wird vielleicht zunächst im unmittelbaren Bekannten- und Verwandtenkreis versuchen, sich öfter verbal auszudrücken, oder diejenige, die ihren Mars im Defizit hat, wird einmal wagen, ein Kleid umzutauschen oder in einer Gaststätte eine verdorbene Speise zu beanstanden, ohne aggressive Momente in die Begegnung zu bringen. Und die in ihrer Venus Gehemmte kann zunächst versuchen, das Schönheitsprinzip in ihrer Wohnung und in ihrer Kleidung zu verwirklichen. Indem sie sich äußerlich für die Umwelt anziehbar macht, kann sie erste positive Reaktionen erleben.

Für die Beurteilung, was im individuellen Fall anzustreben ist, ist ausschlaggebend, in welchem Haus der Planet steht und in welchem Haus er Herrscher ist.

Erst das individuelle Horoskop läßt eine differenziertere Diagnose und einen der Entwicklung des Menschen angepaßten Therapieplan zu. Zwar muß immer das Horoskop als

Ganzes in Betracht gezogen werden, steht jedoch jemand in seiner innerseelischen Entwicklung z. B. gerade in seiner Merkur/Saturn-Quadrat-Problematik, so hat die Bewältigung dieses Konflikts Vorrang gegenüber dem Konflikt, der vielleicht erst in fünf Jahren angesprochen wird. Hinzu kommt, daß man sich unter Umständen verzettelt, wenn mehrere Konflikte gleichzeitig angegangen werden. Nach meinen Erfahrungen führt die Konzentration auf die Lösung eines Problems rascher zum Erfolg, da bereits die Erlösung einer Anlage eine Kettenreaktion in Gang setzt, die es erleichtert, dann auch andere Anlagen zu verwirklichen. Deshalb ist es günstig, einen *Gesundungsplan* aufzustellen, der zugleich als ein «Erlösungsplan» der Anlagen angesehen werden kann. Der Gesundungsplan umfaßt eine Analyse, wie es *bisher* war und wie es *nachher* sein könnte. Dieser Gesundungsplan muß vom einzelnen, nachdem er Einsicht in seine Problematik genommen hat, selbst aktiv in die Praxis umgesetzt werden. Diese Forderung macht deutlich, daß dies kein Weg ist für passive Individuen, die ihre Gesundung ausschließlich von außen erwarten. Ein möglicher Gesundungsprozeß setzt Menschen voraus, die Interesse für Körper, Seele und Geist entwickeln, die den Mut aufbringen, sich unter Umständen z. B. zu einem Rhetorikseminar (bei Merkur-Verletzung), zu einem Sensitivity-Training (bei Mond-Verletzung) oder zu einem Kurs einzuschreiben, in dem sie lernen, ihre Kontaktfähigkeit auszubilden, die also willens sind, aktiv etwas gegen ihre Schwächen, Hemmungen und Konflikte zu unternehmen.

Abgesehen von diesen psychosomatischen Aspekten ist die psychologische Astrologie ein wertvolles Hilfsmittel für all jene Menschen, die ihre wahren Anlagen entdecken und entwickeln wollen, die den Wunsch in sich verspüren, gesünder, freier, selbständiger und unabhängiger zu werden.

Neues Ziel des einzelnen ist es, nach und nach seine Anlagen verfügbar zu machen, seine Potenzen auszubilden, seine Defizite aufzufüllen, danach zu streben, daß er sich selbst gehört, daß er sich selbst liebt, um andere real lieben zu können und leben zu lassen. Und noch ein positives Moment darf nicht vergessen werden: Endlich braucht man keine Angst mehr vor der Zukunft zu haben; denn das «Schicksal» kann nur das bewußt machen, was in einem steckt, seien es verdrängte Inhalte oder glückbringende Fähigkeiten. Durch den eben beschriebenen Weg aber wird Schicksal ein beobachtbarer Prozeß. Indem man um seine Schwächen weiß, erkennt man, wann man wieder in die «Falle» geraten ist, in das alte schmerzerzeugende Verhaltensmuster oder in das alte Fahrwasser zurückgefallen ist, das negative Feedbacks in der Umwelt auslöst.

Auf diese Weise werden die Abstände immer kürzer, in denen man sich des Falschen bewußt wird, bis man eines Tages das neue Verhaltensmuster, das man mühsam erlernt hat und das keine negativen Rückmeldungen des Schicksals mehr hervorruft, für immer zur Verfügung hat.

Insofern tritt proportional zum schrittweisen Verwirklichen des Neuen eine Besserung ein, man merkt, daß in Zukunft alles leichter und positiver wird. Man beginnt sich auf die Zukunft zu freuen. Gleichzeitig aber verbessert sich die Einstellung zur eigenen Person, zu den eigenen Anlagen, die man oft nicht zu leben gewagt hat, da sie in früher Kindheit tabuisiert wurden.

Wenn ich nachfolgend die Umwandlung an zwei Beispielen darzustellen versuche, muß ich, um Mißverständnisse zu vermeiden, die Begriffe «vorher» und «nachher» erläutern.

Unter *«vorher»* verstehe ich, wie die betreffende psychische Struktur in der Innenwelt und in der Außenwelt bisher erlebt wurde, welches «Schicksal» bisher als Reaktion auf Einstellung, Maßstab und Verhalten des Horoskopeigners erwirkt wurde, welche Krankheiten, Hemmungen und psychische Schmerzen bisher erlitten werden mußten.

Unter *«nachher»* verstehe ich, wie man dieselbe psychische Struktur, dasselbe Horoskop real und entzaubert, d. h. weitgehend ohne negative Feedbacks des Schicksals, erleben könnte. Das neue Ziel ist im Gegensatz zum alten nicht fest fixiert und genormt, sondern individuell verschieden. Es kann daher nicht als ein allgemeingültiger Bewertungsmaßstab herangezogen werden, und vor allem ist es nichts Endgültiges, sondern ein Entwicklungsprozeß.

Die körperliche, seelische, geistige und kosmische Eigenart, die bisher verschüttet war, zu entwickeln und zu leben ist der Prozeß der *Selbst*verwirklichung des Menschen. Dieser Prozeß der Selbstverwirklichung ist das neue Ziel.

Beispiel 1 (weiblich)
Brigitte L.
geb. 11. 6. 49

Vorher:

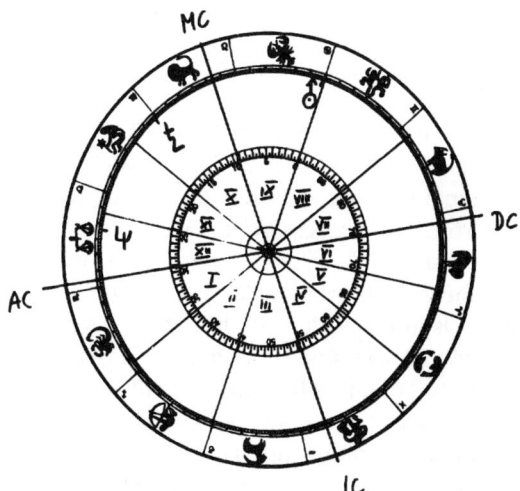

Die Hemmung im Ausdruck (Saturn als Herrscher von 3) wird von Brigitte L. durch Elternrollenspiel im Beruf bzw. in der Öffentlichkeit oder durch Elternrollenspiel gegenüber dem anderen (Haus 10 = Haus 4 des anderen) kompensiert.

Auf Grund dieses Elternrollenspiels, das aus der Haus-3-Hemmung resultiert, schränkt sich die Horoskopeignerin in der Entdeckung ihrer *eigenen* Rechte ein und hemmt ihren Partner an der Entdeckung und Entwicklung seiner *eigenen* Gefühle und seiner seelischen Eigenart (Haus 10 = Haus 4 des anderen).

Weil sie in Haus 3 gehemmt ist und deshalb anerkannt und «oben» sein will, identifiziert sie sich mit den allgemeinen Maßstäben und kontrolliert, hemmt, maßregelt und straft mit diesen fremden Normen die Empfindung des anderen.

Brigitte L. zieht also vorwiegend solche Partner an, die sich ebenfalls mit diesen Normen identifizieren, die von frühester Kindheit an gewöhnt sind, von ihrer Mutter gehemmt zu werden und sich deshalb von ihr hemmen lassen, also Partner mit einer mehr depressiven Persönlichkeitsstruktur.

Da das 4. Haus auch das eigene Kindsein symbolisiert, wird durch den Saturn in Haus 10 (= Haus 4 des anderen) der Partner in seiner Kindheit festgehalten.

Gleichzeitig fungiert jedoch auch Brigitte L. als Halt für den Kindrollenspieler. Doch dieser ist nur scheinbar vorhanden. Er ist nur eine Form ohne Inhalt, nur eine leere Hülse, weil er nicht auf Menschlichkeit und Wärme, sondern auf der Kompensation einer Hemmung basiert. Dieses unbewußte Festhalten des Partners in der Kindrolle hat aber die Rückwirkung (Wirkung verstärkt Ursache), daß Brigitte L. gerade dadurch wieder in ihrem Ausdruck, in ihrer Beweglichkeit, in ihrem Aktionsradius in Haus 3 eingeschränkt ist. Und weil sie dort eingeschränkt ist, verstärkt sie wiederum ihr Elternrollenspiel im 10. Haus und maßregelt, straft und entwertet.

Diesem Circulus vitiosus versucht Brigitte L. über den Uranus zu entfliehen – Uranus Herrscher von Haus 4 in Haus 9: Die Hemmung in der Freiheit der Empfindung kann durch eine freiheitliche Weltanschauung durch Reisen oder durch einen neuen, unabhängigen Ausdruck in der Partnerschaft kompensiert werden. In der Realität sieht dies so aus, daß Brigitte L. – weil sie sich eingeengt fühlte – aus ihrem Heim ausbricht und sich über Reisen und über neue Partnerschaften, die schnell entwickelt werden, befreien will.

Als zwangsläufige Folge von Uranus Herrscher von Haus 4 in Haus 9 ist Neptun Herrscher von Haus 5 in Haus 12: Wenn sich Brigitte L. von der Hemmung in Haus 3 immer wieder über neue Partnerschaften befreien muß, kann sie sich im 5. Haus nicht binden. Neptun Herrscher von Haus 5 in Haus 12 bedeutet: Die seelische Bindung, die eigenen Kinder, die Investition der Gefühle, die Sexualität, die Selbständigkeit, das Handeln (Haus 5) sind verdrängt (Haus 12).

Brigitte L. hat Angst, sich seelisch zu binden, denn unbewußt fühlt sie, daß sie sich wieder befreien muß, weil die Einengung sicher kommen wird. Die Einengung hat sich also bereits als bedingter Reflex in ihrer Seele eingekerbt.

Brigitte L. gibt gleichzeitig vor, kein Kind zu wollen, weil sie Angst hat, daß es mongoloid sein könnte, doch das mongoloide Kind ist nur das Produkt der Angst vor seelischer Bindung und ist nur ein nach dem pauschalen Maßstab anerkannter Grund, also ein Alibi, um sich seelisch nicht binden und keine Gefühle investieren zu müssen.

Da das 12. Haus auch das 6. Haus des anderen darstellt, verunsichert und ängstigt hier der Neptun die Wahrnehmung und das Zeigen der Gefühle des Partners. Dieser Neptun in Haus 12 ist die Folge des Saturn in Haus 10, wo die Seele des Partners durch die elterlichen Maßstäbe von Brigitte L. eingeengt wird. Der andere muß so empfinden, wie es der aufgestellten Norm von Brigitte L. entspricht. Die Durchsetzung der seelischen Eigenart des Partners wird nicht zugelassen.

Wenn bereits das 4. Haus des Partners unter Kontrolle steht, kann er es sich auf keinen Fall erlauben, seine Gefühle offen gegenüber der Elternrollenspielerin Brigitte L. zu zeigen. Neptun in Haus 12 heißt hier: Das Zeigen der Gefühle steht unter Angst, der Partner wird also seine Gefühle nur verschleiert oder nur symbolisch zeigen können, aus Angst, von seiner «Mutter» die *über* ihm steht, gemaßregelt oder gestraft zu werden.

Die Partner von Brigitte L. können somit ihre Gefühle auf Grund des strengen Maßstabs in Haus 10 nur ersatzweise ausdrücken, also über Krankheit, Sucht, Ausgestoßenheit, Hilflosigkeit oder Hilfsbedürftigkeit (Neptun in Haus 12 = 6. Haus des anderen). Auf Grund dieser Hilflosigkeit und Hilfsbedürftigkeit wird Brigitte L. im Feedback wiederum verunsichert in ihrer seelischen Bindungsfähigkeit (Neptun in Haus 12 = Herrscher von Haus 5). Sie kompensiert dies, indem sie dem Partner bei Krankheit, Ausgestoßenheit und Hilfsbedürftigkeit beisteht. Dabei hilft sie der Auswirkung ihres Maßstabs, den sie in die Seele des anderen setzt. Brigitte L. weckt also in ihrem Partner die Disposition für Krankheit, Sucht, Ausgestoßenheit und Hilfsbedürftigkeit und versucht andererseits, dieser Wirkung durch Trost und Hilfe zu begegnen. Dadurch hat sie sich wieder selbst bestätigt und gilt als die «gute Mutter». Es muß jedoch, um kein falsches Bild entstehen zu lassen, festgestellt werden, daß sie zwar die Ursachen für die Hilfsbedürftigkeit des anderen setzt, aber deshalb nicht *schuldig* ist, denn Brigitte L. ist ja im guten Glauben, daß ihre Maßstäbe, die aus ihrer persönlichen Vergangenheit und der kollektiven Vergangenheit stammen, nötig sind. Ferner gibt es hier auch immer zu bedenken, daß der Partner die Disposition zu dieser Erleidensform haben muß. Ist diese nicht vorhanden, wird er ihre Maßstäbe als für ihn nicht gültig ansehen, und Brigitte L. hat keinen Einfluß auf ihn.

Wie kann nun dieselbe Struktur real erlebt werden, d. h., ohne daß seelische Schmerzen erlitten werden müssen oder anderen seelische Schmerzen zugefügt werden?

Nachher:

Voraussetzung ist, daß Brigitte L. Einsicht in diese vorwiegend unbewußt ablaufenden Mechanismen nimmt und den Wunsch hat, dieses Spiel, das sowohl für sie als auch für den Partner unbefriedigend ist, zu beenden. Sie setzt sich ein neues Ziel.

Die Hemmung im Ausdruck (Saturn Herrscher von Haus 3 in Haus 10) wird durch Infragestellen der Norm, die die Hemmung verursacht und durch Aufbau eines neuen Maßstabs, durch den ihr ein Recht auf einen Ausdruck gemäß ihrer persönlichen Eigenart eingeräumt wird, beseitigt. Dadurch ist die Entdeckung ihrer *eigenen* (Lebens-)Rechte nicht mehr gehemmt (Saturn in Haus 10). Gleichzeitig gesteht sie dem Partner seine ureigene Empfindung bzw. das Recht zu, seine seelische Eigenart zu entdecken und zu entwickeln (Saturn in Haus 10 = Saturn in Haus 4 beim anderen). Auf diese Weise tritt der Partner aus seiner Kindrolle und Brigitte L. aus ihrer Elternrolle. Ferner wird dadurch der Uranus «entzaubert», da Brigitte L. sich nicht mehr durch das «Kind» eingeengt fühlt und sich nicht mehr ständig von dieser Einengung befreien muß. Auch der Neptun in Haus 12 kann nun positiv umtransformiert werden und wird nicht mehr in Form von Ängsten erlebt. Brigitte L. kann jetzt ihre eigene Verantwortung und ihre eigenen Rechte wahrnehmen, verbalisieren und zeigen, während ihr Partner unangepaßt (Neptun) seine Gefühle ausdrückt (Haus 12 = Haus 6 des anderen). Je mehr Brigitte L. Verantwortung zeigt, desto mehr kann der Partner auch wagen, Gefühle zu zeigen, die nicht dem alten Maßstab von Brigitte L. entsprechen, und indem er seine Gefühle unangepaßt zeigt, kann sie um so mehr die Welt jenseits des bisherigen Maßstabs, der bisherigen Richtlinien, nach der sie und ihr Partner gelebt haben, wahrnehmen. Die Partnerschaft wird danach offener, gesünder und ästhetischer.

Beispiel 2 (weiblich)
Sabine B.
geb. 14. 11. 47

Vorher:

Wie das vorliegende Horoskop verdeutlicht, blockiert die Hemmung im Eigenwert die Entwicklung einer Partnerschaft und die Entwicklung einer eigenen Weltanschauung (Saturn Herrscher von Haus 2 in Haus 9). Ferner wird der Ausdruck und die Beweglichkeit des Partners (Saturn in Haus 9 = Haus 3 des anderen) durch die Hemmung im Eigenwert eingeschränkt. Die Rückwirkung von Haus 9 zu Haus 2: Die Hemmung im geistigen Ausdruck und die Hemmung in der Entwicklung einer Partnerschaft schmälert den Eigenwert (Sabine B. fühlte sich in ihrem Wert geschmälert, weil ihre Partnerschaften nicht richtig funktionierten), der übergeordnete Ausdruck des Partners schränkte den Eigenwert ein...

Mit der Brille dieser Hemmung im Eigenwert suchte sich Sabine B. einen Partner, der ihrer Disposition entsprach und sie in ihrem Eigenwert hemmte. Diese Problematik äußerte sich in ihrem Leben so, daß Sabine B. sich häufig Männer suchte, die sie verbal (Haus 9 = Haus 3 des anderen) in ihrem Eigenwert

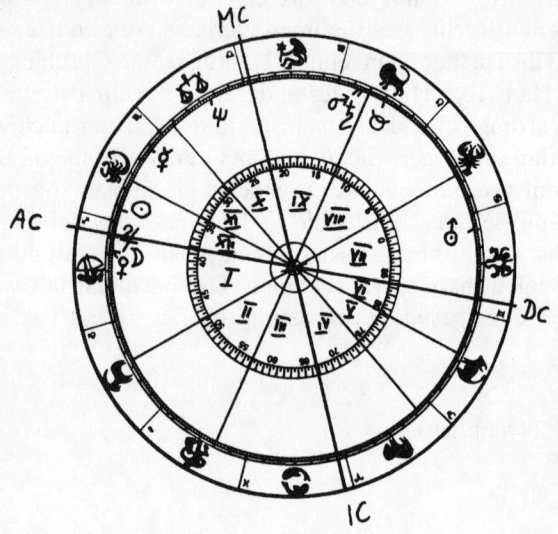

herabsetzten. Taten sie das nicht, dann interpretierte sie deren Aussagen im Sinne ihrer Hemmung. Sabine B. wollte also unbewußt gehemmt werden, obwohl ihr gerade dies so viele seelische Schmerzen bereitete. Sie filterte aus der Fülle der Worte des anderen heraus, was sie für ihr «Skript» brauchte, damit sie im Eigenwert bestätigt wurde. Etwas günstiger gestaltete sich das Bild, als Sabine B. heiratete. Die Hemmung im Eigenwert wurde nun kompensiert durch normgemäßen Ausdruck der Partnerschaft (Saturn in Haus 9). Die Ehe gab ihr einen gewissen Halt, der die Hemmung im Eigenwert kurzzeitig etwas zu übertünchen vermochte.

Bald aber riß wieder die alte seelische Wunde auf. Der Ehepartner fühlte sich in seinem Ausdruck eingeengt (Saturn Haus 9 = Projektion des Saturn auf Haus 3 des Partners), zumal er nicht mehr wußte, was er noch sprechen sollte, ohne Sabine B. in ihrem Eigenwert zu verletzen. Schließlich befreite er sich aus der Partnerschaft von ihr (Uranus in Haus 7). Sabine B. erlebte damit auch ihren Uranus in der passiven Form.

Die Folge von Uranus Herrscher von Haus 3 in Haus 7 ist der Neptun als Herrscher von Haus 4 in Haus 10. Da Sabine B. in ihrem Eigenwert und in ihrem Lebensstil durch den fremden Maßstab, was anerkannt und gut ist, gehemmt wurde und die Befreiung von diesem Maßstab nur über den Partner und nicht aus ihr selbst heraus erfolgte (Uranus Herrscher von Haus 3 in Haus 7), war sie auch in der Entdeckung der seelischen Eigenart verunsichert. Auf Grund dieser Verunsicherung im Gefühlsleben war auch die Entdeckung ihrer eigenen Rechte und der eigenen Verantwortung (und die Seele des anderen) verunsichert (Neptun Herrscher von Haus 4 in Haus 10). Insbesondere machte sich die Konstellation als Angst vor Verantwortung sowie als Angst vor der Öffentlichkeit und als Unsicherheit im Berufsleben bemerkbar.

Da Sabine B.s Mars neben ihrem Saturn steht, war diese Mars-Anlage besonders stark gehemmt. Sabine B. wurde bereits als Kind bei jeder selbständigen Aktivität (Mars Herrscher von Haus 5) von seiten der Eltern (Saturn) gemaßregelt und gestraft. Dadurch prägte sich in ihr die Vorstellung ein, daß selbständige Aktivität und Eigeninitiative «böse» sei. So zog sie auch später als Erwachsene unbewußt immer wieder Personen (Elternrollenspieler) an, die sie für ihr selbständiges Handeln maßregelten oder sie dafür entwerteten. Sabine B. konnte es den anderen nie recht machen. Da sie bei den selbständigen Aktivitäten Schuldgefühle hatte – sie übertrat ja dabei ein altes Tabu –, wurden diese Aktivitäten auch meist gehemmt verrichtet und zeigten deshalb nicht die Erfolge, die sie oder ihre Umwelt erwarteten. Insofern schien dann jeweils die Maßregelung berechtigt zu sein.

Schließlich somatisierte Sabine B. das Problem und litt jahrelang unter chronischen Kopfschmerzen, die sich mehrmals zu starken Migräneanfällen steigerten (Mars/Saturn-Konstellation).

Auch der Pluto in Haus 8 als Herrscher von Haus 12 steht mit dem Saturn in Konjunktion. Diese Anlage mußte sich ebenso in den Rahmen des Maßstabs der Eltern bzw. der Umwelt pressen lassen. So zwang (Pluto) Sabine B. durch Tränen (Haus 12) – Tränen waren im Elternhaus für ein Mädchen erlaubt – ihren Partner in ihre Vorstellung (Pluto Herrscher von Haus 12 in Haus 8 Spitze Haus 9). Sie wollte im praktischen Vollzug der Partnerschaft (Haus 9) das patriarchale (Saturn) Leitbild (Pluto), d. h. die konventionelle (Saturn) Vorstellung (Pluto), wie eine Partnerschaft zu verlaufen hat, durchsetzen (Mars). Durchbrach der Partner jedoch diese konventionelle Vorstellung, war Sabine B. unglücklich und fühlte sich ausgestoßen (Sonne in Haus 12).

Wieder mußte sie versuchen, ihren Partner durch Tränen zu beeinflussen, um ihm dadurch ihre Vorstellung von Partnerschaft nahezubringen. Eine normgemäße Partnerschaft war für Sabine B. der Inbegriff von Glück – denn diese sollte ihr Anerkennung und Achtung von seiten der Mitmenschen sichern. Sie erkannte nicht, daß die von ihr angestrebte Norm die Lebendigkeit der Partnerschaft beeinträchtigte, und sah nicht, daß die Erfüllung dieser Norm nur ein Pflaster für ihre seelische Wunde (Haus 2) war und deshalb kein echtes Glück beinhalten konnte.

Ein weiterer Punkt im Horoskop von Sabine B., der bisher noch nicht zur Sprache kam, ist der Merkur in Haus 11 als Herrscher von 7 (mit dem Uranus als Inhalt – Uranus in 7).

Da sie selbst nicht in Form von revolutionärem Reden und Schreiben den konventionellen Maßstab zu übertreten wagte, mußte ihr Partner dies für sie tun (Uranus Herrscher von 3 in 7), während Sabine B. den angestrebten Normen entsprach und so «anständig» und «brav» blieb. Die Männer, mit denen Sabine B. nach ihrer Trennung von ihrem Ehemann befreundet war, konnten in Gesellschaft sicher und gewandt sprechen und brachten das zum Ausdruck, was eigentlich *sie* sagen wollte, aber aus innerer Hemmung nicht konnte. Sie erlebte deshalb ihre Merkur-Anlage vor allem in der Projektion, d. h. im anderen.

Das 1. Haus mit den Anlagen Jupiter, Mond und Venus war für Sabine B. zum einen sehr günstig, da sie als gutaussehende Frau von ihrer Umwelt gefördert wurde. Dies hatte zum anderen aber den Nachteil, daß sie dadurch in einer bestimmten Rolle festgelegt wurde, was die Auflösung des alten Maßstabs für sie erschwerte und die Ausbildung ihrer Selbständigkeit verzögerte.

Nachher:

Sabine B. versuchte mit Hilfe ihres Horoskops ihre reale psychische Struktur und das ihrem Schicksal zugrunde liegende Skript zu erfassen. Auf dieser Grundlage begann sie, sich neue, ihren Anlagen entsprechende Ziele zu setzen:

Indem sie den konventionellen Maßstab, der sie in ihrem Eigenwert hemmt (Saturn Herrscher von Haus 2 in Haus 9) in Frage stellt, hat sie die Möglichkeit, einen neuen Maßstab aufzustellen, der ihr das Recht auf ihren *eigenen* individuellen Wert als Mensch einräumt. Dies hat zur Folge, daß auch Haus 9 nicht mehr vom konventionellen Maßstab überlagert wird. Der Ausdruck ihrer eigenen Ideen (bzw. ihrer Weltanschauung), die Weiterentwicklung der Partnerschaft und der Ausdruck und die Beweglichkeit des Partners sind nicht mehr gehemmt. Der Partner kann sich verbal frei ausdrücken, ohne Angst haben zu müssen, sie in ihrem Eigenwert zu verletzen.

Indem Sabine B. bezüglich ihres Lebensstils und ihres Werts ihre eigenen Rechte entdeckt (Saturn Herrscher von Haus 2), kann sie sich auch verbal und nonverbal frei ausdrücken, kann diese Anlage für neue mitmenschliche Kontakte positiv einsetzen und für ihre Freiheit und Unabhängigkeit verwenden (Uranus Herrscher von Haus 3 in Haus 7 und Merkur Herrscher von Haus 7 in Haus 11). Sie kann ihre Partner nunmehr nach anderen Gesichtspunkten selbständig auswählen, da sie nicht mehr an ihr altes Skript gebunden ist, nach dem sie ihre

Partner auf Grund eines Defizits (Hemmung im Eigenwert) ausgesucht hat.

Anders ausgedrückt:

Nicht mehr das Skript bestimmt, wer als Partner in Frage kommt und wer nicht, sondern Sabine B. selbst, d. h. ihr wahres Wesen. Die freie, unabhängige Wahl in der Partnerschaft läuft ferner synchron mit einer freien, unabhängigen Entdeckung der geistigen Eigenart (Uranus in Haus 7). Sabine B. wird nun in ihrem Denken nicht mehr von vorgegebenen Normen begrenzt.

Der Neptun in Haus 10 wird zudem nicht mehr als Angst vor Verantwortung und als Verunsicherung der Seele des anderen erlebt (Haus 10 = Haus 4 des anderen), sondern als Zeigen der eigenen Rechte und der eigenen Verantwortung in Beruf und Öffentlichkeit.

Auch der Mars als Herrscher von Haus 5 in Haus 9 in Konjunktion mit Saturn tritt aus seinem verzauberten Zustand.

Hinderten vorher die alten Maßstäbe in ihr und die Verkörperer dieser alten Maßstäbe in der Außenwelt, die Elternrollenspieler, Sabine B. an selbständigen Aktivitäten und Initiative, so empfindet sie nun durch die Entdeckung der eigenen Rechte auch ein Recht auf selbständige Aktivität. Da sie einen Eigenwert entwickelt hat und sich gleichberechtigt fühlt, sieht sie nirgends mehr ihre «Eltern», sieht sie niemand mehr, der *über* ihr steht und sie maßregelt, entwertet oder straft.

Auch ist sie mit dem Pluto als Herrscher von Haus 12 in Haus 8 nicht mehr gezwungen, durch Tränen den Partner zu erpressen, sondern kann ihre geheimen Vorstellungen offen zum Ausdruck bringen. Die Vorstellung, auf welche Art und Weise sie ihre eigenen Rechte und ihre eigene Verantwortung zeigen kann, wird für sie zum Leitbild, zum geistigen Weg (Pluto von Haus 7 in Haus 8). Sie setzt dieses Recht auf ihren eigenen Lebensplan (Saturn in Konjunktion mit Pluto) durch, ohne jedoch dem anderen ihren Weg aufzuzwingen oder das Recht des anderen auf seinen eigenen Weg zu schmälern.

Auf diese Art und Weise ist weder der Partner noch Sabine B. selbst irgendwelchen Zwängen ausgesetzt oder von fremden Maßstäben eingeengt. Auch braucht sich Sabine B. nicht mehr unglücklich, ausgestoßen oder minderwertig zu fühlen (Sonne in Haus 12). Sie kann nun ihre Sonne in Haus 12 im Skorpion verwirklichen, indem sie ihre eigenen Rechte selbständig wahrnimmt und weiterentwickelt sowie Hintergründe erfaßt.

Der Jupiter in Haus 1, der nach der Umwandlung aktiv zur Verfügung steht, ist mit Venus und Mond in Konjunktion. Er vermehrt Zärtlichkeit (Mond), Lebensgenuß, Liebe und Glück (Venus). Da die Venus Herrscher von Haus 11 ist, handelt es sich um eine unabhängige, freie Liebe und Partnerschaft. Die Durchsetzung (Haus 1) von Sabine B. wird ferner gesteigert, indem sie ihre Gefühle sicher zu zeigen wagt (Stier – Venus Herrscher von Haus 6 in Haus 1) und in ihrem Arbeitsbereich für sich einen Eigenraum beansprucht.

Der Mond als Herrscher von Haus 8 in Haus 1 bedeutet, daß sie Mond-Belange, also Nahrung, Kleidung, Wohnung, Natur, Psyche, Frauenangelegenheiten in den sichtbaren Bereich bringt (Haus 1). Voraussetzung hierfür aber ist, daß sie eine eigene Vorstellung, ein eigenes Konzept (Pluto in Haus 8) in diesen Mond-Belangen ausbildet, um damit initiativ (Haus 1) wirken zu können.

Anhang

Das Karmagesetz

Da alles im Kosmos nach gewissen Gesetzmäßigkeiten abläuft und es – wie bereits in der Einleitung zum Ausdruck gebracht wurde – keinen Zufall gibt, ist es auch nicht zufällig, wenn jemand zu einer bestimmten Zeit an einem bestimmten Ort geboren wird.

Mit anderen Worten: Auch die pränatale Seelenprägung ist nicht die letzte Ursache für ein bestimmtes Schicksal, sondern ist ihrerseits wieder die Wirkung auf eine Ursache.

Die Vereinigung der Chromosomen bei der Befruchtung ist das biologische Erbgut des in Entstehung befindlichen Kindes. Dieses biologische Erbgut hat nun eine Entsprechung in der seelischen Welt und zieht von dort die Seele an, die zu diesem neuen Körper gehört.

Die Seele sucht sich also ihrer Vergangenheit entsprechend Eltern, Milieu, Umgebung und Zeitepoche aus, um die zur Entwicklung und Reifung notwendigen Erfahrungen zu machen. Diese Wahl der Situation, in die man geboren wird, erfolgt nach dem Gesetz der Anziehung.

Die Entwicklung des Menschen und der Menschheit vollzieht sich nach den Schritten These – Antithese – Synthese, wobei die Synthese wieder als neue These gesehen werden kann.

Dieses Gesetz der Anziehung ist identisch mit dem Karmagesetz, dem Gesetz von Ursache und Wirkung. Die These ist die Ursache, die Antithese die Wirkung und die Synthese die Erfahrung, die aus den beiden Polen gezogen werden konnte. Das Gesetz des Karmas belohnt oder straft nicht – es stellt lediglich das vorlorengegangene Gleichgewicht wieder her. Karma ist daher Kompensation (Ausgleich).

Vielfach wird die Ansicht vertreten, Karma könne abgetragen werden, wenn man lange genug leide – entweder durch Krankheit oder durch Erdulden von Einschränkung und Unterdrückung.

Krankheit und Leid sind jedoch – wie aufgeführt – nur Signale des Schicksals, die Lebensprinzipien auf ihr reales Ausleben hin zu überprüfen, und bewirken die Aufforderung, aktiv Veränderungen vorzunehmen bzw. andere Ursachen zu setzen.

Nach der psychologischen Astrologie gibt es im eigentlichen Sinne keine «Schuld». «Schuld» ist hier gleichbedeutend mit dem Defizit, eines oder mehrere Lebensprinzipien nicht oder nicht real ausgebildet zu haben.

Karma gleicht dieses Defizit lediglich aus und stellt die gestörte Harmonie wieder her. Diese Harmonie schafft das Karma *ersatzweise* für die wirkliche Harmonie, die nur vom einzelnen selbst erarbeitet werden kann, wenn er auf dem entsprechenden Lebensgebiet Berichtigungen anbringt. Krankheit und Leid fördern demnach nur die Bereitschaft zur Veränderung.

Deshalb kann der Leidensweg als ein Weg zur Erkenntnis gesehen werden. Der Leidensweg als solcher ist das Karma, aber er entbindet nicht vom Karma. Es geht demnach nicht um den Weg, sondern um die Erkenntnis plus deren praktische Umsetzung ins Leben. Das Karma hat also einen Sinn und verfolgt ein Ziel. Es ist nicht selbst der Sinn und das Ziel.

Und nur insofern kann auch vom «Karma-Abtragen» gesprochen werden. Der einzelne trägt Karma ab, solange er den Sinn des Leidens nicht versteht. Spürt er die Ursachen des Leidens auf und gelangt zur Erkenntnis, hat er die Möglichkeit, Harmonie selbst zu schaffen, und beginnt sein Schicksal selbst zu gestalten.

Der Autor hält regelmäßig Astrologiekurse in verschiedenen Städten der Bundesrepublik, Österreichs und der Schweiz ab. Wenn Sie sich dafür interessieren, wenden Sie sich bitte an die folgende Adresse:
Institut für psychologische Astrologie
Sendlinger Straße 28
80331 München
Tel.: 089/26 08 84 2

Anmerkungen

1 Josef Mahlberg: Vorgeburtliches Seelenleben – vorgeburtliche Schäden, Veröffentlichung in «Volksheilkunde», Dez. 1976

2 Suzanne Brogger: ...sondern erlöse uns von der Liebe, Econ, Düsseldorf 1978, S. 77

3 Eric Berne: Was sagen Sie, nachdem Sie «Guten Tag» gesagt haben, Kindler TB, München 1975

4 Gion Condrau: Medizinische Psychologie, Kindler Verlag, München 1976, S. 123 und S. 16

5 Georg Groddeck: Die Natur heilt ..., Limes Verlag, Wiesbaden 1976, S. 306 und S. 55

6 Ernest Bornemann: Das Patriarchat, Fischer TB, Frankfurt a. M. 1979

7 Jürgen Habermas: Theorie der Sozialisation, Vorlesung Sommersemester 1968, Frankfurt a. M. 1968

8 James Aggrey: The Parable of the Eagle, in Rutherford Peggy (ed.), African Voices, New York, The Vanguard Press 1960, S. 165/166

9 Muriel James, Dorothy Jongeward: Spontan leben, Rowohlt, Reinbek 1974

10 Vgl. Eric Berne: Was sagen Sie, nachdem Sie «Guten Tag» gesagt haben, Kindler TB, München 1975

11 Erich Fromm: Anatomie der menschlichen Destruktivität, DVA, Stuttgart 1974, S. 3

12 Robert Ardrey: Adam und sein Revier, DTV, München 1972

13 Erich Fromm: Haben oder Sein, DVA, Stuttgart 1974, S. 3

14 Fritz Riemann: Lebenshilfe Astrologie, Verlag J. Pfeiffer, München 1976, S. 168

15 Wolfgang Döbereiner: Zwillinge, Heyne Verlag, München 1974, S. 25

16 H. A. Strauß: Psychologie und astrologische Symbolik, Kindler Verlag, München, S. 14

17 Martin Grotjahn: Die Sprache des Symbols, Kindler Verlag, München 1977, S. 119

18 Erich Neumann: Zur Psychologie des Weiblichen, Kindler Verlag, München 1975, S. 66

19 Rüdiger Rogoll: Nimm dich, wie du bist, Herder, Freiburg, 6. Auflage 1979, S. 47

20 Frederick S. Perls: Das Ich, der Hunger und die Aggression, Klett-Cotta 1969, S. 42/43, S. 156/157

21 Walter J. Schraml: Einführung in die Tiefenpsychologie für Pädagogen und Sozialpädagogen, Ernst Klett Verlag, Stuttgart 1971, S. 197

22 Nena und George O'Neill: Die offene Ehe, Reinbek 1975

23 Dane Rudhyar: Astrologie der Persönlichkeit, Verlag Heinrich Hugendubel, München 1979, S. 184

24 Wolfgang Döbereiner: Skorpion, Wilhelm Heyne Verlag, München 1974, S. 24/25

25 Wolfgang Döbereiner: Astrologisches Lehr- und Übungsbuch, Selbstverlag, München 1978, S. 58

26 Artur Janov: Der Urschrei, Fischer TB, Frankfurt a. M. 1973

27 H. E. Richter: Eltern, Kind und Neurose, Stuttgart 1969

28 Wilhelm Reich: Der Krebs, Fischer TB, Frankfurt a. M. 1976, S. 14

29 Meyer-Nachschlagewerk: Wie funktioniert das? Bibliographisches Institut AG, Mannheim 1973, S. 642

30 Wolfgang Döbereiner: Astrologisch-Medizinische Diagnose und Homöopathie, Hugendubel, München 1980

Hermann Meyer
bei Kailash

Partnerschaft, Gesundheit und Glück
in der psychologischen Astrologie
304 Seiten, Festeinband
ISBN 3-89631-216-2

Verantwortung zu übernehmen für die Qualität von
Partnerschaft, Gesundheit und all die scheinbar zufälligen
Begebenheiten in unserem Leben - das muss keine bloße
Absichtserklärung bleiben. Anhand astrologischer Symbole
zeigt Hermann Meyer, wie wir unser Potential nutzen und
transformieren können.

Psychosomatik und Astrologie
Ein Weg zu Gesundheit und Harmonie
360 Seiten, Festeinband
ISBN 3-88034-803-0

Das Horoskop als handfeste Hilfe, wenn es darum geht, die
Ursachen psychosomatischer Krankheiten nicht nur besser zu
verstehen, sondern ihnen auch wirksam zu begegnen.

Das astrologische Herrschersystem
Wechselwirkungen im Horoskop
364 Seiten mit farbigen Abbildungen
ISBN 3-88034-905-3

Das Herrschersystem ist eine alte astrologische
Deutungsmethode, die durch das System der psychologischen
Astrologie entscheidend erweitert und differenziert wird.

transformation

«Und wenn der große Phönix frei fliegt, sieh genau hin, was er behutsam zwischen seinen Krallen trägt.» *No-Eyes*

Die Geheimnisse der Rosenkreuzer

Stephen Arroyo
Astrologie, Psychologie und die vier Elemente
(transformation 18579)
Einer der führenden Astrologen Amerikas skizziert die Bedeutung der vier Elemente als archaische Kräfte für die Seele und weist auf die bislang ungenutzten Möglichkeiten hin, astrologisches Wissen in der Psychotherapie einzusetzen.

Jim Dreaver
Die heilende Energie in dir *Schritte zur volkommenen Heilung*
(transformation 60497)

Wolfram Frietsch
Die Geheimnisse der Rosenkreuzer *Ein westlicher Einweihungsweg*
(transformation 60495)

Stephen Levine
Noch ein Jahr zu leben *Wie wir dieses Jahr leben können, als wäre es unser letztes*
(transformation 60494)

Mark Matousek
Sex, Tod, Erleuchtung *Eine spirituelle Odyssee*
(transformation 60442)

Gabriele Quinque
Tempelschlaf *Ägyptische Einweihung als Reise zum inneren Geheimnis*
(transformation 60271)

Mary Summer Rain
Der Phönix erwacht *Weisheit und Visionen*
(transformation 18558)

Irina Tweedie
Wie Phönix aus der Asche *Mein Abenteuer der Selbstfindung auf dem Weg der Sufis*
(transformation 60148)

Janwillem van de Wetering
Ein Blick ins Nichts
Erfahrungen in einer amerikanischen Zen-Gemeinde
(transformation 17936)
Das Koan und andere Zen-Geschichten
(transformation 60270)

rororo sachbuch

Weitere Informationen zu der Reihe *rororo transformation* finden Sie in der **Rowohlt Revue**, kostenlos im Buchhandel, und im Internet: **www.rororo.de**

transformation

Joachim-Ernst Berendt
Nada Brahma *Die Welt ist Klang*
(transformation 17949)
Das Dritte Ohr *Vom Hören der Welt*
(transformation 18414)
«Wenn wir nicht wieder lernen zu hören, haben wir dem alles zerstörenden mechanistischen und rationalistischen Denken gegenüber keine Chance mehr.» *Westdeutscher Rundfunk*

Reshad Feild
Ich ging den Weg des Derwisch *Das Abenteuer der Selbstfindung*
(transformation 60456)
Das Siegel des Derwisch
(transformation 60457)

Helen Gamborg
Das Wesentliche ist unsichtbar *Heilung durch die Energiezentren des menschlichen Körpers*
(transformation 60585)

Stanislav Grof
Geburt, Tod und Transzendenz *Neue Dimensionen in der Psychologie*
(transformation 18764)
Eine Bestandsaufnahme aus drei Jahrzehnten Forschung über außergewöhnliche Bewußtseinszustände.
Das Abenteuer der Selbstentdeckung *Heilung durch veränderte Bewußtseinszustände. Ein Leitfaden*
(transformation 19640)

Ken Wilber
Das Spektrum des Bewußtseins *Eine Synthese östlicher und westlicher Psychologie*
(transformation 18593)

Robert Anton Wilson
Der neue Prometheus *Die Evolution unserer Intelligenz*
(transformation 18350)
«Robert A. Wilson ist einer der scharfsinnigsten und bedeutendsten Wissenschaftsphilosophen dieses Jahrhunderts.» *Timothy Leary*

Arthur Zajonc
Die gemeinsame Geschichte von Licht und Bewußtsein
(transformation 60381)

Volker Zotz
Mit Buddha das Leben meistern *Buddhismus für Praktiker*
(transformation 60586)

Weitere Informationen zu der Reihe *rororo transformation* finden Sie in der **Rowohlt Revue**, kostenlos im Buchhandel, und im Internet: **www.rororo.de**

rororo sachbuch

Ernährung ist die beste Medizin

Rosemarie Franke /
Prof. Dr. med.
Ingrid Mühlhauser
Ernährung ist die beste Medizin: Bluthochdruck
(rororo sachbuch 60448 / Großformat)
Erfahren Sie hier, was Sie schon immer über Ihren erhöhten Blutdruck und eine gesunde Ernährung wissen wollten. Lassen Sie sich verführen von köstlichen blutdrucksenkenden Rezepten und vielen einfachen Tips, die auch das Abnehmen erleichtern.

Rosemarie Franke /
Prof. Dr. med.
Armin Steinmetz
Ernährung ist die beste Medizin: Erhöhter Cholesterinspiegel
(rororo sachbuch 60447 / Großformat)

Rosemarie Franke /
Prof. Dr. med. Hans Hauner
Ernährung ist die beste Medizin: Diabetes Typ 2
(rororo sachbuch 60446 / Großformat)

Herbert Jost
Wege zum Wunschgewicht
Schlank und gesund mit dem Kombi-Programm
(rororo sachbuch 19792 / Großformat)
Mit dem dreiteiligen Kombi-Programm und vielen wertvollen Tips können Sie Ihr Wunschgewicht langfristig halten.

Neal Barnard
Iß dich fit *Die vitalisierende Kraft natürlicher Ernährung*
(rororo sachbuch 60534)

Gudrun Dalla Via
Power-Nahrung fürs Gehirn
Tips und Rezepte für mehr Konzentration und Kreativität
(rororo sachbuch 60371)

Regina Naumann
Bioaktive Substanzen: die Gesundmacher in unserer Nahrung *Heilstoffe und ihre Wirkung. Einkaufstips und Rezepte*
(rororo sachbuch 60211)

Robyn Landis
BodyFood *Schlemm dich schlank und fit*
(rororo sachbuch 60278)
BodyFood bietet eine bahnbrechende Methode, durch die richtige Nahrung neue Kraft zu schöpfen, die Energien des Körpers optimal zu nutzen, die Leistungsfähigkeit zu erhöhen, mehr Lebensfreude zu gewinnen und in der Folge quasi wie von selbst Fettgewebe zu reduzieren.

rororo gesundes leben

Rowohlt im Internet:
www.rowohlt.de

Gesunder Rücken

Hans-Dieter Kempf
Die Rückenschule *Das ganzheitliche Programm für einen gesunden Rücken*
(rororo sachbuch 19793)
Der Autor präsentiert hier einen Leitfaden zur aktiven Gesundheitsvorsorge und Rehabilitation von Rückenschmerzen. Dabei wird die Veränderung von Alltagsbelastungen, die sinnvolle Ausübung bestimmter Gymnastikübungen ebenso ausführlich behandelt wie die Möglichkeiten, am Arbeitsplatz negative Auswirkungen auf die Wirbelsäule zu vermeiden.

Hans-Dieter Kempf
Die Sitzschule *Das Programm für Alltag und Beruf*
(rororo sachbuch 19715)
Wir alle sitzen erstens zu oft und zweitens auch noch falsch. Dieses Buch zeigt, wie man im Alltag und am Arbeitsplatz richtig sitzt. Und Sie finden hier auch eine kleine Rückenschule mit Kurzprogramm für den Arbeitsplatz und Tips zur Entspannung von Körper und Seele.

Hans-Dieter Kempf
Jetzt sitzen Sie richtig *Die Rückenschule gegen Schmerzen und Verspannungen*
(rororo sachbuch 60373)
Richtig sitzen – vom Schreibtisch über den Platz an der Supermarktkasse bis hin zum Sitzen im Auto.

Hans-Dieter Kempf / Frank Schmelcher / Christian Ziegler
Trainingsbuch Rückenschule
(rororo sachbuch 19960)
Sie leiden unter Rückenschmerzen? Gezielte Gymnastik zwei- bis dreimal die Woche kann hier schon Wunder wirken. Sie stabilisiert die Wirbelsäule, verbessert Ihre Beweglichkeit und hilft gegen Verspannungen. Stärken Sie sich selbst den Rücken!

Hans-Dieter Kempf
Fit am Bildschirm *Das Rundum-Programm für entspanntes Arbeiten. Mit Arbeitsplatztest*
(rororo sachbuch 19891)

rororo gesundes leben

Ein Gesamtverzeichnis aller lieferbaren Titel der Reihe *rororo gesundes leben* finden Sie in der *Rowohlt Revue*. Vierteljährlich neu. Kostenlos in Ihrer Buchhandlung.

Rowohlt im Internet:
www.rowohlt.de